미국 임상법학 교육방법 이론과 실제

- 가정폭력 클리닉을 중심으로 -

미국 임상법학 교육방법 이론과 실제

- 가정폭력 클리닉을 중심으로 -

전해정 지음

KSI 한국학술정보㈜

머리말

━━━━

임상법학교육을 처음으로 접한 지 벌써 10여 년이 흘렀다. 1997년, 고시를 포기하고 대학원에 진학한 나는 미국 자료를 통해 사회복지제도와 법률구조제도를 접목할 필요성과 가능성을 깨닫게 되었다. 당시 나는 주일학교 교사로 섬기면서 술에 취한 편부로부터 학대를 당하는 아동들을 많이 보아왔었기에, 낮에는 법학과 수업 이외에 사회복지학과의 아동학대 수업을 수강하고 밤에는 알콜중독 상담과정에 등록하는 등 열심을 내어 아동을 도울 수 있는 방법을 찾고자 골몰하였다. 하지만 결국 나는 그들에게 법적인 도움을 주지 못하면 궁극적으로 아무런 해결책이 되지 못함을 발견하였다. 그때는 아직 가정폭력방지법이 제정되기 전이었고 사회제도가 마련되어 있지 않은 상황이었기에, 공부를 하면 할수록 미국에서는 어떻게 하고 있는지 궁금해졌고 이를 직접 보고 싶어졌다. 그리하여 미국 로스쿨에 진학하였고, 클리닉 수업을 수강하면서 사회복지사와 변호사가 한 팀이 되어 어려운 사람들을 물심양면으로 돕는 것을 목도할 수 있었다. 이것은 하나의 신선한 충격이었다. 밭에서 보물을 발견한 듯한 기쁨이었다. 그러나 한편으로는 한국의 법과대학에서 이것을 배웠었더라면 사법시험을 준비하면서 오랜 세월 그토록 방황하지는 않았을 거라는 아쉬움도 있었다.

로스쿨 재학 중에는 임상수업 뿐만 아니라, 대학 상담소에서 co-educator로서 일하면서, 그리고 형사법원과 연계된 시민단체의 펠로우로서 지방검사와 의뢰인을 도우면서, 졸업 후에는 법률사무소와, 프로보노 변호사와 로스쿨 학생들이 운영하는 법률 지원기관에서, 그리고 이주민을 위한 단체에서 일하면서 나는 미국의 저력을 확인할 수 있었다. 미국을 움직이는 원동력은 사회정의에 기반을 둔 법의 지배였다. 시민들의 준법정신과 어려운 사람을 돕고 공정한 사회를 일구어 내려는 노력은 우리 눈에 보이지는 않지만 미국을 지탱하는 힘이었다.

사법시험 위주의 법학교육에 적응하지 못하고 항상 아웃사이더였던 나는 미국 로스쿨의 클리닉 수업을 통해 내가 알고 있는 법률지식이 누군가에게 도움이 될 수 있고, 로스쿨에서의 교육이 결코 헛되지 않다는 자부심을 갖게 되었다.

하지만 한국에 돌아와 보니 여전히 동료와 선후배들이 예전과 동일한 형태로 사법시험을 준비하고 있었고, 많이 나아지긴 했지만 법과대학의 교육도 사법시험의 영향에서 벗어나지 못하고 있었다. 더욱이 법학전문대학원 설립에 대한 논의에서 조차 구체적인 교육방법론에 대한 내용들이 활발하게 제기되지 못하고 있었다. 한편, 아동학대에 대한 나의 관심은 남편의 폭력에 못 이겨 가정을 버리고 떠난 어머니, 즉 여성의 문제로 이어졌다.

그리하여 나는 가정폭력 쟁점을 중심으로 미국 임상법학교육방법론을 분석하기로 하였다. 미국에서의 임상법학교육 경험은 중요한 토대가 되었다. 이 책에서는 민사, 형사, 가사, 이민법 등 다양한 유형의 로스쿨 클리닉을 방법론적으로 접근하고 있다. 따라서 가정폭력 쟁점과 상관없이 공익인권법 클리닉을 비롯하여 다양한 주제의 민·형사 클리닉에서도 이 방법론을 활용할 수 있을 것이다.

최근 미국에서는 이제까지 교실 수업에서 주로 다루어졌던 법률추론 수업을 클리닉에서까지 연장하는 교육방법론과 인터넷 등 전자매체를 통한 클리닉이 등장하고 있으며, 그 형태도 지구화시대의 흐름에 따라 국제화되고 있다. 향후 우리나라 법학교육방법도 이러한 추세에 발맞추어 발전할 것으로 기대된다. 한편, 이 책에서 법학전문대학원에 적합한 모형을 제시하지 못한 아쉬움이 남아 우리나라 현실에 적합한 임상모델에 대하여 현재 집필 중에 있다. 단지 이 책이 법학교육에 관심 있는 분들에게 조금이나마 도움이 되었다면 더 이상 바랄나위가 없겠다.

끝으로, 짧다면 짧은 인생여정 속에서 나에게 은혜를 베풀어 주신 분들이 너무나 많지만, 그 중에서도 특별히 어려운 사람들을 돕는 일에 몸소 모범을 보여주신 부모님과 오직 하나 밖에 모르고 그 일에만 전념하는 아내를 이해하고 묵묵히 돕는 배필이 되어준 사랑하는 남편과 아들에게 진심으로 감사함을 전한다.

2008년 5월
전해정

목 차

부 록

제1장 서 론

제1장 서 론

제1절 연구의 목적과 내용

로스쿨 도입 논의가 시작된 지 12년 만에 법학전문대학원 설치·운영에 관한 법률이 지난 2007년 7월 27일에 제정되었다.[1] 동법 제2조(교육이념)에 따르면, 법학전문대학원은 "풍부한 교양, 인간 및 사회에 대한 깊은 이해와 자유·평등·정의를 지향하는 가치관을 바탕으로 건전한 직업윤리관과 복잡다기한 법적 분쟁을 전문적·효율적으로 해결할 수 있는 지식 및 능력을 갖춘 법조인"을 양성하는 것을 목적으로 한다. 특히, 동법 시행령 제13조 제1항 제5호와 제2항은 실습과정을 법학전문대학원의 교과목으로 규정하였으며, 법학전문대학원은 실습과정을 통해 학생에게 사회에 봉사할 수 있는 기회를 제공할 것을 명시하였다. 이에 따라, 학계에서는 실무교육을 위한 새로운 법학교육방법에 대한 논의가 시작되고 있다.[2] 또한 2009년에

---

1) 법학전문대학원 설치·운영에 관한 법률(법률 제8544호).
2) 2008년 1월 현재, 국회도서관이 제시한 자료에 따르면 법학교육을 주제

설립되는 법학전문대학원은 이론과 실무를 겸비한 법조인을 양성하기 위해 미국 로스쿨의 임상법학교육3)을 도입하고자 한다. 미국의 임상법학교육은 오랜 경험 속에서 성숙되어 왔으며, 향후 효과적인 우리나라 법학교육을 위한 참고자료가 될 것이다.

교수가 수업의 내용과 방법을 주도하는 기존의 우리나라 법학교육의 방식은 소크라테스식 방법론을 사용하는 미국 로스쿨의 수업 양상과 비슷하다.4) 소크라테스식 방법론이 임상법학자의 비판을 받으

로 국내 학술지에 게재된 논문은 총 365건이다. 이 중에서 로스쿨 운영 방안이 논의되기 시작한 1994년부터 현재까지의 논문이 총 269건으로서 전체 법학교육에 관한 논문 중 74%를 차지하고 있다. 365개의 논문 중 교육방법에 관한 논문은 총15건이고, 임상법학에 관한 논문은 2건에 불과하다. 1984년에 발표된 초기의 법학교육방법에 관한 논문은 미국의 판례교수법을 소개한 것이었다. 이후 사법시험과 법학교육을 문제점을 지적하면서 사법개혁을 주장하는 논문들이 등장하더니 1994년 이후에는 법조인양성제도 등 각국의 법학교육제도에 관한 비교법적 연구가 주를 이루었다. 2000년도와 2003년도까지 별다른 논문이 발표되지 않다가 2004년이 되면서 미국의 법학교육방법으로서 사례형 교육방법과 문제해결식 교육방법을 소개하는 논문이 나왔다. 2006년도에 발표된 논문에서는 시뮬레이션 교육법, 오디오나 컴퓨터프로그램을 통한 교육법을 추가하여 소개한다. 실무교육에 관한 2편의 논문 중 2005년도에 발표된 논문에서는 임상법학의 종류(인-하우스 클리닉, 엑스턴십, 시뮬레이션)를 간략히 설명하고 있다. 2006년도에 발표된 논문에서는 각국의 실무교육 제도를 다루면서 미국식의 리걸 클리닉과 엑스턴십을 실무교육방법으로 소개하고 있다.

3) 임상법학교육은 clinical legal education을 번역한 것이다. 임상(clinic, 클리닉)이라는 용어는 의학교육에서 차용한 것으로서 본 연구에서는 임상과 클리닉을 동일한 의미로 사용한다.

4) 소위 "공 숨기기"라고 불리는 소크라테스식 방법론은 우리나라에서는 사례 방법(케이스 메서드, case method)으로 알려져 있다. 이것은 교수만이 모든 것을 알고 있음을 전제로 교수가 수업시간 내내 학생들을 호명하고 논외의 주제를 질문하는 수업방식이다.

면서, 미국 로스쿨은 법학이론과 법률실무를 연계하려고 노력하였고, 1992년 맥크레이트 보고서5) 이후 임상법학교육을 강화해 오고 있다. 소크라테스식 교육방법이 점차 후퇴하고 임상법학교육방법이 자리를 잡으면서 미국 로스쿨의 교육은 교수와 학생이 협력적으로 수업하는 방식으로 변화하고 있다. 우리나라 법학전문대학원에서 미국의 임상법학교육을 도입한다면 기존의 주입식 강의를 탈피하고 교수와 학생이 보다 상호작용하면서 법학이론과 실무를 결합한 전문교육을 실시할 수 있을 것으로 기대된다.

그러나 미국 로스쿨의 임상법학교육을 도입한다고 하여도 지나친 법률실무의 강조는 자칫 법률가의 사고를 경직되게 할 수 있다.6) 미국 로스쿨의 임상법학교육이 단순히 송무기술만을 가르치는 것은 아니다. 미국 로스쿨에서도 학생들이 6개월 내지 2년이라는 짧은 기간 동안의 임상교육을 받고7) 졸업 후 변호사들이 직면하게 될 모든 송무기술을 습득한다는 것은 무리였다. 학생들은 어느 정도의 송무기술만을 배울 수 있을 뿐, 나머지는 졸업 후 변호사 사무실이나 법률기관에 취직하여 경력을 쌓아가면서 배워야 하였다. 기술만을 중시

---

5) 미국 변호사협회(American Bar Association, ABA) 산하의 '법학교육 및 법조인 자격심사에 관한 분과위원회'는 1992년 7월에 "맥크레이트 보고서(MacCrate Report; Legal Education and Professional Development: An Educational Continuum)"를 발표하였다. 이 보고서는 법실무와 법이론을 유기적으로 연결시킴으로써 법학교육의 개선을 요청하였다.

6) 박상기(2004). 로스쿨 도입과 법학교육.『한국법학교육과 법조실무의 국제경쟁력: 도전과 대응』. 한국법학교수회(편)(서울: 법우사), 665면.

7) 통상적으로 미국 로스쿨의 커리큘럼은 재학기간 3년 중 로스쿨 1학년은 주로 핵심 법학과목의 이론을 배우는 데 할당된다. 임상실습과목은 2학년이나 3학년을 위해서 개설되며 주로 한 학기 내지 1년 단위로 실시된다. 로스쿨 학생들은 많아야 2회 정도 임상과목을 이수할 수 있다.

하는 임상법학교육의 이러한 문제점을 지적하면서 가치 중심의 거시 임상이론이 대두하였다. 거시 임상이론은 로여링[8] 기술뿐만 아니라 법제도의 역할과 기능을 학생들에게 가르칠 임상법학교육방법론을 개발해 오고 있다. 학생들은 가난하고 소외된 사람들을 대리하면서 책임감을 갖고 임상작업에 임하며 로여링 경험을 비판적으로 성찰하도록 교육받는다.

따라서 법학전문대학원에서 실시하는 임상법학교육은 법학이론과 법률실무를 연계할 뿐만 아니라 가치를 지향하는 임상법학교육이어야 한다. 법학전문대학원은 '인간 및 사회에 대한 깊은 이해와 자유·평등·정의를 지향하는 가치관을 바탕으로' 법조인을 양성하고자 하기 때문에[9] 가치 중심의 임상법학교육은 법학전문대학원의 교육목표에

---

8) 미국 로스쿨에서 사용되는 로여링(lawyering)은 '변호사가 무엇을 하는가' 라는 문제제기를 통해 발전해왔으며, 대체로 변호사처럼 생각하는(think like a lawyer) 훈련을 의미한다. 옥스포드 영어사전에 lawyer라는 동사 형태는 없지만 lawyering은 동명사로서 변호사의 업무를 수행하는 것이라고 정의되어 있다. Alexander Scherr(2002). Lawyers and Decisions: A Model of Practical Judgment. 47 *Vill. L. Rev.* 161, 164면, 각주 6). 대부분의 미국 로스쿨은 임상교육을 통해 변호사 실무를 익히는 일련의 훈련을 주로 로여링이라고 부르지만(Georgetown Law School의 Susan Ross 교수와의 2000년 12월 이메일), 뉴욕 로스쿨(New York University School of Law)의 경우에는 로스쿨 1학년을 대상으로 법률 문서 작성 등을 가르치는 임상교육을 로여링(Lawyering Program: Clinical Education for 1Ls)이라고 부르기도 한다(New York University School of Law의 Holly Maguigan 교수와의 2000년 12월 이메일). 뉴욕 로스쿨의 이러한 수업을 다른 로스쿨에서는 「법률문장 및 법률연구」라고 부른다. http://www.law.nyu.edu/depts/publicinterest/curriculum/index.html 참조. 본 연구에서 '로여링'은 상황에 따라 법률실무, 변호사활동 등으로 대체될 수 있다. 그러나 가치 중심의 임상법학교육에 있어서의 '로여링'이라는 개념은 이에 국한되지 않고 보다 포괄적으로 사용된다.
9) 법학전문대학원 설치·운영에 관한 법률 제2조(교육이념) 참조.

도 부합한다.

본 연구는 이러한 시대적 상황과 현실을 바탕으로 2009년 법학전문대학원의 설립을 앞둔 시점에서 이론과 실천을 연계할 수 있는 향후 효과적인 법여성학교육이 무엇인지 그리고 이를 위한 방법론은 무엇인지에 대한 문제의식에서 출발하였다. 학생 변호사로서 미국 로스쿨에서 실습한 임상경험에 비추어 볼 때, 향후 효과적인 법여성학교육 역시 임상법학교육을 결합하여 법여성학을 가르치는 것이라고 판단된다. 법여성학이 임상법학교육을 가미한다면, 법여성학의 실천적 면모가 강화될 수 있다. 이러한 법여성학교육은 이론과 실무를 겸비할 뿐만 아니라 가치를 지향하는 여성주의 법조인을 양성할 수 있다. 그러나 임상법학교육과 결합한 법여성학교육은 여성의 경험을 토대로 하기 때문에 일반적인 임상법학교육과 달리 법여성학방법론을 채택한다. 이 방법론을 임상에서 가장 잘 실현하고 있는 것이 미국 로스쿨의 가정폭력 클리닉 프로그램[10]이다.

본 연구에서는 미국 로스쿨에서 실시되고 있는 임상법학교육, 특히 가정폭력 클리닉 프로그램을 중심으로 고찰하고자 한다. 이 고찰을 통해 법여성학 이론에 맞는 교육방법론을 정리하고, 이를 실제

---

10) 본 연구에서 가정폭력 클리닉 프로그램이란 통상적으로 미국 로스쿨의 인-하우스 클리닉으로 운영되는 가정폭력 클리닉 이외에 학생들이 운영하는 가정폭력 프로젝트, 수감된 여성을 위한 한시적 사면청원 프로젝트, 가정폭력 클리닉 내에서 교육되는 모의훈련 등을 포함하여 가정폭력 법률 서비스를 제공하기 위해 미국 로스쿨에서 실시되는 모든 임상교육 및 훈련을 총칭한다. 그러나 가정폭력 클리닉과 가정폭력 클리닉 프로그램은 법여성학방법론에 있어서 차이가 없다. 본 연구에서 방법론을 분석할 때 가정폭력 클리닉은 넓은 의미의 가정폭력 클리닉 프로그램을 의미한다.

법학교육에서 법여성학 이론을 적용할 수 있는 방법을 모색하는 데 연구의 목적이 있다.

이러한 목적에 따라 다음과 같은 내용을 연구하고자 한다.

제2장에서는 임상법학교육이론 및 임상법학교육방법론을 다루면서 개리 벨로우(Gary Bellow)의 가치 중심의 임상법학이론을 기준으로 임상교육방법론을 고찰한다. 미국 로스쿨의 임상법학교육 이론을 통해 임상법학교육의 목표가 단순히 송무기술을 습득하는 데 있는 것이 아니라 학생들이 로여링 경험을 통하여 법제도 내에서 법조인으로서 감당해야 할 사회정의에 대한 책임의식을 고취시키는 데 있음을 밝히고, 소외되고 가난한 사람들을 돕기 위한 임상법학방법론을 알아보고자 한다.[11]

제3장에서는 미국 로스쿨에서 논의되고 있는 법여성학방법론을 살펴봄으로써, 향후 임상을 결합한 법여성학교육을 효과적으로 운영하기 위한 교육방법론의 이해를 도모하고자 한다. 여성주의 입장론(Feminist Standpoints)을 채택하면서 맥키논이 주창한 의식향상[12]을 중심으로 법여성학방법론을 검토한다.

제4장에서는 여성의 경험을 로여링에 반영한 법여성학교육을 위해 미국 로스쿨의 가정폭력 클리닉에서 어떻게 법여성학방법론이 실현될 수 있는지를 분석하고자 한다. 초기 미국의 법여성학자들은 교육

---

11) 임상법학교육이론은 1970년대 말부터 1990년대까지 임상법학교육이 로스쿨에 확산되던 시기의 논의를 중심으로 고찰된 것이기에 향후 임상법학교육이론에 대한 보다 깊은 연구가 요구된다.

12) 'consciousness-raising'을 의식개혁, 의식화, 의식향상 등 여러 가지로 번역되고 있지만, 이하에서는 서울여성의전화(2005), 『왜 여성주의 상담인가』(서울: 한울아카데미)의 예에 따라 '의식향상'이라고 한다.

(pedagogy)에 중점을 두기보다는 지식생산에 초점을 두면서 법여성학방법론을 사용하였다. 임상법학교육을 결합한 법여성학은 지식생산보다는 교육에 초점을 두고 있으며, 따라서 이때 사용되는 법여성학방법론은 법여성학교육방법론으로 읽혀질 수 있다. 그러나 임상교육을 결합한다 하여도 법여성학방법론이 바뀌는 것은 아니기 때문에, 본 연구에서는 임상에서 사용되는 법여성학교육방법론도 법여성학방법론으로 지칭하기로 한다. 한편, 일반적으로 임상법학교육은 의뢰인의 역량강화에 임상목표를 두고 있지만, 본 연구에서는 학생의 의식향상까지를 교육의 목표로 삼고 학생들이 로여링 경험을 통해 어떻게 의식향상이 될 수 있는지를 주로 분석하고자 한다.

제5장에서는 노스이스턴 로스쿨의 가정폭력 클리닉 프로그램의 법여성학방법론을 분석하고자 한다. 노스이스턴 로스쿨은 법여성학방법론에 따라 다양한 가정폭력 클리닉 프로그램들을 서로 유기적으로 연계시켜 운영하고 있다. 특히, 향후 우리나라 법여성학교육의 방법론을 모색하는 데 도움이 되고자 송무자격이 없는 1학년 학생을 대상으로 하는 임상교육의 법여성학방법론을 분석한다.

제2절 연구의 방법과 범위

본 연구의 방법은 주로 문헌연구이다.[13] 미국 로스쿨 협회(Association

of American Law Schools, 이하 'AALS')가 효과적인 법학교육사례라고 소개한 것들 중에서 미국 동부지역을 중심으로 가정폭력을 다룬 법여성학교육 및 임상법학교육을 선정한 후, 이를 법여성학방법론을 기준으로 분류하였다. 또한 법여성학방법론이 일반적인 법여성학 수업에 어떻게 적용되었는지, 그리고 임상을 필수로 하는 법여성학교육의 방법론과 어떻게 연계되는지를 보기 위해 임상을 결합하지 않은 법여성학 수업과, 임상을 선택적으로 가미한 초기의 가정폭력법 수업을 채택하였다. 또한 미국 로스쿨이 가정폭력 클리닉을 제도화하기 전, 법여성학방법론을 임상법학교육과 결합한 초기모형으로서 로스쿨 학생들이 운영하였던 가정폭력 프로젝트들을 선택하였다. 한편, 법여성학과 임상법학교육이 임상법학교육 운동과 여성주의 운동의 시대적 흐름에 따라 변화하여 왔음에 착안하여, 프로그램이 개설된 연도에 따라 1980년대, 1990년대, 그리고 1992년 맥크레이트 보고서 및 1994년 여성에 대한 폭력법(Violence Against Women Act, 이하 'VAWA') 제정 이후의 사례들을 시대별로 각각 선정하였다.

관련 자료들은 시중에 발간된 법여성학 관련 저서와 주요 법학 분야 논문집 및 미국변호사협회 보고서 등을 중심으로 수집되었다. 필요한 경우, 캐나다 또는 기타 국가들의 임상법학교육현황에 관한 문헌을 참조하였다. 수집된 자료들이 이미 진행된 운영사례를 다룬

---

13) 대부분의 미국 로스쿨 클리닉 프로그램이 6개월 내지 1년 단위로 실시되고 있기 때문에 법여성학방법론을 도출하기 위해 미국 전역에 있는 로스쿨의 모든 가정폭력 클리닉에 참여·관찰하는 것은 현실적으로 불가능하다. 가정폭력을 다루는 클리닉이라고 하더라도 로스쿨마다 특성화하고 있는 임상의 종류와 방법이 다르기 때문에 하나의 로스쿨을 선택하여 법여성학방법론을 종합적으로 분석하기에는 어려움이 있다.

문헌이기 때문에 문헌이 발표된 이후에 대상 로스쿨의 가정폭력 프로그램이 폐지·개혁된 경우가 있다.[14) 따라서 오래된 자료의 경우 관련 기관과의 이메일 교환이나 홈페이지를 이용함으로써 내용을 보강하였다.

본 연구에서 다루고 있는 미국 로스쿨 사례는 총 18개로서[15) 1970년대 이후 법여성학 수업에 대한 4개의 사례, 특별히 가정폭력 쟁점만을 로스쿨 커리큘럼에서 처음으로 다룬 1989년 이후의 3개의 가정폭력 세미나, 1980년대 학생들이 운영한 가정폭력 프로젝트를 포함한 11개의 미국 로스쿨 클리닉 사례이다. 특히, 1992년 맥크레이트 보고서와 1994년 VAWA 제정 이후 미국 로스쿨의 가정폭력 클리닉 프로그램의 내용과 주제가 다양해졌다. 여기에는 구타한 남편을 살해한 혐의로 수감 중인 매 맞는 여성[16)의 사면청원을 위한 클리닉, 사회복지학 또는 심리학과 연계하여 운영하는 간학문 클리닉,[17) 기존의 클리닉 프로그램의 문제점을 시정하고 모의훈련

---

14) 가령, 대상 사례 중 사면청원이 주지사 선거 등 정치적 상황과 맞물려 시행되기 때문에 사면 결정이 난 이후에 사면청원 프로젝트는 폐지되었고, 학생들이 운영하는 프로젝트의 경우에도 로스쿨 커리큘럼으로 통합됨으로 인해 소멸되곤 하였다.

15) 노스이스턴 로스쿨 사례는 제5장 참조. 나머지 미국 로스쿨들의 교육사례는 <부록> 참조.

16) 한국 사회에서 '매'가 잘못을 저지른 사람, 아랫사람에게 훈육의 차원에서 하는 조치라는 의미를 가지고 있기 때문에 매 맞는 여성이 아니라 학대 받는 여성이라고 칭해야 한다는 견해도 있다. 정희진(2001). 『저는 오늘 꽃을 받았어요』(서울: 또하나의문화), 36-42면. 그러나 본 연구에서는 학계의 일반적 용례에 따라 battered women을 매 맞는 여성이라고 번역하고, abused women은 학대받는 여성으로 번역한다.

17) 'interdisciplinary'는 문맥에 따라 간학문, 학제 간(연구), 연계학문 등으로 번역되기도 하지만, 본 연구에서는 multi-disciplinary(다학문), cross-disciplinary

이나 역할극을 강화한 클리닉,[18] 간학문과 역할극을 결합한 클리닉 등이 포함된다. 대부분의 대상 사례들의 임상유형은 인-하우스 클리닉이다.

<hr />

(교차학문)과 구별하여 '간학문'으로 사용된다.
18) 모의훈련(simulation)은 소위 모의재판이라고 번역되고 있는 Moot Court 와는 구별된다. 후자는 주로 변호사나 검사의 역할을 맡은 학생들이 어떻게, 얼마나 변론을 잘하는지를 시험하는 소송변론기술을 중심으로 진행되는 수업으로서 미국에서는 로스쿨끼리 모의재판 시합을 열어 우열을 가린다. 이에 반하여 모의훈련 내지 역할극은 전반적인 로여링을 교육 대상으로 하며 소송변론기술에 한정되지 않는다는 점에서 크게 차이가 있다.

제2장 로여링 경험을 토대로 한 임상법학교육

제2장 로여링 경험을 토대로 한
임상법학교육

제1절 임상법학교육 개관

1. 임상법학교육의 역사

로여링 경험을 토대로 하여 독특한 학문영역을 구축하고 있는 현대 임상법학교육은 1960년대와 1970년대의 진보적 개혁운동에서 유래하였다. 당시 학생들은 법을 사회변혁의 수단으로 보고 법에 관한 지식을 어떻게 현실에 적용할지 그리고 가난한 사람들을 법적으로 어떻게 대리할지를 배우고 싶어 하였다. 이러한 학생들의 요구에 대한 응답으로 임상법학교육이 형성되었다.[19]

미국의 임상법학교육은 시대적 흐름에 따라 세 단계의 시기로 구

---

19) Elliott S. Milstein(2001). Clinical Legal Education in the United States: In-House Clinics, Externships, and Simulations. 51 *J. Legal Educ.* 375, 375면.

분된다.[20] 임상법학교육의 제1시기는 1890년대 사례연습방법(case method)이 나온 바로 직후인 20세기 초부터 1950년대까지를 말하며 임상법학교육의 태동기라고 할 수 있다. 1890년대 후반과 1900년대 초에는 로스쿨에서 학점을 인정하지 않는 자원봉사형식의 법률구조 사무실이 개설되었고, 1917년에는 윌리암 로위(William Rowe) 교수가 로스쿨 커리큘럼에 임상교육을 포함시킬 것을 주창하였다. 나아가 1921년 애플레드 리드(Afled Z. Reed)는 로스쿨 학생들이 실무를 준비하기 위해서는 일반 교육, 법학 이론에 대한 이해, 실질적 기술 훈련이 필요하다고 보고하였다. 이 중에서 임상법학교육은 셋째 요소인 실질적 기술 훈련과 관련되었다. 1920년대부터 1940년대에도 존 브래드웨이(John Bradway)와 제롬 프랭크(Jerome Frank)는 법학교육의 필수요소로서 로스쿨 내에 임상법학교육을 실시할 것을 주장하였다.[21] 1950년대에는 로버트 스토레이(Robert Storey) 교수 등이 임상법학교육의 보급을 위해 많은 노력을 했음에도 불구하고, 로스쿨이나 공익 법률 사무소를 통틀어서 28개의 클리닉만이 존재하였다. 1950년대 말에는 법률구조 임상교육을 실시하는 로스쿨이 35개로 확대되었으나, 이 중 13개 로스쿨만이 로스쿨 내에 클리닉을 두어 임상법학 수업 이수를 학점으로 인정하였다.

제2시기는 1960년대부터 1990년대까지의 시기로서 임상법학교육의 확장기라고 할 수 있다. 1960년대 로스쿨 학생들은 사회정의와 관련된 법학교육 및 기존의 법학교육에 대한 대안 교육을 요구하였

---

20) Margaret Martin Barry(2000). Clinical Education for This Millennium: The Third Wave. 7 *Clinical L. Rev.* 1, 4면.
21) Scherr(2002), 169－170면.

다. 학생들의 요구에 따라 당시 미국에서는 로스쿨에 기반을 둔 인－하우스 클리닉(in－house clinic)이 급격하게 확산되기 시작하였다. 이러한 상항에서 법학이론에서는 기존법학을 비판한 비판법학이 대두하였고, 법률실무에서도 기존법학을 비판하면서 임상법학이 자리잡게 되었다. 이후 1970년대 중반까지 임상법학교육이 무엇인지에 대한 정확한 이해나 개념을 정의하지 못하다가 1970년대 말에 개리 벨로우(Gary Bellow) 교수에 의해서 임상법학이라는 용어가 강학상 사용되었다.22) 1980년대 말, 로스쿨 내에서의 임상실습에 대한 위원회 보고서가 나오기 시작하는 등 1980년대 후기와 1990년대에는 임상법학교육이 로스쿨에 널리 퍼졌다. 임상법학교육과 관련된 학술지인 *Clinical Law Review*23)가 탄생한 것도 이 시기이다.

제3시기는 1990년대 이후부터 현재까지를 말하며 임상법학교육의 디지털화 또는 지구화시대라고 불린다. 기술이 진보함에 따라 지구공동체라는 인식이 생기면서 임상 사례도 국경을 넘나듦에 따라 새로운 로여링 모델이 등장하게 된다. 논의의 중심이 법적 권리의 침해로부터 의뢰인의 당면 문제에 대한 해결방법으로 옮겨졌다. 최근

---

22) Gary Bellow & Bea Moulton(1978). *The Lawyering Process*(St. Paul: West Publishing)을 통해 임상법학교육이론이 확립되었다. 이에 대한 자세한 논의는 제2절 임상법학교육이론 참조.

23) *Clinical Law Review*는 로여링과 임상법학교육에 관한 잡지로서 1994년에 처음으로 발간되었다. 미국 로스쿨 협회(Association of American Law Schools, 이하 'AALS'), 임상법학교육협회(Clinical Legal Education Association, CLEA), 뉴욕 대학교 로스쿨(New York University School of Law)의 후원으로 6개월마다 한 번씩 발간되고 있다. 현재까지 2007년 봄, 제13권 제2호가 발간되었다. http://www.law.nyu.edu/journals/clinicallaw/index.html(2007년 12월 24일 검색).

에는 여러 전문 분야에 걸친 쟁점들이 주목을 받게 되었고 심리학이나 정신분석학 또는 사회복지학이나 공중보건학 등 다른 분야와 연관된 클리닉 프로그램이 등장하고 있다. 1992년 7월에 "맥크레이트 보고서" 이후 로스쿨들은 면담 및 상담(interviewing and counseling) 등 필수 로여링 기술과 전문가로서의 가치를 중요한 교과목으로 다룬다. 법학교수들도 학생들에게 21세기의 실무자로서 갖추어야 할 기술과 가치를 개발하도록 전체 커리큘럼을 편성한다. 학생들은 종교·문화·인종·기타 경계를 초월하는 경험을 통해 로여링을 배운다. 경계를 초월하는 이러한 임상법학교육 과정은 오늘날 지구화시대에 바람직한 법학교육으로서 미국 로스쿨에 확산되고 있다.

2. 임상법학교육의 종류

미국의 임상법학교육은 로스쿨 내(內) 클리닉(인-하우스 클리닉, in-house clinic), 외부연수(externship), 모의훈련(simulation)의 세 가지 유형으로 구분된다. 미국 대부분의 로스쿨은 이 가운데 한 가지 이상의 클리닉 프로그램을 운영하고 있다.[24]

---

24) Milstein(2001), 376면.

1) 로스쿨 내 클리닉(인 - 하우스 클리닉, in - house clinic)

(1) 의 의

로스쿨 내 클리닉이란 로스쿨 부설 법률사무소에서 로스쿨이 고용한 클리닉 전담 변호사가 직접 로스쿨 학생들을 지도 · 감독하고, 학생들은 학생 변호사(student lawyer)로서 전적으로 책임을 지고 의뢰인에게 법률 서비스를 제공하는 클리닉을 말한다. 여기에는 법원 송무, 상대방 변호사와의 협상, 의뢰인 면담과 상담, 의견서 작성, 소송 대리와 관련된 그 밖의 모든 업무가 포함된다. 로스쿨 내 클리닉은 미국 임상법학교육의 기준이 되는 모형이다. 미국 로스쿨은 클리닉의 '교육'적 측면을 중요시한다.

로스쿨마다 다소의 차이는 있으나 일반적으로 임상실습을 원하는 로스쿨 학생들은 증거법이나 소송법과 같이 로스쿨이 선수과목으로 정한 법과목을 이수하고 그 과목에서 기준 학점 이상을 받은 후 로스쿨 학장의 허가를 받아야 한다. 모든 주법(州法)은 이러한 학생들에게 변호사의 지도 · 감독하에 법정에서 의뢰인을 변호할 수 있도록 자격을 부여하고 있다. 이를 "학생실습규칙(student practice rule)"이라고 하고, 자격이 부여된 임상학생들을 학생 변호사라고 칭한다.

오늘날에는 다양한 민사 사건을 다루는 일반 실무 클리닉 이외에도, 형법 · 가족법 · 가정폭력 · 국제인권 · 지역사회 경제개발 · 세금 등과 관련된 전문화된 클리닉들이 있다. 특히, 거래나 상법 분야에서 개인이나 집단을 대리하는 클리닉들이 많아지고 있으며, 청소년 · 여성 · 노인 · 재소자 · AIDS 환자와 같은 특정한 의뢰인들을 대상으로 하는 클리닉이 개설되기도 한다.[25]

(2) 교수기법

학생들이 경험으로부터 학습할 수 있도록 임상가(clinician)[26])들이 사용하는 임상교수기법에는 지도·감독, 사건순회(case round), 세미나가 있다.

지도·감독은 학생과 교수가 이미 행해진 임상작업을 비판적으로 분석하거나 소송 준비를 논의하기 위해 만나는 회의로서 학생과 교수가 하나의 팀을 이루어 진행된다. 지도·감독은 가장 중시되는 임상교수기법으로서 학생들이 경험으로부터 이론을 도출하도록 돕는 것, 이론을 실제 세계의 문제해결에 적용하도록 조력하는 것, 경험에 비추어 이론을 재검토하도록 돕는 것을 이상으로 한다.[27])

사건순회는 학생들이 사건들을 다루면서 얻은 경험에 중점을 두는 교수기법이다. 학생들은 집단훈련과정에서 사례발표나 사례보고를 하면서 자신들이 수집한 경험적 자료를 집단과 공유한다. 또한 학생들은 좀 더 일반적이고 이론적으로 타당한 로여링이 무엇인지를 토의하면서 이러한 료여링에 접근하기 위한 방안들을 개발한다.

세미나는 읽을거리, 모의훈련, 수업토의를 사용하는 방식이다. 일반적으로 면담 및 상담, 사건이론,[28]) 전략적 계획, 사실조사, 그리고

---

25) 앞의 글.

26) 임상가(clinician)란 로스쿨에서 임상을 가르치는 변호사를 지칭한다. 이 중에는 미국 로스쿨의 전임교수로 임용된 사람도 있고 로스쿨 교수는 아니지만 임상을 가르치기 위해 고용된 변호사도 있다. 본 연구에서는 이들을 통칭하여 임상가라고 부르기로 하며 경우에 따라서는 실체법을 가르치는 교수와 구별하고자 임상교수라고 칭한다.

27) Jennifer Howard(1995). Learning to "Think like a Lawyer" through Experience. 2 *Clinical L. Rev.* 167, 180−181면.

28) 사건이론(Case Theory)이란 사건을 의뢰인의 경험과 연결시킴으로써 의

협상, 주장, 신문, 반대신문 및 변론종결논증과 같은 소송기술을 내
용으로 한다.[29)]

2) 외부연수(엑스턴십, externship) 클리닉

외부연수 클리닉이란 학생들이 정부산하 기구나 시민단체에 있는
법률 사무소 등 로스쿨 외부에 있는 전문적 환경에 배치되어[30)] 그
곳에 있는 변호사의 지도·감독하에 작업하면서 로스쿨 교수의 감독
을 따로 받는 클리닉을 말한다.[31)] 교수·학생·감독자(변호사)라는

뢰인이 소송을 통해 성취하고자 하는 목표에 따라 의뢰인과 다른 당사
자들의 사실, 관계성, 상황에 대한 견해를 구성하는 설명적 진술을 말
한다. Margaret E. Johnson(2005). An Experiment in Integrating Critical
Theory and Clinical Education. 13 *Am. U. J. Gender Soc. Pol'y & L.*
161, 164면.

29) 모의사건에 관한 세미나를 하는 경우에 이론 수업을 가르치는 각각의
주제를 위하여 비디오테이프에 녹화를 하거나 모의훈련을 평가함으로
써 학생들에게 이론을 적용할 기회를 제공한다. 다양한 소송기술과 임
상기법들을 여러 가지 방식으로 학생들에게 가르치는 미국 로스쿨의
세미나는 하나의 임상교육기법으로서 우리나라 법과대학에서 말하는
세미나와는 구별된다.

30) 외부연수 클리닉(externship clinic)은 현장 배치 클리닉(field placement
clinic)이라고도 불린다. Linda Morton(1993). Creating a Classroom
Component For Field Placement Programs: Enhancing Clinical Goals
With Feminist Pedagogy. 45 *Me. L. Rev.* 19, 23면 이하.

31) AALS 임상용어정리 참조. http://www.aals.org. 외부연수 클리닉에 대한
자세한 논의는 다음의 논문 참조. Peter Jaszi et al.(1999), Experience As
Text: The History of Externship Pedagogy at the Washington College of
Law, American University. 5 *Clinical. L. Rev.* 403; Henry Rose(1988). Legal
Externships: Can They Be Valuable Clinical Experiences for Law Students?.
12 *Nova. L. Rev.* 95; Linda F. Smith(1999). Designing an Extern Clinical

삼각관계에서 로스쿨 교수는 학생의 업무와 학생에 대한 감독자(변호사)의 평가를 감독한다. 대부분의 외부연수 학생들은 본인이 실습한 내용과 이를 통해 느끼고 성찰한 것을 실습일지에 쓰고, 로스쿨 교수와 만나 외부연수를 통해 배운 것을 중심으로 논의하거나, 세미나 토의에 참여한다.

3) 모의훈련(시뮬레이션, simulation)

모의훈련이란 학생들이 교실 환경에서 모의(模擬)로 변호사 역할을 수행함으로써 일정한 로여링 과정을 학습하는 것을 말한다.[32] 모의훈련은 임상에서 주로 사용되는 교수법이었으나 오늘날 법학교육에 널리 차용되고 있다. 모의훈련은 주로 역할극(role play)[33]의 형태로 수행되는 경우가 많으며 면담 및 상담, 협상, 법률작문, 대안적 분쟁해결(Alternative Dispute Resolution, 이후 'ADR'),[34] 소송과 항

Program: Or As You Sow, So Shall You Reap.5 *Clinical. L. Rev.* 527.

32) Milstein(2001), 376면.

33) 아메리칸 로스쿨의 「가정폭력 클리닉」은 세미나에서 모의훈련을 다음과 같이 시행한다. 먼저 임상교수는 학생들에게 의뢰인이 주장하는 청원서를 제시한다. 그런 다음, 참여 학생들을 소그룹으로 나누어 의뢰인과 학생 변호사로 역할을 배분한다. 의뢰인 역할을 맡은 학생들을 위해 의뢰인에 대한 정보와 지시사항을 제시한다. 학생 변호사 역할을 맡은 학생들에게는 이 정보를 제공하지 않는다. 각자의 역할을 통해 학생들은 법여성학이론, 비판인종이론, 빈곤법에서의 중요한 문제들을 다루면서 면담·상담 기술, 사건이론 전개, 의뢰인 중심의 로여링, 맥락화를 배운다. Johnson(2005), 175-176면. <부록 1> 참조.

34) 미국 럿거스 (Rutgers) 로스쿨의 경우 지방법원과 연계하여 조정 프로그램을 실시하고 프로그램 수료 후 자격을 부여함으로써 조정인(mediator)으로서 소송전 단계에서 법률문제해결을 다루고 있다. 여기서 조정은 mediation

소 실습 등을 위한 세미나에서 사용된다. 이때 임상에서 사용되는 많은 기술들이 모의훈련을 통해 가르쳐진다.

제2절 임상법학교육이론

"변호사가 무엇을 하는가"에 끊임없는 관심을 가져온 임상법학교육 운동은 오늘날 변호사의 역할과 법의 실천에 관한 새로운 이론들을 제시하고 있다. 이러한 이론들은 임상가 자신의 경험과 관찰을 지식과 결합하려는 노력으로서, 임상가들은 변호사가 무엇을 하는지 그리고 로여링의 행태를 유용하게 설명할 이론은 무엇인지에 대하여 법학자들이나 변호사들과 서로 논쟁을 하면서 임상법학교육 이론을

을 번역한 용어이다. 미국 법률실무상 mediation은 소송전 단계에서 분쟁의 해결을 도모하기 위해 운영되고 있으며 mediation에서 양당사자가 협상한 결과를 일방이 파기하더라도 아무런 법적 효력이 없다. 이와 유사하지만 소송단계의 초기에 법원이 개입하고 이때의 결과가 법적 효력이 있는 것을 미국에서는 arbitration이라고 부르며 이를 중재라고 번역한다. ADR은 본 논문의 연구범위에 포함되지 않으나 앞으로 발전가능성이 있는 대안이다. 그 중 조정에 대한 자세한 논의는 다음의 논문 참조. Beryl Blaustone(1992). Training the Modern Lawyer: Incorporating the Study of Mediation into Required Law School Courses. 21 *Sw. U. L. Rev.* 1317; Jacqueline M. Nolan-Haley & Maria R. Volpe (1989). Teaching Mediation As a Lawyering Role. 39 J. *Legal Educ.* 571; Janet Weinstein(1990). Teaching Mediation in Law School: Training Lawyers to Be Wise. 35 *N.Y.L. Sch. L. Rev.* 199.

발전시켜 왔다.

변호사가 무엇을 하는가의 문제에 대한 해답을 구함에 있어서 캐리 멩켈-미도우(Carrie Menkel-Meadow)는 임상교육이론을 미시이론과 거시이론으로 구별한다. 미시이론은 변호사 개인의 역할과 기능을 중시하는 반면, 거시이론은 법제도의 역할이라는 관점에서 로여링을 이론화한다.[35]

미시이론과 거시이론의 구별은 임상법학교육의 목표를 로여링 기술을 가르치는 데 두느냐 아니면 사회정의 실현이라는 가치에 두느냐에 따른 차이라고 볼 수 있다. 이는 로스쿨 학생들이 졸업 후에 변호사 업무를 좀 더 능력 있고 만족스럽게 수행하기 위해 로스쿨에서 학생들을 어떻게 교육시켜야 하는지에 관한 구별이다. 결국 이러한 구별은 학생들이 졸업하고 실무를 시작하면서, 나아가 경력을 쌓아가면서 가장 필요한 것이 무엇인가, 그리고 어떠한 교육이 이 목표를 수행하는 데 가장 적합한가에 대한 관점의 차이에서 비롯된 것이다. [36]

1. 가치 중심의 거시이론

1) *The Lawyering Process*

변호사가 무엇을 하는가를 연구함에 있어서 임상가들은 변호사의

---

35) Carrie Menkel-Meadow(1980). The Legacy of Clinical Education: Theories About Lawyering. 29 *Clev. St. L. Rev.* 555, 556면.

36) Susan Bryant & Elliott S. Milstein(2003). Reflections upon the 25th Anniversary of the Lawyering Process: An Introduction to the Symposium. 10 *Clinical L. Rev.* 1, 20면.

총체적 기능이 미치는 광범위한 영향력을 분석하기 시작하였다. 가치 중심의 거시이론은 개리 벨로우(Gary Bellow)의 임상교육에서 영감을 받아 발전하였다.[37]

임상교육이론의 아버지라고 불리는 벨로우는 1978년 *The Lawyering Process*(이하 'TLP')[38]에서 "훌륭한 변호사(good lawyer)"라는 이론을 개발하였다. 그는 로여링 방법론을 실체법과 통합시킴으로써 이론과 실천이 어떻게 결합될 수 있는지를 보여주었다. TLP는 법학교육, 로여링, 로여링과 법학교육의 연관성에 관한 책이면서 변호사의 역할과 그 역할이 정의(正義)에 미치는 영향 그리고 변호사 윤리에 관한 책이다. TLP는 임상가에 대한 기존의 인식을 변화시키는 데 기여하였다.[39]

그는 법을 특히 가난하고 소외된 사람들을 위해 정의(正義)를 실현하기 위한 수단으로 보았다.[40] 자원의 불균형과 로여링의 정치적

---

37) 벨로우는 법률 서비스 실무가 상투적이며 의뢰인은 최소한의 결과를 얻기 위해 조종되고 있음을 발견하였다. 벨로우에 따르면, 변호사는 문제를 예방하기 위해 법률기술을 창의적으로 수행하지 못하며 오히려 그들에게 제시된 초기 문제에만 과도하게 집중한다. Scherr(2002), 183–188면.

38) *The Lawyering Process*은 총 1121면으로서 Ⅰ. 변호사의 역할, 어떻게 전문직으로서 사회화되는가: 관점–직업의 가치, 적합성, 변호사와 이에 미치는 강제력과의 관계성 Ⅱ. 변호사의 기술: 과제 및 실무상 관련성 1. 예비적 견해, 2. 기술 측면, (1) 면담, (2) 사건 구성, (3) 협상, (4) 증인조사, (5) 논쟁, (6) 상담, ① 평가: 대안제시, 결과예측(예: 수학적 모형제시), ② 조언: 책임분배, 애매함과 감정처리 3. 윤리 측면: 이해충돌, 비밀준수 충돌, 의뢰인의 불법행위, 위증, 공익 변호사의 윤리, 특정 의뢰인 대리 거부 Ⅲ. 변호사의 삶: 에필로그: 직업적 만족으로 구성되어 있다. Bryan & Milstein(2003), 3–11면.

39) 당시에 임상가는 학자가 아니라고 인식되었을 뿐만 아니라 임상가들이 학문으로 다루고자 했던 주제들은 지적 가치가 없다고 인식되었다.

40) Menkel–Meadow(1980), 570면.

본질을 강조한 벨로우는 변호사 개인의 역할에 대한 미시적 관점에서 한 걸음 더 나아가 변호사가 어떤 가치나 목적에 기여하는 것인지를 고려하라고 요구한다. 학생들이 변호사가 되기 위한 이론과 방법을 개발하는 것과 마찬가지로 변호사가 우리 사회에서 맡은 역할과 기능이 무엇인지가 검토되어야 한다.[41]

TLP는 그 내용의 광대함으로 인해 당시 로스쿨에 수용되지 못했다는 비판을 받지만, 이후의 많은 임상가들이 TLP에서 제시된 방법론을 임상에 적용함으로써 오늘날 임상교육에 지대한 영향을 미쳤다.[42] 벨로우의 이론이 임상법학교육의 발전에 기여한 바는 다음과 같이 요약될 수 있다. 첫째, 로여링 연구가 지적(知的) 과제이며 법학에 속함을 증명하였다. 둘째, 임상방법론이 법학교육으로서 타당하다는 것을 확인하였다. 셋째, 독립적으로 로여링 과제를 분석하기 위한 준거틀을 마련하였다. 넷째, 로여링 연구를 하나의 과정으로 구성하였다. 다섯째, 로스쿨 학생들의 비판적 성찰을 장려하였다. 여섯째, 학생들이 자신에 대하여 성찰케 하였다. 일곱째, 사회정의에 공헌하

41) 멩켈-미도우는 거시이론의 서두에서 다음과 같은 물음을 제기함으로써 법제도 내에서 변호사의 역할에 대한 화두를 던지고 있다: 법률 전문직이 사회를 위해 제공하는 것이 무엇인가? 의뢰인 스스로 할 수 없는 경우에 변호사는 의뢰인을 위하여 무엇을 할 수 있는가? 임상가는 이러한 문제를 제기하고 그 해답을 연구하기 위한 탁월한 관점을 가지고 있다. 법제도의 전문가이면서 학자로서 임상가는 개별 변호사가 법제도에 미치는 총체적 영향력과 법제도가 변호사에게 미치는 영향력을 알 수 있다. 그렇다면 임상가들은 법제도의 작용에 관하여 무엇을 말해야 하는가? 앞의 글, 569면.
42) TLP는 오늘날 임상학계에서 여전히 다루고 있는 개념들을 사용하였고 많은 임상가들이 추종하고 있는 방법과 통합 모델을 제시하고 있다. Bryant & Milstein(2003), 11-19면.

는 책임 있는 변호사라는 비전을 갖도록 하였다. 여덟째, 윤리 및 가치를 강조하였다. 아홉째, 간학문적 학습의 가치를 증명함으로써 임상법학교육의 발전에 기여하였다.

2) 임상교육의 목표

가치 중심의 거시이론은 학생들이 법제도 속에서 변호사의 역할과 기능을 이해하고 사회정의에 대한 책임감을 갖도록 교육시키는 데 임상교육목표를 둔다.

이를 위해 이론이 실천을 형성하고 실천이 이론을 형성하는 로여링을 중심으로 학생들은 문제해결을 위해 의뢰인을 돕는 서사(敍事)와 사건이론을 배운다. 또한 학생들은 맥락의 중요성을 배우고 문제가 발생한 사회적·정치적·경제적·제도적 맥락의 효과를 인식하며 평가하는 방법을 학습한다. 윤리적 로여링과 가치 지향적 로여링을 통해 임상학생들은 주로 가난한 유색인 여성과 같은 소외된 사람들을 대리한다. 학생들은 그러한 의뢰인에게 법률 서비스를 제공하는 것을 우선적 가치로 삼는다. 또한 학생들은 공익을 실현할 수 있는 법제도가 어떤 것인지를 연구한다. 권력과 권위가 어떻게 작용하는지를 논의하면서 학생들은 사회정의와 공정성을 배운다. 나아가 이러한 가치를 추구하기 위해 변호사가 담당해야 될 역할이 무엇인지를 학습한다.[43]

---

43) Johnson(2005), 165면.

3) 임상교육의 기본원리

위와 같은 임상목표를 달성하기 위한 임상법학이론의 원리는 사건이론에 따른 로여링, 의뢰인 중심의 로여링, 성찰적 실천을 내용으로 한다.[44]

사건이론에 따른 로여링이란 의뢰인이 직면하고 있는 문제의 원인을 증명하는 데 필요한 법률요소들 중 맥락상 유리한 사실을 강조하고 불리한 사실을 해명하면서 의뢰인의 이야기를 서술하는 방법을 말한다.[45]

의뢰인 중심의 로여링이란 의뢰인이 처한 맥락의 독특성을 인식하고 의뢰인이 도움을 구하는 법률문제가 그 독특한 목표와 필요에 의해 발생함을 이해하는 것이다.

성찰적 실천이란 로여링을 통해 제기된 가치 쟁점들을 비판적으로 성찰하고 개발하는 것을 의미한다.

2. 기술 중심의 미시이론

기술 중심의 미시이론은 개별 변호사의 선택·결정·행태를 중심

---

44) 앞의 글, 164면.
45) 어떤 사실을 조사할지, 어떤 증거를 제시할지, 그리고 어떤 논증을 할지는 사건이론과의 관계에 따라 결정된다. 임상학생들은 사건소개에서 사건이론을 초기에 어떻게 구성할지, 상황이 변함에 따라 사건이론을 어떻게 수정할지, 그리고 그 이론과 일치하는 방식으로 그 사건에 대한 그들의 작업을 어떻게 수행할지를 배운다. Milstein(2001), 378면. 각주 28) 참조.

으로 변호사가 무엇을 어떻게 할지를 임상법학의 내용으로 한다. 변호사가 어떤 기술을 사용할 것인지, 변호사가 과연 당사자들과 어떻게 상호작용할 것인지, 변호사가 어떻게 자신과 그 사건의 상대방 변호인을 교육시킬 것인지, 변호사가 어떠한 결정을 내릴 것인지 그리고 왜 그러한 결정을 내릴 것인지는 변호사의 의사결정에 영향을 미친다. 변호사는 자신이 맡은 사건에서 무엇을 성취하려고 하는지, 법제도를 통해 그러한 목표를 어떻게 성취할 것인지, 그리고 자신이 내린 선택에 대하여 상대방 변호인에게 어떻게 대응할 것인지를 결정해야 한다. 미시이론은 이를 기준으로 변호사의 특정 역할이나 기능의 한계를 설명한다.

멩켈-미도우는 주제별로 미시이론을 분류하고 있으나, 그 내용을 보면 주창자에 따라 지향하는 바가 다소 다르다. 가령, 멩켈-미도우는 데이빗 빈더(David Binder)와 폴 버그만(Paul Bergman)을 함께 다루고 있지만, 빈더는 로여링 전반에 걸쳐 의뢰인에게 의사결정권을 부여하자고 주장함에 반하여, 버그만은 법정 변론 기술만을 중심으로 당사자주의를 취하는 법원제도상 어떻게 하면 공격과 방어를 잘할 수 있는가에 중점을 두고 있다는 점에서 차이가 있다. 이들을 같은 주제로 묶기보다는 각각의 이론가 내지 임상가별로 분류하는 것이 타당하다고 생각된다. 따라서 이하에서는 멩켈-미도우의 분류방법을 따르되, 주창자별로 재분류하여 각자가 주장하는 로여링 기술에 대한 견해를 살피도록 한다.

1) 빈더(David Binder)의 의뢰인 중심 로여링

변호사의 기술을 가장 정교하게 개념화한 빈더는 변호사의 역할은 의뢰인의 목적을 가장 효율적으로 수행할 수 있는 기술을 개발함으로써 의뢰인을 가장 잘 조력하는데 있다고 주장한다.[46]

변호사는 의뢰인과의 첫 면담에서 의뢰인 스스로 목표와 관심이 무엇인지 정하도록 의뢰인에게 기회를 제공해야 한다. 소송의 맥락에서 면담을 진행하는 가장 좋은 방법은 소송의 "원인이 되는" 사건, 특정한 거래의 원인과 효과를 연대기 순으로 철저하게 밝히는 것이다. 한편, 소송이 아닌 맥락에서는 사실들을 주제순으로 정리하는 것이 더 효과적이다. 가령, 자산 설계에 관한 면담에서 변호사는 맨처음에는 가족의 구성에 초점을 두고, 그다음에는 사산에, 마지막으로 양도의사에 초점을 둔다. 마찬가지로 상담에서 변호사는 의뢰인을 도와 의뢰인의 의사결정과정을 용이하게 해야 한다.

이처럼 의뢰인을 조력하는 기술과 지식을 활용함으로써 변호사는 가능한 대안들을 선택·평가하기 위한 최선의 데이터를 개발할 수 있다. 의뢰인은 각 대안의 개인적·사회적 결과를 제시하는 반면, 변호사는 각 대안의 법적·경제적으로 가능한 결과를 제시한다. 변호사가 무엇을 하며 또한 무엇을 하려고 노력하는지를 개념화함으로써 의뢰인은 각각에 대하여 선택기준들을 정할 수 있다.

---

46) David Binder & Susan Price(1977). *Legal Interviewing & Counseling: A Client−Centered Approach*(St. Paul: West Publishing); Paul Bergman, David Binder, & Susan Price(1991). *Lawyers as Counselor*(St. Paul: West Publishing).

2) 버그만(Paul Bergman)의 반대신문을 위한 "안전 모델"

버그만은 임상훈련을 통한 학습 대신에 반대신문(反對訊問)의 목표를 고려한다. 학생들은 이 목표를 달성하기 위한 원리를 연역할 수 있어야 한다. 버그만은 반대신문에서 목표를 전개시키는 접근법을 제시한다.[47]

변호사는 자신의 목표와 송무 변호사로서의 역할을 이해하고 특정 절차를 개념화한다. 변호사는 추론을 통해 자신의 선택과 수행을 평가할 수 있는 반대신문을 위한 "안전 모델(safety model)"을 만들어 낸다.[48] 변호사는 반대신문의 목표를 달성하기 위해 무엇을 할지, 무

---

47) Paul Bergman(1978). A Practical Approach to Cross−Examination: Safety First. 25 *UCLA L. Rev.* 547.

48) 안전 모델(safety model)이란 반대신문 모델(cross-examination model)을 말한다. 그 목적은 변호사가 의욕한 대답을 도출하거나 의욕하지 않은 대답에 반박할 수 있는 가능성에 따라 어떠한 질문을 제기할 것인지를 결정하는 데 있다. 버그만은 대답을 알지 못하면 질문하지 말라는 반대신문의 황금률의 문제점을 지적하며 안전 모델을 주장한다. 이 모델의 전제는 증인이 무엇을 말할지를 "아는 것"보다 의욕 하지 않은 대답에 반박할 수 있는 것이 더 중요하다는 것이다. 따라서 반대신문에서 의욕하지 않은 대답에 반박할 수 있는 가능성에 따라 제기할 질문을 정하는 것이 상대적으로 안전하다. 앞의 글, 555면. 가령, 변호사가 사건에 대한 반대측의 설명을 예측할 수 있고, 따라서 변호사 자신의 사실적 견해를 통해 부수적 증거에 의한 "나쁜" 대답(가령, 다른 제3자 또는 불일치하는 진술)을 반증할 수 있다면, 그 증인에 대한 질문은 상대적으로 안전하다. Menkel-Meadow (1980), 561면. 버그만은 세 가지 범주 즉, 높은 수준의 안전, 중간 수준의 안전, 낮은 수준의 안전으로 질문을 구분한다. 변호사는 신문(訊問)에서 높은 수준의 안전 질문을 제기해야 하지만, 때로는 이기기 위해 안전하지 않은 질문을 제기할 필요성이 있고, 따라서 중간 수준이나 낮은 수준의 안전 질문을 제기하기도 한다. 앞의 글, 556-575면.

슨 목적인지, 어떠한 맥락에서 할지를 질문한다. 이를 통해 지향하는 모델이나 개념적 구조틀이 변호사의 다양한 개개의 기술과 역할을 위해 개발될 수 있다.[49] 이 모델들은 로여링 행태, 즉 임상교육뿐만 아니라 변호사가 무엇을, 왜, 어떻게 하는지를 충분히 설명한다.

3) 암스테르담(Anthony Amsterdam)의 의사결정자로서의 변호사 이론

분석의 단위로서 변호사의 결정을 중시하는 앤소니 암스테르담은 변호사의 선택이 특정 상황에서 어떻게 행해지는지를 검토하고 변호사의 의사결정과정을 평가한다. 이는 로여링 행태를 연구하는 접근 방법이다.[50]

---

49) 의도적으로 특정 역할이나 기술에 집중함으로써 임상가는 개념, 일반화, 로여링 과정이라는 구성요소에 관한 추상적 틀을 만들 수 있다. 여기서 일반화(genernalize)란 학생들이 무엇을 배웠는지 그리고 어떻게 배웠는지를 경험으로부터 이론을 구성하는 것을 말한다. Bryant & Milstein (2003), 13면, 15-16면.

50) 변호사 의사결정 분석을 위해 변호사의 역할은 무엇인지, 변호사의 목표는 무엇인지, 그러한 목표를 얻기 위해 가능한 수단은 무엇인지, 그러한 선택 중에서 판단 ― 현명한 의사결정 ― 의 요소는 무엇인지, 그 변호사의 역할・목표・수단・결정과정들이 변호사가 작업하는 법률 기구의 구조에 의해 어떻게 영향을 받는지, 그리고 변호사가 어떻게 행동하고 결정하는지, 그러한 선택이나 행동은 어떠한 선택을 암시했는지, 어떠한 대안 과정이 실현가능한지, 왜 그것들이 거부당하거나 고려되지 않았는지, 변호사의 목적과 자원의 견지에서 변호사의 의사결정과정과 대응 행동이 어떻게 개선될 수 있었는지가 고려된다. Anthony Amsterdam(1974). Perspectives on the Fourth Amendment. 58 *Minn. L. Rev.* 349, 377면 이하. 골드화브(Phyllis Goldfarb)는 경험에 근거한 자기평가라는 학습방법의 예로서 임상 학생들은 암스테르담이 제기한 위와 같은 질문을 제기해야 한다고 주장한

변호사는 우선 당해 사건에서 가능한 수많은 법적인 전략들을 확인하고 그 중에서 하나를 선택한다. 그런 다음, 변호사는 의사결정이론의 도움을 받아 자신의 의사결정 양상을 분석한다. 이를 통해 의사결정과정에서 별개의 양상들을 서로 연결시킬 수 있는 이론을 구성한다. 변호사의 의사결정에 대한 의미 있는 분석을 위해 임상가는 변호사의 의사결정에 근거가 되는 사실과 정보를 고려한다. 임상가는 자원의 희소성뿐만 아니라 의뢰인·상대 변호사·재판관이 변호사의 선택에 미치는 영향력, 실체법상의 원칙과 직업 규범에 따른 한계를 고려해야 한다. 따라서 임상가는 변호사의 의사결정에서 전략적 선택이 어떻게 이루어지는지 그리고 그 결정이 법제도라는 광범위한 맥락에서 어떠한 함의를 갖는지를 연구한다.[51]

임상가는 변호사의 의사결정에 영향을 미치는 요소들을 연구하고자 모의훈련을 활용한다. 임상가는 모의훈련을 통해 변호사의 상호작용과 업무를 관찰함으로써 변호사 의사결정의 설명모델과 양상, 준칙들을 연역적으로 추론한다.

4) 스피겔(Mark Spiegel)의 고지된(informed) 동의 이론

마크 스피겔은 변호사를 의사결정자로 보는 이론에 입각하여 변호사가 어떻게 결정을 내려야 하는가에 관한 규범적 이론을 정립하였다.[52] 변호사 업무의 본질은 의뢰인을 위한 의사결정을 하는 것이다.

다. Phyllis Goldfarb(1991). Theory−Practice Spiral: The Ethics of Feminism and Clinical Education. 75 *Minn. L. Rev.* 1599, 1649−1650면.
51) Menkel−Meadow(1980), 562면.

충분한 설명에 입각한 동의(informed consent) 이론은 의료적 의사결정과 마찬가지로 법률적 의사결정에도 반드시 적용되어야 한다. 이 이론에 따르면, 변호사는 법정의 선택, 발생된 문제에 적절한 법률 청원, 배심원 요구여부, 특정한 문제제기 여부, 혹은 특정 증인의 소환 여부 등을 결정한다. 반면에, 의뢰인은 소제기 여부 혹은 타협 여부 등을 결정한다.

5) 콜럼비아 로스쿨 임상가들의 "개인 상호간의 과정"이론

토마스 쉐퍼(Thomas Shaffer), 게리 굿패스터(Gary Goodpaster)를 포함하여 콜롬비아 로스쿨(Columbia Law School)의 임상가들 및 이들과 공동작업 한 많은 정신분석학자들과 심리학자들에 따르면, 로여링이란 개인 상호간의 과정(interpersonal process)이다.[53] 이 과정은 변호사·의뢰인·재판관·기타 법제도 관련자들의 상호작용을 특징으로 한다. 개인 상호간의 과정이론은 로여링 과정을 심리학적인 것으로 만들었다는 비판을 받지만, 변호사가 무엇을 하는가를 설명하고 이를 분석하는 데 유용하다.[54]

---

52) Mark Spiegel(1979). Lawyering and Client Decisionmaking: Informed Consent and the Legal Profession. 128 *U. Penn. L. Rev.* 41. 스피겔은 암스테르담의 주장은 너무 단순하여 전략적이라고 할 수 없다고 비판한다.

53) Interpersonal process는 개인과 개인 사이의 상호작용에서 나타나는 미묘한 차이를 강조하는 대인관계 정신분석학(Interpersonal psychoanalysis)에서 유래한 말로서 본 연구에서는 '개인상호간의 과정'이라고 번역한다.

54) 변호사-의뢰인 관계의 인간 상호작용에서는 변호사와 의뢰인 양측에서 만족하는 인간적 필요에 대한 인식, 효과적 소통 기술의 필요성, 가치의 인정과 관용, 각자가 주장하는 목표와 목적, "이성적" 법제도라고

콜럼비아 로스쿨에서 클리닉을 운영하는 마이클 멜츠너(Michael Meltsner)와 필립 쉬랙(Philip Schrag)은 집단역학(group dynamics)[55]을 통해 변호사와 의뢰인, 변호사와 기타 관련자의 상호작용을 강조하였다. 변호사는 한 발 물러서서 자신들이 의뢰인 및 기타 법제도 관련자들과 어떻게 상호작용하는지를 성찰해야 한다. 멜츠너와 쉬랙은 모의훈련을 통해 협상자의 집단 역학을 따라하거나 변호사의 역할을 협상자로 전제하고 개인 상호간의 과정이론을 시험하였다.[56]

그러나 변호사의 업무는 협상에 한정되지 않는다. 그것은 매우 복잡하며 직업적 역할이나 지위 그리고 직업윤리와 책임에 관한 문제와도 밀접하게 관련되어 있다. 이로 인해 변호사-의뢰인 관계라는 맥락에서 변호사가 어느 정도 자신의 실패에 대해 책임을 지는지, 혹은 개인 상호간의 대인관계에서 협상자, 친구, 조언자 등 다양한

생각하는 것에서 느끼는 감정의 역할에 대한 인식이 주로 다루어진다. Menkel-Meadow (1980), 565면.

55) 집단 역학(group dynamics)은 집단과 개인의 상호 작용을 실증적으로 연구하여 일반적 준칙을 발견하려고 하는 사회심리학의 한 영역이다. 심리학과 사회학에서 집단이란 사회적 관계로 서로 연결된 둘 이상의 개인을 말한다. 집단들은 상호작용하며 서로에게 영향을 주기 때문에 수많은 역동적 과정을 개발한다. 집단 역학의 주요 연구로는 집단의 응집성, 집단압력과 집단표준, 집단목표, 집단이동, 집단의 구조적 특성, 리더십 등에 관한 실험적 분석이 있다.
http://www.wilderdom.com/Group.html(2007년 12월 26일 검색).

56) "콜럼비아 로스쿨의 임상교수들은 학생들의 협상을 감독하였고, 학생들은 자신의 경험을 추상화하고 일반화함으로써 상대 변호사와 성공적으로 협상하기 위한 원리를 도출하였다. 학생들은 정보를 공유하고, 상대가 무엇을 요구하는지를 흥정하며, 합의를 도출하였다. 변호사-의뢰인 상호간의 과정에 집중함으로써 임상교수는 무엇이 법제도에 참여한 사람들의 동기를 유발하는지, 변호사가 무엇을 할 수 있는지에 관한 이론을 개발해 왔다." Menkel-Meadow (1980), 566면.

역할을 담당하는 변호사가 어느 정도까지의 신의성실(信義誠實)의무를 져야 하는지 등이 문제된다. 나아가 임상가는 어떤 수단이 변호사에게 가장 유효하게 작용하는지를 살펴보아야 한다. 또한 변호사가 의뢰인이나 상대방 변호사와 어떻게 상호작용해야 하는지, 그리고 그러한 상호작용이 법률 전문직에서 무엇을 의미하는지도 다루어져야 한다. 변호사 개인의 상호작용들은 광의의 법제도로 확장된다. 따라서 임상가는 변호사가 대인관계에서 사용하는 수단을 분석할 때 반드시 어떠한 목적을 위한 것인지를 살펴보아야 한다. 또한 임상가는 로여링 과정의 역학과 그것이 법제도에서 무엇을 의미하는지를 성찰해야 한다.

6) 콘들린(Robert Condlin)의 메타학습이론

하버드 클리닉 프로그램의 로버트 콘들린은 하버드 교육대학과 연계하면서 임상교육에 관한 교육학이론과 방법론을 수용하였다.[57]

로스쿨 학생들은 소장을 작성하거나 임상교수나 급우들과 토의를 하면서, 그리고 법제도 내에서 재판관들과 변론을 하거나 사건을 다루는 법을 배우면서 로여링 역할을 반복 학습한다. 임상가들은 법학교육자로서 어떻게 학생들이 변호사로서 행동할 것인지를 일반화하고 이론화한다. 실무가인 변호사의 직업행태가 이전에 학습한 경험에 근거하여 모형화되기 때문에 현재의 학습경험은 실무가와 교육자

---

57) 콘들린은 로스쿨 학생들이 경쟁적이고 설득적인 방식으로 학습한다고 주장한다. Robert Condlin(1981). Socrates' New Clothes: Substituting Persuasion for Learning in Clinical Practice Instruction. 40 *Md. L. Rev.* 223.

로서 장래의 직업행태에 대한 모형을 만드는 것으로 여겨진다. 가령, 상담과정이 변호사가 대안을 의뢰인에게 '교육하는' 경우일 때, 실무가는 교육자로서 행위한다. 이 과정은 교사가 교육적 목적을 위해 학생들에게 사용하는 것과 동일할 수 있다. 유사한 방식으로 변호사는 법정에서 재판관을 교육시키며, 협상과정에서 상대 변호인을 교육시키고, 궁극적으로 일반적인 법률실무에서 자기 자신을 교육시킨다.[58]

특히, 이러한 로여링 과정에서 비판의 역할을 강조하는 콘들린은 우수한 변호사와 비윤리적 변호사의 차이를 이해하기 위해 사람들은 전략적 규범틀을 가져야 한다고 주장한다. 그렇지 않으면 변호사는 결코 상담과 지배, 조종과 조작 사이의 경계를 구별할 수 없다. 따라서 전략적 규범틀을 만들기 위한 학습은 임상 기술 훈련의 중요한 특징이다.[59]

---

58) Menkel-Meadow(1980), 568면.
59) 콘들린은 비판을 통한 임상교육이 본질적 임상방법이라고 주장한다. 비판을 통한 훈련이 없다면 정의(正義) 실현을 고려하는 변호사의 성향은 개발되지 못할 것이다. 변호사들이 의도적으로 또는 부지중에 정치적·도덕적 판단을 내리기 때문에, 우수한 변호사는 정의와 공평이라는 개념에 기반을 두어 일상적 업무를 평가해야 한다. 그러한 평가과정은 직장에서도 나타난다. 가령, 학생들은 졸업하고 나면 전통적 행동규범에 자신들을 경솔하게 동화시키면서 심리적·정치적·재정적 압박을 경험하게 된다. 따라서 이러한 압력을 전환시키고 자율적인 행위자가 되기 위해 학생들은 초기 형성 단계에서부터 비판적 사고 기술을 연습해야 한다. Robert Condlin(1986). "Tastes Great, Less Filling": The Law School Clinic and Political Critique. 36 *J. Legal Educ.* 45.

제3절 임상법학교육 이론에서의 변호사-의뢰인 관계

변호사와 의뢰인 관계이론은 로여링에서 발생하는 의뢰인의 자율성(client autonomy)[60])과 변호사의 온정주의(paternalism) 간의 논쟁이다. 이것은 변호사와 의뢰인 중 어느 쪽이 통제력을 갖느냐, 변호사가 의뢰인의 선택에 영향을 주는 경우에 이를 어떻게 통제해야 하는가에 관한 논의이다. 변호사와 의뢰인 관계 설정 시 어느 쪽이 통제력을 갖느냐에 따라 로여링의 방법론이 달라지기 때문에 제기되는 문제이다.

변호사와 의뢰인 관계이론에 대하여 (1) 순수 자율성 존중 견해, (2) 수정된 자율성 존중 견해, (3) 순수 온정주의, (4) 수정된 온정주의로 나누는 입장[61])과, (1) 의뢰인의 자율성, (2) 온정주의, (3) 변호사의 재량판단, (4) 도덕적 행동주의로 나누는 입장[62])이 있다. 양자의 분류를 보면 중복되는 것도 있고 서로 간과하고 있는 부분도 있다. 따라서 이하에서는 이들의 입장을 재분류하여 (1) 의뢰인의 자율성 존중주의의 순수 모델과 수정 모델, (2) 온정주의: 이익 극대화론

---

60) 의뢰인의 자율성이란 의뢰인이 당해 사건에 대한 조치를 선택할 때 변호사의 지배나 통제 없이 스스로 의사결정을 할 수 있는 것을 말한다.

61) William H. Simon(1988). Ethical Discretion in Lawyering. 101 *Harv. L. Rev.* 1083, 1084면 이하; William H. Simon(1991). Lawyer Advice and Client Autonomy: Mrs. Jones's Case. 50 *Md. L. Rev.* 213, 222-226면.

62) David Luban(1990). Partisanship, Betrayal and Autonomy in the Lawyer-Client Relationship: a Reply to Stephen Ellmann. 90 *Colum. L. Rev.* 1004, 1005면 이하.

의 순수한 온정주의, 도덕 실천주의, 간주관성주의, 그리고 (3) 변호
사의 윤리적 재량 존중 견해로 나누어 살펴보고자 한다.

1. 의뢰인의 자율성 존중주의

변호사는 의뢰인이 자신의 상황을 가장 잘 이해하고 변호사 개인
의 견해에 가장 적게 영향을 받도록 해야 한다. 의뢰인에게 정보를
고지하면서 의뢰인의 자율성을 향상시키는 것이 변호사의 가장 기본
적 역할이다. 의뢰인의 자율성 존중주의는 순수 모델과 수정 모델로
구분된다.

1) 순수 모델

변호사의 의무는 의뢰인이 선택을 하게 하는 것이며 변호사는 절
대로 영향력을 행사해선 안 된다. 변호사는 의뢰인의 문제를 해결하
기 위해 적극적 경청 등 문제해결을 위한 기술을 사용하거나 의뢰인
과 관련된 모든 상황을 질문한다. 변호사는 의뢰인이 법률 문제와
비법률 문제를 잘 이해하도록 의뢰인에게 충분한 고지(告知)를 하여
야 한다. 변호사는 관련 정보를 고지함으로써 소임을 다한 것이며,
이후에 의뢰인이 어떠한 선택을 하든지 변호사는 그에 대한 책임을
지지 않는다.[63]

---

63) Kimberly E. O'Leary(1993). Creating Partnership: Using Feminist

미국 임상법학 교육방법 이론과 실제

그러나 순수 모델은 단지 변호사가 제공하는 고지 내용에 있어서만 자율성을 측정할 뿐, 변호사가 고지하는 방식이 의뢰인의 결정에 미치는 영향을 고려하지 않는다는 데 문제가 있다. 또한 순수 모델은 의뢰인이 고지된 내용을 효과적으로 사용할 수 있는지를 간과한다. 특정기술들을 어떻게 사용할지 또는 그런 기술을 사용할지 말지에 대한 변호사의 선택은 그 자체가 의뢰인의 자율성을 제한한다. 변호사는 변호사-의뢰인 관계의 복잡성을 인식하면서 의뢰인의 자율성을 존중해야 하며, 의뢰인을 돕기 위해 사용되는 특정기술의 정당성을 고려해야 한다. 변호사가 관련 정보를 의뢰인에게 직접 고지해야 할 때, 변호사가 그 정보의 관련성을 제시하기가 쉽지 않다. 왜냐하면 변호사가 의뢰인의 목적과 가치에 즉각적으로 접근할 수 없기 때문이다. 따라서 의뢰인에게 어떻게 질문할지 또는 어떠한 형태의 관계를 형성할지를 결정하기 위해 변호사가 제시하는 방법은 조작적일 수 있다.[64]

Techniques to Enhance the Attorney-Client Relationship.16 *Legal Stud. F.* 207, 210면.

64) Stephen Ellmann(1987*a*). Lawyers and Clients. 34 *UCLA L. Rev.* 717, 721-733면; Stephen Ellmann(1987*b*). Manipulation by Client and Context: a Response to Professor Morris. 34 *UCLA L. Rev.* 1003, 1004-1006면; John K. Morris(1987). Power and Responsibility Among Lawyers and Clients: Comment on Ellmann's "Lawyers and Clients", 34 *UCLA L. Rev.* 781, 783면.

2) 수정 모델

순수 모델에 대한 비판을 수용한 수정 모델은 변호사의 의무가 평균인이 의뢰인의 상황에 놓일 경우 중요하다고 여겨지는 정보를 고지하는 것이지만, 변호사가 당해 의뢰인이 다른 관련정보를 고려할 것이라고 믿을 만한 이유가 있고 그 정보를 고지해야 하는 경우는 예외로 한다.[65] 변호사는 평균적 의뢰인의 목적을 의뢰인 당사자의 것으로 본다. 왜냐하면 변호사가 의뢰인을 알기 전까지는 당해 의뢰인을 이해할 만한 아무런 근거를 가지고 있지 않기 때문이다. 변호사는 당해 의뢰인의 이해관계에 대하여 알아야 하며 의뢰인이 고지된 정보를 사용할 수 있도록 의뢰인을 도와야 한다. 의뢰인의 자율성은 상담관계의 전제이면서 목적이기 때문에, 변호사는 대화를 통해 의뢰인의 이해관계와 능력을 더 많이 배워가면서 의뢰인에게 제공할 정보를 조정한다. 변호사는 대화를 통해 의뢰인의 근심을 해소시키는 데에 중점을 둔다.[66]

그러나 수정 모델이 특정 의뢰인에게 객관적으로 '평균적' 의뢰인 추정을 적용한다는 점에서 획일적·집단주의적이라는 비판이 있다.[67] 한편, 수정모델은 '최소 합리성 테스트'를 적용하지 않는다는 점에서 수정된 온정주의와 차이가 있다.[68]

---

65) Ellmann(1987*a*), 764-765면; Simon(1991), 213면.
66) Ellmann(1987*a*), 731면; Robert D. Dinerstein(1990). Client-Centered Counseling: Reappraisal and Refinement. 32 *Ariz. L. Rev.* 501, 512면 이하; Robert D. Dinerstein(1992). Clinical Texts and Contexts. 39 *UCLA L. Rev.* 697, 703-705면.
67) Simon(1991), 223면.

2. 온정주의: 이익 극대화론(極大化論)

1) 순수한 온정주의

온정주의는 전문가(변호사)가 비전문가 보다 의뢰인을 위한 최선의 것이 무엇인지를 보다 더 잘 안다는 것을 전제로 한다. 변호사의 의무는 의뢰인을 위하여 가장 좋은 것이 무엇인지를 판단하는 것이다. 이 견해는 아동이나 정신 지체 장애인을 위한 판단과 깊은 관련이 있다. 변호사는 자신이 의뢰인의 상황이라면 무엇을 할지 또는 의뢰인과 같은 특성을 가진 사람이라면 무엇을 해야 하는지를 생각하고 의뢰인이 그러한 과정을 받아들이도록 영향력을 행사한다. 변호사는 오직 자신의 가치에 의존한다.[69]

2) 루밴(David Luban)의 도덕 실천주의

데이빗 루밴은 변호사와 의뢰인의 관계를 "가담 / 당파성(partisanship), 무책임(nonaccountability)"과 "도덕 실천주의(moral activism)"의 충돌 문제로 본다.[70] 변호사는 기존에 제시된 전문가로서의 행동에 대한 제약 내에서 의뢰인의 목적이 달성될 가능성을 극대화시켜야 한다

---

68) '최소 합리성 테스트'에 관해서는 제3절 2. 2) 루밴(David Luban)의 도덕 실천주의 참조.
69) O'Leary(1993), 210면.
70) David Luban(1990). Partisanship, Betrayal and Autonomy in the Lawyer — Client Relationship: a Reply to Stephen Ellmann. 90 *Colum. L. Rev.* 1004, 1007 – 1035면.

(가담 / 당파성). 또한 변호사는 의뢰인을 대리할 때 사용된 수단이나 달성된 목적에 대하여 법적 · 직업적 · 도덕적 책임을 지지 않는다(무책임). 변호사는 합법적인 의뢰인의 목적을 실현하기 위해 사용할 수단에 대해서조차 자신의 도덕 원리와 일치하는 선택을 한다(도덕 실천주의). 따라서 도덕 실천주의 접근이 의뢰인의 자율성을 침해하는 경우에도 변호사는 자신이 지지하는 도덕 원리와 일치하는 선택을 해야 한다. 이것은 의뢰인의 자율성 침해 보다 더 우위에 있는 선(善, the good)에 의해 정당화된다. 또한 온정주의적 강제력(paternalistic coercion)은 의뢰인이 밝힌 목적이 '최소한의 객관적 합리성 테스트(minimal test of objective reasonableness)'[71]에 부합하지 않을

---

71) 체니악(C. Cherniak)은 헴펠(Hempel)의 합리적 선택이론을 비판하고 최소 합리성 개념을 제시하였다. 이상적인 합리적 행위자는 기대효용을 최대화해야 하며, 이상적인 합리성 조건과 이상적인 추론조건을 만족시켜야 한다. 이상적인 합리성 조건이란 행위자가 일련의 신념을 통해 분명하고 적절한 모든 행위를 수행하고 그 행위만을 수행할 것이라는 조건을 말한다. 이상적인 추론조건이란 행위자가 분명하고 적절한 자신의 신념으로부터 연역적으로 타당한 모든 추론을 행하며 그것만을 행한다는 것이다. 여기에 최소 합리성의 개념을 도입하면 최소 합리성은 최소 합리성 조건과 최소 추론조건을 만족시켜야 한다. 최소 합리성 조건이란 행위자가 일련의 신념을 통해 분명하고 적절한 행위 전부는 아니지만 일부를 수행할 것이라는 조건을 말한다. 최소 추론조건이란 행위자가 분명하고 적절한 일련의 신념으로부터 타당한 전부는 아니지만 그 일부를 행할 것임을 의미한다. 정영기(1996). 『과학적 설명과 비단조논리』(서울: 엘맨출판사), 90면. 가령, 일상생활을 영위하는 사람들의 합리성은 가능한 모든 변수를 고려하면서 예측가능한 모든 결과를 생각하는 정도의 신중한 결정으로 이루어지는 것은 아니다. 범죄자의 행위의 도도 반드시 사건의 모든 국면에 대한 심사숙고와 발생 가능한 행위 결과를 치밀하게 고려해야 하는 것으로 엄격하게 볼 필요는 없다. 따라서 폭력범죄에 있어서 최소 합리성이란 행위자가 사용하는 도구의 선택이나 흉기의 사용은 제한적 의미에서나마 행위자의 합리적 선택의 결과로

때 정당화된다. 즉 의뢰인이 의사를 결정함에 있어서 부분적이나마 합리적인 선택을 하지 아니하였다면, 변호사의 선택이 의뢰인의 자율성을 침해하여도 이는 정당화된다.[72]

그러나 온정주의의 문제점은 선(善)이라는 개념에 있다. '지배'하에 있지 않은 사람(변호사)의 '선택'이라는 관점으로 '선(善)'을 정의 내린다는 점에서 도덕 실천주의는 자율적 선택 이론과 비슷해 보이지만, 선(善)이라는 것이 개인의 선택에 의존하지 않으며 선(善)에 반하는 개인의 선택이 자율적이라는 점에서 (의뢰인의) 자율성과 충돌한다. 또한 의뢰인의 선택이 '최소 합리성 테스트'에 실패하였기에 무시되는 경우라 할지라도 당해 의뢰인의 자율적 선택 능력이 부인되는 것은 아니라 할 것이다.[73]

3) 케네디(Duncan Kennedy)의 간주관성 주의

던컨 케네디는 간주관성(intersubjectivity)을 근거로 하는 온정주의

평가할 수 있다. 행위자는 자신의 의도를 가장 쉽게 관찰할 수 있는 나름대로의 합리적인 계산의 결과로 흉기를 사용하기도 하고 사용하지 않기도 한다. 박순진(2000). 폭력범죄에 있어서 흉기의 사용에 대한 고찰. 『형사정책연구』 통권 제41호 봄호, 154－155면.

72) 한편, 프리드 (Charles Fried)에 따르면, 변호사는 자율적 인간으로서 의뢰인에게 도덕적 책임을 진다. 특히 변호사는 의뢰인에게 도덕적 쟁점을 조언하면서 의뢰인 자신이 법률 내에서의 자율성뿐만 아니라 도덕적 존재임을 깨닫도록 돕는 것에 매우 만족감을 느낀다. Charles Fried (1976). The Lawyer as Friend: The Moral Foundations of the Lawyer-Client Relationship. 85 *Yale L.J.* 1060.

73) 자율성이라는 가치가 합리적인 선택 능력을 전제로 하지 않기 때문에 이러한 차이는 자율성에 입각하지 않는다. Simon(1991), 225－226면.

적 강제력을 주장한다.[74] 그는 주체(의뢰인)가 밝힌 선택이 가령, 공포와 낙담 때문에 주체의 정체성을 진정으로 나타내지 않았다고 행위자(변호사)가 확신할 경우에 온정주의가 정당화된다고 한다. 따라서 해당 주체의 구체적인 감각이 중요하며, 변호사가 판단하기에 의뢰인 스스로 잘못 생각하였거나 그러한 선택이 의뢰인의 목적과 어떻게 관련되는지를 의뢰인이 오해한 경우 변호사는 의뢰인의 선택을 무시할 수 있다.

간주관성 주의는 의뢰인을 구체적인 주체로 이해할 뿐만 아니라 합리성과 같은 외적인 기준이 아닌, 주체 자신의 계획과 목적에 대한 해석을 기준으로 주체를 이해한다. 간주관성 주의는 의뢰인의 선택이 의뢰인에 대한 변호사의 이해와 완전히 부합되는 경우에 유리하게 작용한다. 그러나 의뢰인 선택의 근거가 변호사의 판단이라는 점에서 비판이 제기된다.

3. 변호사의 윤리적 재량 존중 견해

윌리엄(William Simon) 사이몬에 따르면, 온정주의와 자율성은 둘 다 변호사가 의뢰인의 복리를 실현할 것을 요구한다. 이것은 동일한 목적에 대한 두 개의 수단일 뿐이다. 즉 온정주의나 자율성은 변호

---

74) Duncan Kennedy(1982). Distributive and Paternalistic Motives in Contract and Tort Law, With Special Reference to Compulsory Terms and Unequal Bargaining Power. 41 *Md. L. Rev.* 563, 624－649면; Simon(1991), 223면.

사가 의뢰인을 위한 최선의 선택을 찾으려 한다는 점에서 동일하다. 의뢰인을 위한 최선의 선택보다도 오히려 변호사는 특정사건의 관련 상황을 고려하면서 정의(正義)를 가장 잘 구현할 조치를 취해야 한다. 따라서 변호사에게 이를 위한 윤리적 재량이 인정된다.[75]

그러나 의뢰인의 복리를 실현한다는 점에서 양자가 동일하다 하더라도, 선택권이 누구에게 있는지에 따라 온정주의와 자율성은 중요한 차이가 있다. 또한 변호사의 윤리적 재량존중 견해는 종국적으로 변호사가 사건 해결을 위한 통제력을 가진다는 점에서 온정주의의 일종이라고 할 수 있다.

제4절 임상법학교육방법론

임상법학교육을 기술훈련과 동의어로 여기는 경우가 있는데 이는 임상법학교육을 전반적인 로여링 절차 중 일부만을 의미하는 것으로 협소하게 파악한 결과이다. 임상법학교육은 로여링이 갖는 가치와 실무를 배우는 법학교육의 과정 내지 방법이다. 따라서 이하에서는 벨로우의 가치 중심의 거시 임상이론을 중심으로 임상법학교육방법론을 고찰하고자 한다.[76]

---

75) Simon(1988), 1090면 이하.
76) 본 연구에서는 골드화브의 구분에 따라 벨로우가 제시한 임상법학교육 방법론을 경험, 비판적 성찰, 책임윤리, 간학문적 학습으로 나누어 살펴

1. 경 험

벨로우를 비롯한 많은 임상가들은 로여링을 통한 학습이란 경험으로부터 배우는 것이라고 이해한다. 학생들은 임상에서 자신의 역할을 수행하면서 경험을 얻고 그 임상경험으로부터 학습하게 된다.[77] 학생들은 법률 임상에 참여하면서 스스로를 관찰할 때와 사건에 대한 책임을 질 때, 그리고 변호사이면서 동시에 학생으로서 정체성이 충돌할 때 긴장한다. 이러한 긴장을 통해 학생들은 법제도와 로여링을 이해할 수 있는 통찰력을 키우며 감정과 경험을 이해하고 이를 수용할 수 있게 된다.[78] 벨로우는 학생들로 하여금 스스로 성찰하도록 장려

보기로 한다. Goldfarb(1991), 1647-1667면.
77) 벨로우는 학습을 독립된 영역으로 구성함으로써 면담인, 계획수립자, 수사관, 논쟁자, 상담가와 같은 변호사의 상이한 역할들을 분석하였다. 이러한 역할에 대한 통찰력은 오늘날에도 계속해서 임상과정의 중심이 되고 있다.
78) 학생들은 변호사의 수행을 평가할 기준과 그리고 그들이 관찰했던 일련의 직업적·제도적 행태들을 설명할 이론들을 임상교수진과 논의한다. 학생들은 의뢰인 대리 과정에서 자신들이 내린 다양한 결정들을 정당화하기 위해 로여링 기준과 이론들을 연구한다. 또한 학생들은 법적·개인적·제도적 문제들이 혼합된 의뢰인의 사건을 대리하면서, 이러한 문제들을 확인·분석하고, 가능한 소송 과정의 목록을 충분히 고려·평가한다. 그들은 이를 위해 동료 학생들과 교사뿐만 아니라 의뢰인·상대 당사자·증인·법관·법원관리·기타 이해관계인들과 상호작용해야 한다. 교육학적으로 이러한 노력의 성공은 계획과 평가과정 전반에 걸쳐 주의 깊고 예민한 심사 방법을 사용하는 것에 달려 있다. 그러한 심사는 정확한 자기 평가를 포함하고 학생들로 하여금 그동안 밝혀진 것을 이해하고 앞으로의 계획을 세우도록 돕는다. 성찰을 통해 학생들은 선험적 이론과 원리를 의식으로 가져와 소송의 근거가 되는 이론을 수립한다. 학생들은 그 이론들을 관찰하고 평가할 수 있으며 개선시킬 수 있다. Goldfarb(1991), 1648면.

하면서 학생 자신의 경험을 일반화시키고 의뢰인에 대한 감정을 고려하게 하였다. TLP를 통해 학생들은 대리행위와 의사결정에 감정이 어떻게 영향을 미치는지를 학습하게 된다.[79] 따라서 임상가는 학생들이 경험을 통해 평생 스스로 학습할 수 있는 사람이 되도록 가르친다.

2. 비판적 성찰

가치를 지향하는 임상법학교육의 목표는 실무에 존재하는 "기존의 패러다임"을 비판적으로 성찰하는 데 있다. 벨로우가 주창한 이래

---

79) Bryant & Milstein(2003), 13면. 벨로우는 의사결정과정을 로여링의 중심으로 보았다. 그는 하나의 과제에서 결정된 선택이 어떻게 다른 로여링 과정이나 송무대리에 관한 전체 수업에 영향을 미치는지를 설명하였다. 그는 로여링 과정을 지향함으로써 전체 과제들의 선택을 분석할 수 있는 이론을 유도하였다. 과정의 강조로 인해 학생들은 모든 로여링 과제에서 사용되는 의사결정모델(Decisionmaking Model)의 존재를 인식할 수 있었다. Scherr(2002), 184−188면. 의사결정모델은 의사결정이론에서 주장된다. 의사결정이론은 어떤 주어진 목적이 있고 그 목적을 달성하기 위한 하나 이상의 방법이 있을 때, 이 목적을 실현하기 위한 최적의 방법을 선택하는 과정에 관한 이론이다. 따라서 의사결정모델은 주어진 상황과 선택 가능한 행위 그리고 결과라는 세 가지 요소를 갖는다. 특히, 의사결정모델은 의사결정자가 합리적으로 행동한다고 가정한다. 이 모델에 따르면 비교가능성의 공리와 일관성의 공리에 따라 행위할 때 합리적으로 행위하는 것이 된다. 합리성 논의와 관련하여 샐몬 (M. H. Salmon)에 의하면 의사결정이론적 합리성은 행위자는 다양한 행위결과와 독립적으로 행위하며 확률적 지식만을 가진다는 가정에 기초하고, 행위자가 신념을 형성할 때 사용가능한 증거를 훌륭하게 이용한다고 가정하지 않는다. 따라서 행위자의 신념이 편견에 따른 것이라도 그 행위는 합리적일 수 있다. 정영기(1996), 76−98면.

오늘날까지 비판적 성찰은 훌륭한 변호사[80])의 본질적 특성으로 간주되어 임상교육 방법으로 채택되고 있다. 임상을 통해 학생들은 자신의 경험을 분석하면서 로여링 과정과 사법제도(司法制度)에 대한 비판적 분석을 할 수 있게 된다. 교사와 학생들은 "왜"라는 질문을 통해 의뢰인의 개인적 문제와 제도적 문제의 관련성을 찾고 이에 대한 대안을 구상한다. 비판의 과정은 훌륭한 변호사에게 평생학습자로서 임상교육이 개발해야 될 기본적인 로여링 기술이다.[81])

학생들은 가난한 사람들과 소외된 사람들을 대리하면서 빈민, 여성, 범죄자, 인종적으로 또는 성적(性的)으로 소수자인 의뢰인의 관점에서 법제도를 비판하고 임상 경험을 통해 제시되는 쟁점들을 성찰한다.[82])

3. 책임 윤리

벨로우는 윤리 및 가치가 로여링의 중심이라고 강조하면서 학생들이 소명감을 가지고 사회정의에 공헌하는 책임 있는 변호사가 되라고 격려하였다. 변호사-의뢰인 관계와 법률 서비스로의 접근에 대

---

80) 벨로우는 TLP에서 비판적이며 자신을 성찰하면서 사회정의를 실현하는데 책임감 있는 변호사를 의미하는 "훌륭한 변호사(good lawyer)"라는 이론을 개발하였다.
81) Goldfarb(1991), 1651면.
82) Rose Voyvodic(2001). Considerable Promise and Troublesome Aspects: Theory and Methodology of Clinical Legal Education. 20 *Windsor Y.B. Access to Just.* 111, 134면.

하여 TLP가 제기한 많은 윤리적 문제들[83])은 오늘날에도 계속해서 제기되고 있다.

강의실에서 제시되는 가상적인 윤리적 딜레마에서는 그 사안이 아주 구체화된 경우에 조차도 그 사건을 유발시키는 것이 무엇인지를 완전히 이해할 수 없으며, 윤리판단을 위한 조건이나 윤리판단의 제약과 관련된 수많은 무형(無形)의 것을 놓치게 된다. 임상학생들은 현실세계에서 작업하면서 처음으로 책임을 지고 윤리적이고 도덕적인 딜레마를 해결하게 된다.[84]) 학생들은 로여링 과정에서 일어나는 도덕적 딜레마에 대한 임상가의 태도를 관찰하고 그러한 딜레마를 임상가와 상담함으로써 윤리적 로여링의 성향을 내면화한다. 학생들은 임상가와 함께 로여링 경험을 성찰함으로써 변호사로서 윤리적으로 행동하는 것에 대한 원리를 개발한다. 임상가들은 학생들이 직업적 책임에 직면하고 변호사로서의 정체성을 형성할 때 윤리적 습관을 갖도록 학생들을 교육시켜야 한다.[85])

---

83) 벨로우는 특정 준칙으로부터 누가 혜택을 누리는가, 하나의 준칙은 어떠한 가치를 반영하는가, 윤리적 준칙과 그 적용은 결국 무엇을 뜻하는가, 그 준칙들은 그것을 채택한 변호사에게 어떠한 영향을 미치는가라는 질문들을 학생들에게 제기한다. Bryant & Milstein(2003), 18면.

84) 가령, 의뢰인이 거짓말을 하자고 제안하거나 학생들이 보기에 도덕적으로 모순되는 상황을 의뢰인이 추진하기 원하는 경우, 학생들은 무엇을 할지, 어떻게 이해의 충돌을 다루어야 할지, 자격 없거나 비윤리적 법조인 혹은 상대방 변호사를 상대로 소를 제기할지를 결정해야 한다.

85) Milstein(2001), 378면.

4. 간학문적 학습

벨로우는 TLP에서 임상교육의 간학문적 학습 가치를 증명하였다. 그는 인지심리학·수사학·경제분석학·고용관계·사회사업·문헌분석 등 간학문적 자료들을 선택적으로 사용하였다. 또한 벨로우는 특정기술에 관한 일반이론을 소개하였다. 가령, 협상과정을 위해서는 전략적 게임이론을, 상담을 위해서는 개인 상호간에 발생하는 역학이론을, 면담과 변론을 위해서는 소통이론을 학생들에게 가르쳤다. 그는 특정기술을 수행하기 위한 모델로서 면담을 위한 전략적 의사결정과 질문 기법을 제시하였다.[86] 임상의 맥락적 접근은 임상 참여자들에게 이론적이며 간학문적으로 연구할 수 있는 모든 자료들을 제공한다.

임상법학교육에서는 기존의 법학교육이 간과하기 쉬운 다차원적 현실의 상호관련성을 이해하도록 간학문적 학습이 선호된다. 이를 통해 학생들은 법과 정책에 관한 원리가 어떻게 작용하는지를 통찰할 수 있게 되고, 이론과 실천이 유기적으로 연결된다는 것을 이해할 수 있게 된다.[87]

---

86) Bryant & Milstein(2003), 14－15면.
87) Goldfarb(1991), 1656면.

제3장 여성의 경험을 토대로 한 법여성학

제3장 여성의 경험을 토대로 한 법여성학

　　임상법학교육과 법여성학은 태동적으로 그리고 방법론상 다음과 같은 유사점을 가지고 있다. 임상법학교육이 소크라테스식의 추상적인 교육방법의 반작용으로서 로스쿨 교육의 '외부자[88]'인 법률실무가에 의해 시작되었듯이, 법여성학교육도 남성 중심의 로스쿨 교육에 대한 대안으로서 로스쿨의 '외부자'인 여성에 의해 시작되었다는 점에서 양자는 기존 법학을 비판하고 새로운 방법론을 모색하였다는 점에서 비슷하다. 또한 임상가들이 로여링 경험을 토대로 한 임상법학교육을 주장하며 간학문적 학습을 강조하듯이 법여성학자들도 '여성의 경험'을 토대로 상호작용하는 법학교육을 주장한다. 이것은 로여링 경험을 토대로 하는 임상법학교육과 여성의 경험을 토대로 하는 법여성학이 방법론상 유사함을 보여준다. 둘 다 경쟁적이고 권위적인 소크라테스식 제도를 거부하고 협력적인 수업환경에서 비판적으로 연구하는 것을 중시한다. 나아가 임상법학과 법여성학은 사회

---

88) 미국 로스쿨의 주류는 백인 남성 법학교수들이기 때문에, 여기서 외부자란 법학교수가 아닌 법률 실무가 또는 여성을 말한다. 또한 본 연구에서 언급되는 여성주의자는 주로 법여성학자를 지칭하며 여성주의 운동도 법학을 하는 여성들이 이끌어온 여성운동을 의미한다.

정의를 위한 도덕적 인식을 개발하는 데 중점을 둔다. 이러한 맥락에서 임상법학교육과 법여성학은 방법론상 결합이 가능하고, 이 결합은 역사상 미국 로스쿨 교육 내에서 이론과 실천을 연계시키려는 필요성과 맥을 같이한다.[89]

법여성학과 임상법학교육의 결합을 고찰하기에 앞서, 본 장에서는 그 전제가 되는 기초적인 이론 작업을 하고자 한다. 먼저 법여성학 교육의 시대적 배경을 개관한 후, 법여성학을 정의하는 인식론적 범주와 미국에서 논의되고 있는 법여성학방법론을 살펴본다.

제1절 법여성학의 역사적 배경

1. 1970년대까지의 평등권운동 및 여성해방운동

1970년대까지의 여성운동은 평등권운동으로서 1890년대부터 1920년까지 미국과 영국에 있었던 참정권운동으로부터 유래하였다. 이 시기를 여성주의의 제1물결이라고 한다. 당시 여성들은 법률상 남녀의 차이를 없애고자 가족법의 개정, 경제적 기회 평등을 위한 법개정 등

---

89) Elizabeth M. Schneider(1986). The Dialectic of Rights and Politics: Perspectives From the Women's Movement. 61 *N.Y.U. L. Rev.* 589, 591-592면.

에 힘썼다.[90] 아내 구타에 대한 여성주의적 관심도 이 시기에서 비롯되었다. 19세기 빅토리아 개혁가 및 여성참정권자들은 남편의 육체적 학대로부터 자유로울 권리를 여성의 권리로서 옹호하였다.[91]

법을 사회변혁의 중요한 도구로 보는 초기 여성주의자들은 17세기에 뉴 잉글랜드(New England)에서 아내 구타 금지법을 주창하였다. 매 맞는 여성을 보호하는 법을 제정하려는 노력들은 수잔 안소니(Susan B. Anthony), 엘리자베스 스탠톤(Elizabeth Cady Stanton) 등 초기 여성주의자들의 지도하에 19세기 동안 미국 전역에 퍼져나갔다. 초기 개혁 운동의 주된 목표는 이혼할 권리, 재산소유권, 선거권을 획득함으로써 백인여성들의 지위를 개선시키고 자녀들을 보호하는 것이었다.[92]

1950년대와 1960년대에는 시민권운동, 반전운동, 흑인해방운동이 미국을 강타하였다. 1960년대의 운동은 여성주의 발전에 크게 영향을 미쳤다. 흑인들의 평등권 쟁취 노력은 평등을 위한 여성투쟁의 선례가 되었다. 19세기에 인종적 억압에 대항했던 여성들은 많은 정치적 경험을 하였다. 이것은 여성주의 운동을 이룩하는 데 크게 이

---

90) Martha Chamallas(2003). *Introduction to Feminist Legal Theory*(New York: Aspen Publishers), 15면 이하; Mary Becker, Cynthia Grant Bowman, & Morrison Torrey(2001). *Feminist Jurisprudence Taking Women Seriously,* 2nd Edition(St. Paul: West Group), 91면 이하.

91) 현대의 매 맞는 여성 운동(battered women's movement)도 1960년대 관심의 초점이었던 아동학대로부터 비롯되었다. D. Kelly Weisberg(1996). *Applications of Feminist Legal Theory to Women's Lives*(Philadelphia: Temple University Press), 277면.

92) Jane C. Murphy(2003). Engaging with the State: The Growing Reliance on Lawyers and Judges to Protect Battered Women. 11 *Am. U. J. Gender Soc. Pol'y & L.* 499, 500면.

바지하였다.93) 그리하여 1960년대와 1970년대에 백인 여성과 유색인 여성의 생활조건이 실질적으로 개선되었다. 여성의 권리 운동과 시민권운동을 통하여 소수 인종과 민족을 포함한 더 많은 여성들이 차별적 관행에 대하여 도전하였다. 한편, 1960년대 후반에 베트남 전쟁으로 로스쿨에 지원하는 남성들이 감소하자 여성의 입학이 증가하였다. 이것은 미국의 법여성학이 발전하게 된 계기가 되었다. 로스쿨 여학생들의 출현과 그들이 제기하는 질문들은 남성들에 대한 심각한 도전이 되었다. 특히, 여학생들은 왜 로스쿨이 여성들에게는 매우 중요한 동일 임금 및 고용 기회의 평등, 강간 및 성폭력, 아내 구타, 출산과 같은 쟁점들을 커리큘럼에서 다루지 않는지를 문제제기하였다.94)

"매 맞는 여성 운동" - 폭력으로부터 자유로울 여성의 권리를 주장하는 운동자들의 연합 - 도 1960년대 말에 전국적으로 퍼지기 시삭하여 1970년대에 가정폭력, 아내 구타가 미국 여성운동의 초점이 되었다.95) 매 맞는 여성 운동은 소외된 자들의 운동이며 1960년대의 시민권 운동과 여성주의 운동으로부터 발전한 풀뿌리 운동이다.96) 많은 여성주의자들은 구타를 가부장제의 산물로 여겼으며 여성을 억압하는 남성의 통제력으로 보았다. 이 운동에서 많은 이들이 국가의 적극적인 역할에 회의적이었다. 매 맞는 여성운동에 참여한 여성주의자들은 국가가 여성에 대한 남성의 폭력을 유지하고, 강화하며, 합

---

93) Weisberg(1996), 277-295면.
94) Katharine T. Bartlett, Angela P.Harris, & Deborah L. Rhode(2002). *Gender and Law*(New York: Aspen Law & Business), 853-857면.
95) Becker, Bowman, & Torrey(2001), 383면.
96) Murphy(2003), 500면.

법화했다고 주장했다. 그들은 국가를 신뢰해야 하고 국가로부터 많은 것을 기대할 수 있으며 국가가 개입해야 한다는 주장에 반대하였다. 이 운동을 통해 쉼터, 연락처, 대안 기구들이 발전하였다. 이들은 매 맞는 여성의 서비스와 프로그램을 위한 정부 보조금을 거절하였다.

한편, 법학교육에 존재하는 간극을 좁히고자 여성들 스스로가 1970년에 "여성과 법에 관한 전미 학술대회(National Conference on Women and the Law)"를 조직하였다. 그리고 로스쿨은 「여성과 법」이라는 교과목을 처음으로 개설하였다.[97] 그중에 많은 수업들이 1970년대 중반부터 「성차별」로 과목명이 바뀌었다.[98] 이것은 여성의 불평등한 상황에 대한 새로운 법률 구제를 반영하는 것이다.[99]

1970년대 초의 몇몇 여성해방 문집(文集)들은 가정에서의 남성폭력을 다루었지만, 폭력의 범위와 영향력, 특히 중산층 가정에서의 남성폭력을 다루지는 못했다.[100] 1970년대 여성주의 학자들은 대법원이 채택한 성불평등에 관한 자유주의적 접근이 여성주의 법률 전략에 적합하다고 여겼다. 당시 법학계에서는 여성주의 이론이 거의 없다. 가장 괄목할 만한 첫 법학논문은 『직장여성의 성희롱(Sexual Harassment of Working Women)』이었다. 이것은 1979년에 발간된 캐더린 맥키논(Catharine A. MacKinnon)의 첫 저서이다. 여기서 맥키논

---

97) <부록 16> 참조.
98) <부록 12> 참조.
99) Bartlett, Harris, & Rhode(2002), 853면.
100) Susan Schechter(1983). *Women & Male Violence: The Visions and Strategies of the Battered Women's Movement*(Cambridge: South End Press), 29-52면.

은 자유주의적 평등이론을 맹렬히 비판하며 지배이론에 따른 불평등을 주장하였다. 그녀는 지배이론을 개발하여 성차별이 어떻게 작동하는지를 밝히고 성차별을 제거할 대안을 제시하였다.[101]

1960년대 말부터 1970년대 초까지의 여성주의는 여성의 권리를 주장하는 여성주의와 여성해방운동이라는 두 분파로 발전하였다. 전자의 대표조직은 여성을 위한 전국 조직(National Organization for Women, 이후 'NOW')이다. 후자는 사회주의적 여성주의 및 급진적 여성주의 집단뿐만 아니라 낙태, 여성교육, 육아 및 재소자들의 권리를 주장하는 익명의 소규모 조직으로 구체화되었다.[102]

여성해방운동은 가정에서의 남성과 여성 사이에 일어나는 것이 매우 정치적이라고 주장함으로써 매 맞는 여성 운동의 토대를 마련하였다. 여성들은 그동안 '사소한' 것이고 '사적인' 것이라고 생각했던 것을 소규모의 의식향상집단을 통해 다른 사람들과 공유하였다. 가정을 유지하거나 어린 아이들을 양육하면서 느끼는 고립감, 육체적으로 나약한 느낌, 외모에 대한 관심, 남편과 자녀를 충분히 돌보지 못한다는 죄책감 등 이전에 논의되지 못했던 '개인적' 문제가 의식향상을 위한 가장 중요한 주제가 되었다.[103]

여성들은 남성이 개인 삶에서도 권력과 특권을 장악하고 있다는

---

101) 맥키논이 주창한 의식향상은 이후 모든 여성집단에서 그들의 문제에 대해 공식적·비공식적으로 이야기하기 시작했던 제2물결의 유일한 여성주의 방법론이 되었다. Becker, Bowman, & Torrey(2001), 92−97면. 특히, 이 방법론은 의식향상 집단을 통해 사적인 것이 정치적인 것임을 깨달은 매 맞는 여성 운동의 토대가 되었다.

102) Weisberg(1996), 296면.

103) 앞의 글, 297면.

데 동의하였다. 남성의 지배는 공적 정치계에서뿐만 아니라 가정이라는 사적 영역에서도 작동하고 있었다. 여성들은 이러한 분석을 통해 폭력을 집단적으로 인식하게 되었다.104) 폭력은 많은 여성들의 공통된 경험으로서 고통스러운 것이며 여성들의 삶에 깊게 파묻혀 있었다. 여성들은 의식향상집단에서 폭력을 논의하는 것이 부끄럽지 않았다. 그들은 의식향상집단에서 스스로를 비난하지 않으면서 자신의 고통을 자유롭게 이야기할 수 있었다.

여성주의자들은 쉼터를 개설하고 정부 정책에도 영향을 미침으로써 사회적·법적으로 광범위한 개혁을 하였다. 여성해방운동은 여성이 구타를 이해하고 그것에 대하여 이야기할 수 있는 환경을 조성하는 데 힘썼다. 나아가 여성해방운동은 매 맞는 여성 운동을 위한 조직을 만들었다. 모든 사람들이 동등하게 이 조직에 참여할 수 있었다. 여성해방운동의 영향으로 미국의 매 맞는 여성 운동은 수백 개의 쉼터와 여성위기센터를 조직하였다.105) 1973년 애리조나 주(州)의 패닉스(Phoenix)에 최초의 쉼터가 개설되었다.106) 여성들의 권익옹호(Women's Advocates)는

---

104) 이것은 다음 두 가지 면에서 중요한 의미를 지닌다. 첫째, 여성들은 자율적 인간 존재로서 권리를 갖는다. 즉 여성들의 심리적·육체적 존엄성이 주장될 수 있다. 둘째, 더 이상 여성들은 그들 자신의 모호한 불만족감이나 남편들의 불행에 대하여 비난을 받지 않는다.

105) 최초의 매 맞는 여성 쉼터는 1971년 런던에서 세워졌다. 여성주의자들은 곧 쉼터를 위한 기금 마련을 위해 영국 전역에 걸쳐 "여성구조(Women's Aid)"집단을 설립하였다. 1975년까지 여성주의자들은 전국여성구조연맹(National Women's Aid Federation)을 결성하여 입법, 쉼터 서비스, 교육에서 여성의 권익을 옹호하였다. 의회 위원회는 보호입법의 통과를 위해 심리를 열었다. Weisberg(1996), 278면.

106) 1973년 Rainbow Retreat이 애리조나 주(州) 패닉스에서 여성을 수용하기 시작하였다. James Ptacek(1999). *Battered Women in the Courtroom,*

매 맞는 여성들만을 위한 가장 오래된 쉼터이다. 이것은 1971년, 미네소타 주(州)의 세인트 폴(St. Paul)에서 의식향상집단으로부터 시작하였다. 보스턴의 첫 번째 쉼터인 "Transition House"도 여성해방 사상에 영향을 받았다. 매 맞는 여성이었던 두 명의 여성이 쉼터를 시작한 후, 보스턴 최초의 급진적 여성주의 집단인 'Cell 16'의 구성원 두 명과 결합하였다. 이곳을 이용하는 여성들은 '사적' 문제들의 정치적 의미를 인식하였다. Transition House의 활동가들에게 신체 학대는 일상적으로 존재하는 하나의 사실이 아니라 여성의 억압을 의미하였으며 그 해결책은 여성해방이었다.[107]

한편, NOW는 미국 전 지역에 실무전담반을 설립하였다. 매 맞는 아내였던 NOW 구성원이 1973년에 펜실베이니아에서 첫 번째 지역 전담기구를 조직하였다.[108] 1975년 10월, 8번째의 연례모임에서 NOW는 매 맞는 여성 / 집안 폭력(Household Violence)의 전국 전담기구를 결성하였다. 전국 네트워크인 "전미 가정폭력 연합(National Coalition Against Domestic Violence)"이 1978년에 발족되었다.

1970년대 말까지만 해도 형사 소송을 맡은 기관들은 여성의 학대 청원은 사소한 것으로 여기며 도외시하였다. 여성의 상해는 무시당했고 여성의 공포와 두려움은 정당화되지 않았다. 오히려 경찰과 법원은 여성들을 비난하였다. 여성의 인종이나 계급에 근거한 차별도 법원이나 경찰에 의해 간과되었다.[109] 당시 여성주의자들은 법집행

The Power of Judicial Responses(Boston: Northeastern University Press), 46면.
107) Weisberg(1996), 298면.
108) 앞의 글, 278면.

을 개선시키기 위해 집단소송을 제기하였다. 캘리포니아와 뉴욕에 있는 여성주의 소송인들은 경찰이 학대자를 체포하지 않은 것에 대하여 배상책임을 요구하였다. 여성주의 변호사들은 남편을 살해한 매 맞는 여성들의 정당방위를 주장하였다. 1976년, 5명의 흑인여성을 원고로 오클랜드에서 집단소송이 제기되었다. 소송인들은 경찰이 구조요청 전화를 무시하고 위협적 방식으로 대응하였으며, 법률이 규정한 체포의무를 이행하지 않았다고 주장하였다. 또한 소송인들은 흑인여성이 백인여성에 비해 열악한 대우를 받으며, 이는 수정헌법 제14조의 평등보호조항에 위배된다고 주장하였다. 3년 후 오클랜드 경찰청은 구타자의 체포와 응급구조 전화에 대한 경찰 관행을 수정하겠다고 약속하며 합의하였다. 한편, 뉴욕에서는 1976년에 뉴욕시 경찰청과 뉴욕 가정법원을 상대로 집단소송이 제기되었다. 원고는 경찰이 구타하는 남편을 체포하지 않았다고 주장하였다. 법원은 여성이 법원에 접근하는 것을 거부하였다. 뉴욕 재판관은 실체법과 법률실무 사이에 충돌이 있음을 인식하고 이 소송을 기각하지 않았다. 경찰청은 전화에 대한 대응, 구타자 체포, 여성에게 가정법원으로부터 보호명령을 받을 수 있는 권리의 고지 등 실질적인 변화를 약속하면서 합의를 보았다.

가정폭력운동의 영향력은 서비스 및 입법개혁의 확산에서 나타난다.[110] 1975년과 1978년 사이에 170개 이상의 쉼터가 개설되었다. 시민권 위원회에 따르면 1978년까지 미국 전국에 300개 이상의 쉼

---

109) Ptacek(1999), 46면.
110) Weisberg(1996), 279면.

터, 긴급전화, 법률 권익옹호 프로젝트가 있다. 매 맞는 여성은 약 1,600명으로 집계된다. 이들을 위한 쉼터, 긴급전화, 권익옹호 프로젝트를 포함하여 매 맞는 여성의 프로그램의 수가 점차 증가하였다. 주와 연방은 입법 개혁을 통해 매 맞는 여성을 위한 서비스와 구제수단을 계속해서 개선하고 있다. 여성주의 개혁 노력은 주(州) 차원에서뿐만 아니라 연방 차원으로 입법에 박차를 가했다. 1976년에 처음으로 주(州) 법률이 제정되었다. 이후에 입법들은 형벌을 가중하고 민사보호를 강화하였다. 1980년까지 45개 주(州) 및 워싱턴 수도가 아내 구타 사건에 대한 특별법을 제정하였다. 여성주의자들은 혼인신고(marriage license) 수수료를 높임으로써 가정폭력 프로그램을 재정적으로 지원코자 노력하였다. 플로리다 주(州)가 처음으로 1978년에 이를 부과한 이후 다른 16개의 주(州)가 이를 시행하였다.

2. 1980년대 의식향상운동 및 가정폭력운동

1970년대 이후의 여성주의 운동은 법제도를 포함한 모든 제도들을 여성중심의 관점으로 분석하는 방향으로 변화하였다. 이 시기를 여성주의 제2물결이라고 한다. 여성주의자들은 법체계가 성별역할분리에 따른 가부장적 권력구조라고 비판하였다. 이들은 법체계의 차별적 구조와 남성중심적 편파성을 시정함으로써 법영역에서의 성차별을 제거하고자 하였다.111) 한편, '차이'는 1980년대 법여성학 이론

---

111) Chamallas(2003), 15면 이하.

의 주요한 테마였다. 차이를 쟁점으로 하는 이 당시의 여성주의는 다양한 인종·계급·성적 취향을 가진 여성들 사이의 차이를 주장하는 분파와 1982년 길리건의 다른 목소리를 통해 남성과 여성 사이의 차이를 주장하는 분파로 구분된다.112) 전자는 1970년대의 사회주의 및 급진적 레즈비언 여성주의에서 유래하였다.

한편, 1980년대 중반까지 로스쿨 신입생들 중 3분의 1 이상이 여성이고, 새천년이 시작하기까지 여학생들은 로스쿨 학생의 거의 절반을 차지하였다. 적극적 조치와 재정지원 프로그램의 확대도 유색인종여성의 대표성을 증가시켰다.

로스쿨 여학생들이 법조인이 되고 법학교수가 되면서 법학에 산재해 있는 여성으로서의 구체적 경험들을 글로 쓰기 시작하였다. 그들은 법학영역 중 자신이 관심 있는 특정 분야에서 주제를 택하였다. 그들은 의식향상이라는 지식생산의 유일한 방법론을 사용하였다.113) 의식향상은 근대여성운동인 페미니즘의 제2물결에 뿌리를 둔다. 이 방법론은 여성의 구체적 경험을 명명하고 증명하는 과정이다. 여성의 경험을 존중하는 것, 여성의 목소리를 경청하는 것은 그 당시에는 급진적인 행동이었다. 여성주의 법학자들과 법조인들은 법학이론을 정립하고 소송전략으로 삼기 위해 위의 과정에서 얻어진 결과물들을 이용하기 시작하였다.

여성주의의 제2물결 초기에 여성주의자들은 낙태 및 강간에 초점을 두었다. 그 후 여성주의자들의 관심은 아내 구타에 집중되었

---

112) Becker, Bowman, & Torrey(2001), 91 − 92면.
113) Bartlett, Harris, & Rhode(2002), 853 − 857면.

미국 임상법학 교육방법 이론과 실제

다.114) 이것은 가족에 관한 관심에서 유래하였다. 또한 매 맞는 여성 운동은 사회사업, 정신건강, 법조에서의 여성주의 조직의 확산에 영향을 받았다. 여성주의자들은 지역 조건에 맞는 조직기구를 강조하였다. 매 맞는 여성 집단은 후원자들과의 긴밀한 협력관계를 유지하였다.

초기의 입법노력은 거의 성공하지 못하고,115) 매 맞는 여성을 보호하는 정부의 역할에 대하여도 견해가 대립하였다. 그러다가 '정부의 개입'은 1980년대 초부터 법조인·선거에 의해 임명된 공무원들(국회의원, 행정 관리 등)·사법부의 주도적 노력으로 매 맞는 여성운동의 중요한 전략이 되었다. 이전에는 쉼터와 연락처, 긴급전화 등의 설립에 주력한 반면, 이때부터 매 맞는 여성 운동은 새로운 방향으로 전개되었다. 여성주의자들은 매 맞는 여성을 위한 법률구제를 확충하거나 이를 위해 법률안을 작성하고, 국회에서 로비하며 소송을 제기하였다. 매 맞는 여성을 돕는 전략도 민간인들의 후원금으로 운영되던 쉼터로부터 정부지원과 가정폭력 위원회에 의한 관리로 전

---

114) 급진주의 여성주의자들은 낙태, 강간, 구타의 순으로 관심을 가졌다. 낙태에 대한 관심은 1969년까지 거슬러 올라간다. 급진주의 여성주의자는 남성이 여성의 섹슈얼리티를 남성을 위한 서비스로 여기고 남성지배를 의도적으로 정당화시킨다고 강조하였다. 아내학대 청원이 강간신고보다 훨씬 더 많았지만, 강간은 급진주의 여성주의자의 주장과 밀접했기 때문에 아내학대보다 먼저 쟁점이 되었다. 아내 구타는 강간위기 상담사들에 의해 처음으로 주시되었다. 한편, NOW는 아동양육, 고용차별, 낙태, 그리고 평등권 법률 개정에 관심을 갖고 이에 전념하였다. Weisberg(1996), 286면, 각주 11).

115) 1977년에 시작하여 의회는 1978년에 가정폭력부조법(Domestic Violence Assistance Act)과 1980년 가정폭력예방 및 서비스법(Domestic Violence Prevention and Services Act) 등의 법안들을 무효로 하였다. 앞의 글, 279면.

환되었다. 다양한 형태의 형법이 제정되었으며 법률을 통해 가정폭력을 기소하고 처벌할 수 있게 되었다.[116] 결국 1984년 의회는 가족폭력 예방 및 서비스법(Family Violence Prevention and Services Act)을 제정하였고, 이를 통해 쉼터와 프로그램을 위한 기금이 마련되었다.[117] 1989년까지 미국 전역에는 1,200개의 쉼터, 보호소 네트워크(safe-home networks), 혹은 매 맞는 여성들의 프로젝트가 있었다. 이들은 매년 30만 명의 여성들과 아동들에게 피난처를 제공하였다.[118]

여성주의 저술들은 권력, 폭력, 사회적 통제력에 관한 이론들을 강조하였다. 맥키논을 비롯한 급진주의자들의 가장 큰 기여는 여성을 피해자로 인식하는 패러다임을 구축한 것이다.[119] 여성주의자들은 처음으로 아내 구타라는 맥락에서 젠더와 권력에 관한 이론을 형성하였다. 그들은 친밀한 관계에서 발생되는 폭력의 원천을 사회구조에 있다고 보고, 개인보다는 오히려 집단에 초점을 두었다. 여성주의자들은 사회집단으로서의 가정에 대한 역사적 분석을 하였다. 그들은 여성의 관점으로 학대를 이해하는 것이 왜 중요한지, 그리고 여성에게 도움이 되는 연구를 어떻게 사용할지를 강조한다.

---

116) Murphy(2003), 501면.
117) Weisberg(1996), 279면.
118) Ptacek(1999), 46면.
119) 현대 여성주의이론은 급진주의자들이 여성의 피해자화를 지나치게 강조한다고 비판을 하면서 구타 및 강간·성희롱·성적인 아동학대 같은 남성과 여성의 섹슈얼리티에 대한 여타 통제력들 사이의 관련성을 연구하고 있다. Weisberg(1996), 282면.

3. 1990년대 다양한 여성주의 등장 및 여성에 대한 폭력법 제정

1990년대 이후 다양한 여성주의의 등장으로 인해 매 맞는 여성운동에 참여하는 여성주의자들은 여성주의의 의미나 함의에 대하여 일치하지 않았다. 광의의 여성주의는 여성의 개별적·집단적 자율권과 성평등을 주장한다. 따라서 광의의 여성주의에 의하면 매 맞는 여성운동은 여성주의 운동이고 그 목표도 여성주의적이다.

여성의 권리 분파에 속하는 사람들에게 여성주의는 주로 법에서 그리고 조직 내에서 구체적 변화를 획득함으로써 더 나은 사회를 조성하는 것을 의미한다. 여성의 권리 관점에서 매 맞는 여성 운동에 참여하는 사람들은 종종 사회 복지학이나 법학을 전공하였다. 그들은 남성과의 평등은 기존의 사회제도를 개혁함으로써 얻어질 수 있다고 주장한다. 여성의 권리를 옹호하는 대부분의 활동가들은 차별을 종식시키는 데만 전념하였고 조직을 구성하는 문제는 우선시하지 않았다. 이들은 잠정적으로 과제를 수행하기 위해 위계질서를 선호하였다.120)

반면에, 여성해방주의자들에게 여성주의는 여성이 어떻게 억압받는지, 그리고 권력과 자율성을 획득하면서 이 억압을 어떻게 종식시키기 위해 조직에 헌신해야 하는지에 대한 분석을 의미한다. 여성의 권리 활동가들과는 달리 급진적 여성주의자들은 여성 폭력에 대한 분석의 논리적 결과로서 비(非)위계적인 조직을 구성하고 여성들 스

---

120) 앞의 글, 302면.

스로 자립(self-help)해야 한다고 주장하였다. 급진적 여성주의자들은 무엇보다도 먼저 조직을 구성하였다. 노동 및 권력에서의 성별분리는 역사적·구조적으로 계급·인종·민족·종교에서 착취의 근거가 된다. 가부장제는 여성을 억압하는 하나의 제도일 뿐만 아니라 위계, 경쟁 그리고 불평등한 권력과 자원의 배분을 구조적·개념적으로 만들어 낸다. 남성적 권력을 통해 남성이 얻는 이익, 특히 가부장제 가정에서 여성의 노동과 자녀양육에 대한 통제를 통해 남성이 얻는 이익을 여성문제의 근원으로 분류하는 급진주의 여성주의자도 있다.[121)]

그러나 매 맞는 여성 운동을 하는 모든 여성들이 여성주의자인 것은 아니다. 쉼터를 시작하고 쉼터에서 일하는 여성들 중에는 스스로 여성주의자라고 여기지 않는 여성도 있다. 그들의 정치 견해는 여성주의자에서부터 반(反)여성주의에 이르기까지 광범위하다. 단지 여성주의 이데올로기 때문에 많은 여성들이 매 맞는 여성 운동에 가담하게 된 것은 아니다. 매 맞는 여성들과의 접촉은 매 맞는 여성운동에 참여하게 된 결정적 요소이다. 일단 매 맞는 여성운동에 동참한 여성들의 삶은 쉼터 및 매 맞는 여성 운동을 통해 변형된다.

1980년대 이후의 가정폭력을 형사상 소추할 수 있게 한 노력으로 말미암아 1994년 여성에 대한 폭력법(Violence Against Women Act of 1994, 이하 'VAWA 1994')이 제정되었다.[122)] 동법(同法)은 어떤 형태의 가정폭력행위도 연방법상 범죄로 규정했을 뿐만 아니라, 주

---

121) 앞의 글.
122) Murphy(2003), 499면.

상호간에 보호명령을 이행할 수 있으며 검사·경찰·주(州)판사·연방판사가 가정폭력에 관한 교육을 받도록 명시하였다. 형사상 가정폭력에 대한 대응이 이 시기에 중요한 법률구제로 되었다. 민사상 접근금지명령의 제정 및 확대도 매 맞는 여성의 안전을 위해 주요한 전략이 되었다. 1976년과 1992년 사이에 50개 모든 주(州)에서 민사상 보호명령(Civil Protection Order, 이하 'CPO') 법률을 제정하였다. CPO는 매 맞는 여성을 위한 가장 일반적 법률구제로 사용되었다. 동법의 제정 후, 재정지원 서비스도 중요하게 되었다. 나아가 2000년도 여성에 대한 폭력법(이하 'VAWA 2000')이 연방 법률로서 통과됨에 따라 가정폭력에 대한 민사상 보호명령과 여타 민사상 구제수단을 위한 재정지원이 전국적으로 확충되었다.

이후 미국 의회는 2005년도 여성에 대한 폭력법(이하 'VAWA 2005')을 통과시켰다.[123] VAWA 2005는 성적인 학대와 가정폭력을 종식시키기 위한 다음 단계의 조치를 취하고 매 맞는 여성의 생명을 구하는 프로그램을 지속하고자 하였다. VAWA 제정 10여 년 만에 연방 정부는 가정폭력 및 성(性)학대의 피해자들과 그 가족들의 안전과 보안을 강화하였다.[124]

VAWA는 가정폭력과 성(性)학대를 없애기 위해 놀라운 발전을 하여 왔다. VAWA 1994와 VAWA 2000 덕택에 친밀한 파트너에 의한

---

123) 조지 부시(George W. Bush) 대통령은 VAWA 2005를 2006년 1월 5일에 서명하였다.

124) National Network to End Domestic Violence(NNEDV)(2005). *THE VIOLENCE AGAINST WOMEN ACT OF 2005, Summary of Provisions* [이하 'VAWA 2005 Summary'], http://www.nnedv.org/vawa.php(2007년 7월 9일 검색).

폭력이 49%까지 감소하였다.125) VAWA 1994 제정 이후, 첫 6년 동안 약 148억 달러의 순(純)사회비용이 절감되었다.126) 그러나 더 많은 피해자들을 지원하려는 지역 서비스에 대한 요구는 계속 증가하고 있는 추세다.127) 전국 가정폭력 긴급전화(National Domestic Violence Hotline)에 따르면 긴급전화가 매해 평균 18% 증가하고 있다.128)

VAWA의 재인가로 인해 지속적으로 가정폭력, 데이트 폭력, 성폭력 및 스토킹이 금지되고 있다. VAWA 2005는 VAWA 1994 및 VAWA 2000의 노력을 계속하면서 기존의 서비스 자원들을 집결시켜 새로운 통합적 대응을 계획하고 있다. VAWA 2005는 앞으로도 가정폭력 및 성폭력의 피해자들의 역량을 강화하고 폭력순환을 깨뜨리기 위한 작업을 계속할 것이다.129) VAWA 2005는 정부가 가정폭

---

125) Callie M. Rennison, Ph. D.(February 2003). *U.S. Department of Justice, Intimate Partner Violence, 1993－2001*[VAWA 2005 Summary]. 그러나 가정폭력에 대한 보고에 따르면 1994년 VAWA 이래로 가정폭력이 51% 증가하였다. 이것은 경찰이 가정폭력 사건에 보다 적극적으로 대응했기 때문에 사건화될 수 있었거나 가정폭력을 신고하는 사람들의 수가 증가하였기 때문이다. Cassandra Archer et al.(Nov. 2002). *Inst. for Law and Justice, National Evaluation of the Grant to Encourage Arrest Policies Program* 14[VAWA 2005 Summary], http://www.nnedv.org/vawa.php(2007년 7월 9일 검색).

126) Kathryn Andersen Clark et al.(2002). A Cost－Benefit Analysis of the Violence Against Women Act of 1994. 8 *Violence Against Women* 417[VAWA 2005 Summary], http://www.nnedv.org/vawa.php(2007년 7월 9일 검색).

127) Archer et al.(Nov. 2002)[VAWA 2005 Summary], http://www.nnedv.org/vawa.php(2007년 7월 9일 검색).

128) 앞의 글.

129) 다음은 VAWA 2005에 포함된 새로운 규정들에 대한 요약이다. ☞ VAWA 2005는 지역사회가 가정폭력 및 성폭력에 대응하는 것을 돕

력, 성폭력, 데이트 폭력 및 스토킹의 피해자를 위해 효율적 프로그램을 수행하고, 가정폭력 및 성폭력을 종식시키기 위한 추가적 노력을 하도록 규정하고 있다. VAWA 2005는 피해자들의 생명을 구하고 범죄를 예방하며 사회비용을 감소하는 효과를 낳는다.

도록 형사정책 및 법제도의 대응을 개선하기 위한 실무적 해결책을 제시한다. VAWA 2005는 기본 VAWA 프로그램을 재허가하고 변화하는 지역사회의 필요에 대응하는 새로운 서비스 개발을 그 내용으로 한다. ☞ VAWA 2005는 성폭력 서비스 프로그램을 창설한다. 이것은 성폭력 피해자에게 직접적 서비스를 제공하기 위한 첫 번째 연방기금이다. ☞ VAWA 2005는 피해자들이 노숙자가 되지 않도록 주거를 제공하며 피해자들이 그들의 현재 및 장래의 주거에 위협을 받지 않고 형사재판 제도에 접근할 수 있도록 이를 보장한다. ☞ VAWA 2005는 가정폭력을 목격한 아동들에게 초기에 개입하여 폭력의 위험에 처한 가족들을 지원한다. VAWA 2005는 사회규범을 변화시키는 예방 프로그램을 통해 남성 및 청소년에게 개입하고 폭력 순환을 진정으로 중단시키는 다음 단계의 조치를 취한다. ☞ VAWA 2005는 가정폭력이나 성폭력에 노출된 아동, 십대, 청년들이 쉽게 접근할 수 있는 폭넓은 서비스를 강구한다. ☞ VAWA 2005는 재정지원을 하고 성범죄자들을 추적하기 위한 부족등록과 보호 명령을 규정하면서, 아메리칸 인디언과 알라스카 원주민 여성들에 대한 폭력에 적극적으로 대응한다. ☞ 여성폭력에 대한 의료보험제도의 문제점을 개선하기 위해 VAWA 2005는 의료보험 제공자들에 대한 교육 및 훈련을 실시하고 피해자에 대한 의료보험 제도를 강화한다. ☞ VAWA 2005는 전국 자원 센터를 설립하여 고용주들이 폭력의 피해자인 근로자들을 지원하면서 작업장을 더욱 안전하고 생산적으로 만들도록 조력한다. ☞ VAWA 1994 및 VAWA 2005는 미국 시민이 아닌 가정폭력의 피해자들(매 맞는 배우자 및 그 자녀들)이 이주민 지위에 위험을 받지 않으면서 폭력적 가정으로부터 떠날 수 있도록 통로를 마련하였다. VAWA 2005는 기존 이민법의 기술적 문제를 수정하여 이주민 피해자들의 적격성 문제를 해결하였다.

제2절 법여성학 이론

1. 법여성학을 정의하는 여성주의 인식론의 범주

자신이 알고 있는 지식이 사실상 '옳은' 것이 아닐 수 있으며 또한 '옳다'는 것의 의미가 무엇인지, 안다고 주장하는 것에 대해 어떠한 태도를 취해야 하는지의 문제는 다양한 인식론에 따라 상이한 해답을 얻을 수 있다. 이것은 여성을 위하여 법에서 무엇이 옳고 정당한가의 인식론 입장에 따라 법여성학이 다르게 정의되는 것과 연결된다.130) 또한 법여성학이 근거하는 인식론에 따라 법여성학에서 추구하는 방법론, 특히 의식향상의 내용에 차이가 생길 수 있다.

---

130) 법여성학을 정의하는 인식론적 범주는 다음과 같이 다섯 가지로 나눌 수 있다. 첫째, 법과 여성과의 관계를 다루는 것은 형식여하를 불문하고 법여성학이다. 둘째, 여성에 관한, 특히 여성을 위해서만 집중적으로 연구하는 학문이 법여성학이다. 셋째, 법여성학이란 법률문제에 대한 법해석적 방법론을 말한다. 넷째, 법여성학이란 여성의 지위 및 조건의 개선에 관심을 두는 실질적 관점(substantive viewpoint)이다. 마지막으로 법여성학이란 여성과 법에 관한 일련의 "점검목록(checklist)"으로서 낙태나 적극적 조치 등 특정정책에 관하여 구체적으로 규범적 결론에 이르게 하는 논문이나 사상을 말한다. 가령, 낙태 문제에 있어서 태아의 생명을 선택하는 것이 여성을 위해 좋다고 믿은 경우, 그 정책이 여성에게 실제로 좋든 나쁘든 상관없이, 그렇게 믿은 여성의 믿음에 따라 법여성학을 정의하는 네 번째 범주에서는 행위자의 동기를 중시한다. "여성주의자가 되는 것은 논쟁이 되는 사회적 쟁점에 대하여 자신의 입장을 정치적으로 선택하는 것"이라고 말한 바틀렛의 정의는 다섯 번째 범주에 속한다. Gary Lawson(1995). Feminist Legal Theories. 18 *Harv. J. L. & Pub. Pol'y* 325, 352면 이하.

여성주의 인식론(Feminist Epistemology)에는 크게 이성론, 입장론(Feminist Standpoints), 포스트모더니즘이 있다. 캐더린 바틀렛(Katharine Bartlett)은 지위론(positionality)을 여성주의 인식론에 추가한다.131) 여성주의 이성론은 법을 개선하기 위해 법을 도구로 사용하면서 법이 객관적이지 않더라도 지식이 접근가능하기에 좀 더 합리적이고 객관적 법을 만들 수 있다는 견해이다. 여성주의 입장론은 여성을 피해자 내지 피억압자의 지위에 둔다. 여성의 경험은 피해자가 아닌 사람이 보지 못하는 진리를 밝혀낸다. 포스트모더니즘은 지식가능성의 문제를 매우 다양한 각도로 본다. 여성의 경험은 초월적이고 대표적이기보다는 복잡한 사회 맥락 속에서 만들어진 특수한 것이다. 비판법학운동과 더불어 여성주의 포스트모더니즘은 획일화된 개념을 부정하면서 법과 법적 가설 속에 감추어진 젠더에 대한 고정관념과 위계질서를 비판한다. 법 그 자체와 법의 정당성 및 합리성은 보편적이기보다는 사회 구조적인 것으로서 해체되어야 한다. 지위론은 입장론처럼 여성의 경험을 통한 지식을 그 대상으로 하는 반면, 포스트모더니즘처럼 객관적 진리, 영원한 진리, 완벽한 진리를 부인한다. 잠정적 진리를 근거로 지위론이 추구하는 진리탐구는 상대주의나 본질주의가 가정하는 것과는 다르다. 지위론에서는 인류의 다양성이야말로 인류

---

131) 페미니즘은 시기별로 자유주의 페미니즘, 마르크스 페미니즘, 급진주의 페미니즘, 사회주의 페미니즘, 문화 페미니즘, 포스트모던 페미니즘, 글로벌 페미니즘 등으로 발전해 왔다. 바틀렛은 법학적 관점에서 자유주의 페미니즘을 이성론 내지 경험론으로, 마르크스 페미니즘, 급진주의 페미니즘, 사회주의 페미니즘을 여성주의 입장론으로, 나머지 페미니즘을 포스트모던 페미니즘으로 분류하고 있다. Rosemarie Putnam Tong(1998). *Feminist Thought*, 2nd Edition(Colorado: Westview Press), 10면 이하.

의 보편성이라고 본다.[132)

　　그러나 지식의 접근가능성을 인정하는 이성론은 여성의 경험이 객
관성이라는 이름으로 어떻게 배제되어 왔는지, 그리고 여성의 경험
을 배제한 그 지식이 법과 법이론 기저에 얼마나 뿌리 깊게 자리잡
고 있는지를 간과하고 있다. 기존의 위계질서를 부인하고 해체를 주
장하는 포스트모더니즘의 경우에는 해체 이후에는 어떻게 할 것인가
라는 대안이 없음으로 인해 비판을 위한 비판을 하고 있다는 문제점
이 있다. 지위론은 입장론과 포스트모더니즘의 장점을 취사선택함으
로써 가장 현실적이지만, 그러한 현실성 때문에 또한 너무 정치적이
라는 단점이 있다. 매 순간순간마다 문제되는 사항에 따라 어떤 견
해를 취할지를 결정해야 하는 지위론은 극단의 경우에는 상황적 맥
락이라는 이름으로 상반된 결론에 다다를 수 있게 되며 포스트모더
니즘과 비슷한 비판을 받을 수 있다.

　　여성주의 입장론은 여성의 경험을 법의 옳고 그름을 판단하는 근
거로 삼는다. 이것은 여성이라는 이름으로 경험을 획일화시킴으로써
새로운 배제를 포태하고 있기 때문에, 여성의 경험에 속하지 않는
다른 모습의 경험(제3세계 여성의 경험, 동성애자와 같은 비주류 남
성의 경험)을 배제한다는 점에서 비판의 여지가 있다. 그러나 이러
한 비판에 대하여 오늘날 여성주의 입장론은 성찰을 통해 여성뿐만
아니라 소외된 사람들의 경험을 인식의 근거로 포용함으로써 초기의
주장을 발전시키고 있다.[133) 따라서 본 연구에서는 여성주의 입장론

---

132) Katharine T. Bartlett(1990). Feminist Legal Methods. 103 *Harv. L. Rev.*
　　829, 880-887면.
133) Sandra Harding(1991). "Strong Objectivity" and Socially Situated Kno-

에서 앞으로의 논의를 전개하고자 한다. 이는 의식향상을 통해 다양한 경험을 지닌 여성들과의 '연대'를 추구하기 위함이다.

2. 경험134)의 인식론적 가능성

기존의 법제도는 추상적 관점에서 유래해온 소위 '객관적(남성이 규정한)' 준칙을 사용함으로써 문제를 해결하려고 한다. 법의 객관성은 법이 중립적이라는 주장을 강화시키고 현상을 유지하기 위해 강조된다.135) '이성적' 남성이든 '감정적' 여성이든 누구나 일상적 삶의 경험을 통해서 학습됨에도 불구하고, 여성의 사고나 행위가 남성의 사고나 행위에 비해서 더 감정의 영향을 받는다는 신화는 여성과 감정을, 남성과 이성을 결부시키는 남성중심적 지배 이데올로기의 필요에 의해 유지된다. 이는 지배 남성의 인식론적 권위를 강화시켜 왔다.136)

---

wledge. *Whose Science Whose Knowledge?*(Ithaca: Cornell University Press), 138–163면; Susan H. Williams(1993). Legal Education, Feminist Epistemology, and the Socratic Method. 45 *Stan. L. Rev.* 1571, 1574면.

134) 기존의 인식론에서는 (경험의) 지적 요소를 인식의 근거로 삼은 반면, 여성주의 입장론에서는 여성의 경험을 인식의 근거로 삼는다. 여기서 말하는 여성의 경험은 기존의 인식론과 비교해 볼 때 경험의 정서적 요소(감정)를 의미한다.

135) Ann C. Scales(1986). The Emergence of Feminist Jurisprudence. 95 *Yale L.J.* 1373, 1377면.

136) 유현옥(1996). 지식탐구의 '객관적 타당성' 원칙에 나타난 감정의 소외와 남성주심주의. 『교육학연구』 제34집 제3호, 98면.

추상적 관점에서의 객관성은 여성을 비롯한 모든 소외된 사람들을 포함하는 세계관 내지 차이를 인정하지 않는다. 따라서 이러한 객관성에 의존하기보다는 오히려 감정과 신체적 욕구에 대한 감수성·맥락성·특수성을 일반화할 수 있는 구체적 법칙이 모색되어야 할 것이다. 그동안 객관성 논의에서 소외되어 온 감정을 수용하여 지식탐구의 방식으로 발전시키는 확실한 방법은 감정의 인식론적 가능성에 대한 인식을 고취시키는 것이다.137) 여성의 경험이 남성의 경험보다 더 완전하고 덜 왜곡된 지식을 생산할 수 있다는 것을 근거로138) 여성의 감정을 지식탐구의 방식으로 수용하는 것은 여성의 경험을 통한 지식의 정당성을 주장한다는 의미이다.139)

---

137) 제인 구달(Jane Goodall)이 침팬지에 대한 사랑과 공감에 의해 침팬지 연구에서 성과를 거둔 것처럼 감정의 인식론적 가능성은 객관성을 중시하는 현대과학에서조차 나타난다. 그러나 지식탐구에 있어서 감정이 소외되어서도 안 되겠지만, 그렇다고 하여 전적으로 비판 없이 수용해서도 아니 될 것이다. 왜냐하면 우리의 감정이란 것이 기만적이거나 편파적일 수도 있기 때문이다. 감정도 이성과 마찬가지로 지식탐구의 필수불가결 하지만, 감정에 대한 우리의 인식뿐만 아니라 감정 그 자체에 대한 비판적 검토와 재교육이 요구된다. 앞의 글, 99-100면.

138) 진미숙(2003). 교육의 중요가치로서 여성적 관점의 의의. 『교육철학』제 23집, 266면.

139) 역사적으로 정당방위라는 추상적·일반적 준칙은 "합리적이고 필요한 무력행사"인 경우에만 제한적으로 적용하였고, 언어폭력의 가해자를 총으로 살해한 피해자에 대해서는 그 적용을 부인하여 왔다. 그러나 구타자가 잠자는 사이에 그를 총으로 살해한 매 맞는 여성의 경우에 그 매 맞는 여성이 '합리적인' 정도의 무력행사를 했는지를 판단하기 위해 당해 사건의 매 맞는 여성에 대한 심리학적·신체적 맥락을 고려해야 한다. Morrison Torrey, Jackie Casey, & Karin Olson(1990). Teaching Law a Feminist Manner: A Commentary from Experience. 13 *Harv. Women's L.J.* 87, 117면.

제3절 법여성학방법론

법여성학방법론[140]은 교육의 출발점으로서 개인적 경험을 사용하는 것, 법이 만들어진 구체적·맥락적 법률과 역사적 기준에 초점을 두는 것, 지적 학습과 정서적 학습을 통합하는 것을 포함한다.[141] 모리슨 토레이(Morrison Torrey), 잭키 케이시(Jackie Casey), 캐린 올슨(Karin Olson)은 의식향상, 인위적 이분법 파괴, 추상의 거부, 끊임없는 문제제기를 법여성학 방법론의 네 가지 요소로 제시한다.[142] 린다 모튼(Linda Morton)은 내용과 형식면으로 나누어 내용 면에 있어서는 의식향상 및 지속적 문제제기를 통한 맥락추론을, 형식 면에 있어서는 인위적 이분법의 거부와 협력을 통한 간학문적 학습을 방법론으로 다룬다.[143] 또한 바틀렛에 따르면 법여성학방법론은 의식향상, 여성문제제기, 여성주의 실천적 추론이라는 요소를 가지고 있다.[144]

유사한 내용의 방법론일지라도 법여성학자마다 다양한 이름으로 구분하고 있다. 그중에서도 바틀렛의 구분이 다른 법여성학자들의 방법론을 체계적으로 정리하고 있으며 가장 많이 인용되고 있다. 따

---

140) 본 연구에서는 참고 문헌들의 예에 따라 'feminist legal method'를 '법여성학방법론'으로 통일하여 사용한다.

141) Carrie Menkel-Meadow(1988). Feminist Legal Theory, Critical Legal Studies and Legal Education or 'the Fem-Crits' Go to Law School. 38 *J. Legal Educ.* 61, 77-81면.

142) Torrey, Casey, & Olson(1990), 111-118면.

143) Morton(1993), 38-44면.

144) Bartlett(1990), 836-867면.

라서 이하에서는 법여성학방법론의 요소로서 바틀렛의 방법론을 중심으로 하되 맥키논이 주장하는 의식향상과 관련하여서는 이야기나 누기를 추가하기로 한다.

1. 의식향상

1) 의　의

'의식향상'을 선도적으로 주창한 맥키논에 따르면, 여성주의에서 말하는 의식향상은 젠더를 포함하는 개념으로서 맑시즘의 의식화[145] 보다 더 넓은 의미이다. 의식향상은 여성이 자기 자신을 여성이라는 집단의 사회적 존재로서 인식하는 여성주의 방법론이다.[146] 1970년 대 말 이후 의식향상집단을 통해 발전한 이 방법론은 오늘날까지도 가장 핵심적 방법론으로서 여성주의 운동에서 사용되고 있다.[147]

여성은 자신의 경험을 의식향상집단에서 공유하고, 또한 이 경험을 듣는 사람들은 말하는 여성의 경험을 음미함으로써 그 여성의 삶 속에서 사회적 의미를 발견한다. 이러한 상호적이고 협력적 과정을 통해 참여한 사람들의 역량이 강화된다.[148] 따라서 의식향상의 목표

---

145) 본래 의식향상(consciousness－raising)은 맑시즘의 방법론에서 유래하였다. 이는 80년대 우리나라 학생운동 중 소위 의식화 운동과 유사한 것이다.

146) Catharine A. Mackinnon(1989). *Toward a Feminist Theory of the State*(Cambridge: Harvard University Press), 83면.

147) Morton(1993), 42면.

는 개인과 집단의 역량강화에 있으며 참여한 사람을 공격하는 데 있지 않다. 의식향상은 무의식 상태에 있거나 여성들 스스로 자기 안에 숨기고자 하는 사실을 의식의 차원으로 끌어올림으로써 인식을 확장시킨다.149) 의식향상은 살아 있는 경험을 이해하고 해석하는 집단적·개인상호적·성찰적 방법이다.150)

의식향상은 개인적 소규모 성장 집단에서뿐만 아니라 대중 매체, 예술, 정치, 로비, 심지어 소송을 통해 여성주의 방법으로서 작용한다.151) 나아가, 의식향상은 법적 의사결정과 제도적 의사결정에서의 변화들이 개인의 권력행사나 재판행사라기보다는 집단의 참여 문제로서 변호사와 재판관의 역할과 기능에 중대한 의미를 부여한다.152)

엘리자베스 슈나이더(Elizabeth Schneider) 교수는 이러한 의식향상의 중심점을 이론과 실천의 연속적 관련성에 둔다.153) 경험과 이론

---

148) Ann E. Freedman(1990). Feminist Legal Method in Action: Challenging Racism, Sexism and Homophobia in Law School. 24 *Ga. L. Rev* 849, 850-866면.
149) 서울여성의전화(2005), 213면.
150) Bartlett(1990), 864-865면.
151) 대중들은 부부강간, 포르노그래피, 직장에서의 성희롱, 거리 추행(street hassling)이 별로 유해하지 않으며 사람을 기쁘게 하는 것으로 널리 생각한다. 여성들은 대중들의 의식을 변화시키기 위해 부부강간, 포르노그래피, 직장에서의 성희롱, 거리 추행으로 인해 억압을 경험하고 피해자가 된 여성들 자신의 경험을 대중들과 공유한다.
152) 여성 법률가들의 수가 증가하여 여성이 상호작용적 의사결정에 접근을 더 많이 할수록 법률 절차는 개선될 것이다. Carrie Menkel-Meadow(1985). Portia in a Different Voice: Speculations on a Women's Lawyering Process. 1 *Berkeley Women's L.J.* 39, 62-63면.
153) Cynthia Grant Bowman & Elizabeth M. Schneider(1998). Feminist Legal Theory, Feminist Lawmaking, and the Legal Profession. 67 *Fordham L. Rev.* 249, 249-251면.

의 상호작용은 "개인적 경험의 사회적 측면과 사회적 경험의 개인적 측면을 나타내며", 따라서 개인적 경험의 정치적 본질을 보여준다.

2) 비판인종이론의 비판

의식향상이 확고한 여성주의 방법으로 발전함에 따라 여성들의 경험이 정치적으로 해석되곤 하였다. 이로 인해 여성주의자들은 여성의 경험이란 무엇인가에 대하여 의견이 일치하지 않게 되었다.[154] 특히 앤젤라 해리스(Angela Harris)는 맥키논이 강조한 여성경험의 단일성과 우수성[155]은 상이한 지배관계 내에 존재하는 여성들의 다양한 경험을 왜곡시킨다고 비판하였다.[156] 맥키논에 대한 이러한 비

---

154) 여성주의자들은 여성들이 자발적으로 이성애나 모성애를 선택할 수 있는지, 포르노그라피나 대리모를 금지하는 규정으로부터 이익을 얻는지 손해를 보는지, 그리고 여성들이 전쟁에 동참해야 하는지에 대하여 일치하지 않는다. 특히, 자녀출산이 가능한 중산층 여성이 직장과 가정의 이중고통으로부터 벗어나고자 대리모를 통해 자녀를 출산하려고 할 때, 대리모 여성은 하나의 "애 낳는 기계"로 전락할 수 있다. 또한 다국적 기업에 의해 선진국에서 금지되는 피임약이 후진국 여성에게는 판매되어 후진국 여성들이 임상실험의 대상이 되고 있는 경우도 이와 유사하다. 이러한 논의는 지구화 내지 국제화라는 시대적 흐름과 함께 제3세계 여성들이 제기하는 여성주의 쟁점이다. 이는 인종과 더불어 여성들 사이에 존재하는 계급이라는 쟁점과도 연결된다.
155) 맥키논이 말하는 여성경험의 단일성이란 어떠한 상황에 처한 여성의 경험이든 남성지배라는 사회구조에서는 동일하다는 의미이다. 우수성이란 다른 무엇보다도 여성의 경험이 여성들로 하여금 그동안 은폐되었던 남성지배 이데올로기를 인식하고 사회 변화로까지 나아갈 수 있게 한다는 의미이다.
156) Mackinnon(1989), 83면; Angela Harris(1990). Race and Essentialism in Feminist Legal Theory. 42 *Stan. L. Rev.* 581, 586면, 590−616면.

판은 주로 비판인종이론에서 찾아볼 수 있다. 흑인여성이나 제3세계 여성의 경험은 이성애자인 백인 중산층 여성의 경험과는 다르다. 비판인종이론은 백인여성의 경험을 모든 여성들의 경험으로 보는 것은 백인 우월주의라고 비판하면서 '여성'에 대해 이야기하는 사람을 인종차별주의자라는 주장도 서슴지 않는다. 비판이종이론에서는 맥키논의 여성주의 이론을 '본질주의(Essentialism)'157)라고 하고 자신들의 주장을 '반본질주의(Anti-Essentialism)'158)라고 부른다.159)

---

157) "본질주의"란 백인여성을 "여성"의 모델로 보고 백인여성의 상황과 행동을 여성의 전형으로 간주하는 것을 의미한다.

158) 여성경험의 다양성을 주장하는 '반본질주의'를 인정하면서 스피박(Gayatri Spivak)은 '전략적 본질주의'를 주장한다. '전략적 본질주의'란 반본질주의가 저항이나 연대를 위한 긍정적 정체성까지도 해체시켜 버리는 것에 문제를 제기하고, 본질주의를 친성하지는 않지만 선략상 한시적으로 본질주의를 차용하려는 입장을 말한다. Elizabeth M. Schneider(2002). *Battered Women and Feminist Lawmaking*(New Haven: Yale University Press), 59면.

159) 맥키논은 이에 대하여 자신을 '본질주의자'로 파악하는 것은 오해이며 '여성'이라는 말은 인종차별적 용어가 아니라고 반박한다. 왜냐하면, 여성의 경험에 기초한 여성에 대한 분석은 사회적 상황에 근거를 둔 것이고 따라서 여성의 구체적 사회 경험은 동일하지 않기에 젠더 혹은 생물학적 동일성을 가정할 수 없기 때문이다. 뿐만 아니라, 분석을 통해 발견된 모든 규칙성은 후에 다른 분석에 의해 검토될 수밖에 없으며, 경험에서 공통점을 식별하는 것이 '본질'을 추구하는 것과 같은 것은 아니다. 사회적으로 구성되었던 '여성'은 어떠한 '본질'도 가지고 있지 않다. 만일 '여성으로서' 여성이 사회적이고 구체적이라면 그들은 사회계층 내 모든 여성의 경험을 포함해야 한다. 이는 인종·계급·성적 취향 등이 여성으로서 여성의 구체적 상황과 지위를 결정하기 때문이다. 따라서 여성주의 방법이란 현존하는 모든 여성에게 개방되고 그로부터 '여성'이란 범주를 형성하는 것이다. 또한 모든 여성이 남성의 권력에 의해 동일하게 영향을 받거나 혹은 그 상황에 유사하게 처하게 되는 것은 아니다. 그러나 남성의 권력에 의해 영향을 받지 않는 여성은 없다. 맥키논은 모든 여성을 동일하게 보지 않으며 오히

그러나 비판인종이론은 맥키논의 의식향상을 통한 집단성을 동일성으로 오해하고 있다. 여성을 하나의 집단으로 보는 집단성이란 인종과 계급 등을 초월한 '여성으로서'의 완전한 동일성이라기보다는 그처럼 다양한 인종과 계급 등의 차이에도 불구하고 여전히 존재하는 남성지배의 유사성 내지 공통성(commonality)으로 이해해야 한다. 가정폭력의 경우, 개개인의 다양한 구타 경험을 통해 권력뿐만 아니라 폭력관계를 형성하는 여타 강제력을 인식함과 동시에 구타당한 여성들이 신체적 학대라는 경험을 공유함으로써 여성에 대한 구타의 공통성이 무엇인지를 구체적으로 알게 할 필요가 있다. 뿐만 아니라, 서로 상이한 집단에 속한 여성들은 의식향상과정을 통하여 각 경험들의 공통성과 차이를 발견하게 된다. 이러한 발견은 다양한 상황에 처한 여성들을 위한 다중 이론들이 가능하게 한다.

따라서 비판인종이론의 주장처럼 의식향상을 포기할 필요는 없다.

려 그러한 관점을 비판한다. 그녀는 모든 여성이 남성의 지배권하에서 어떤 식으로든 '여성으로서' 보이는 것에 초점을 둔다. 그것은 인종을 의식할 필요가 없다고 말하는 것도 아니며, 여성주의자가 되라고 주장하는 것이 인종차별주의자가 되어야 한다고 말하는 것은 더욱 아니다. 본질주의 여부는 어떻게 여성을 '여성으로서' 분석하느냐에 달려 있는 것이지, '여성으로서' 여성을 분석한다고 해서 그 분석이 본질주의에 입각한 것이라고 할 수 없다. 가령, 여성을 여성이게 하는 것이 신체상 타고난 것(생물학적 본질주의)이라고 하거나, 사회·문화적 상황을 통해서 생산되는 것(문화적 본질주의)이라고 분석하는 입장이 본질주의이다. 맥키논 자신은 그러한 입장과 구별된다면서 비판인종이론의 소위 '반본질주의'는 집단의 동일성과 결속을 약화시키기 때문에 현존하는 권력의 존재를 인지하지 못하게 되고, 결국 '정체성'의 문제─나는 어떠한 여성인가─로 귀결되었다고 비판한다. Catharine A. Mackinnon (2005). *Women's Lives Men's Laws*(Cambridge: Harvard University Press), 84-90면.

오히려 의식향상을 하나의 법여성학방법론으로 채택함으로써 남성지배의 현실을 인지하고 연대를 강화하는 것이 바람직하다. 그럼에도 불구하고 여전히 존재하는 여성 억압적 현실을 어떻게 타파할 것인가라는 문제는 이후에 소개되는 법여성학방법론을 통해 억압의 토대가 되는 조건에 따라 능동적·유기적 대안을 모색함으로써 해결될 수 있다.

3) 이야기나누기

의식향상의 특수한 형태로서 이야기나누기(storytelling)[160]는 '개인적이고 주관적 의미에 대한 이야기나누기'를 의미한다. 이는 '사건이나 사실에 대한 의사소통'이라기보다는 이미 예정된 법률을 의례적 이야기에 적용하는 것을 금지하는 하나의 교정수단(corrective)으로서 교실 수업에서 사용되는 법여성학방법론이다.[161]

이야기나누기는 지배적 현실을 드러내고 유색인 여성, 동성애 여성, 빈곤 여성, 장애 여성들의 참여를 이끌어 내는 수단이다.[162] 이들은 '서술적 비판(narrative critique)'의 과정을 통해 여성주의 이론이

---

160) storytelling은 원래 문학용어로서 '이야기를 들려주는 것' 혹은 구전을 뜻한다. 영어발음 그대로 '스토리텔링'이라고 번역되기도 하지만, 본 연구에서는 의식향상과 관련하여 여성들이 서로서로 이야기라는 서사를 통해 자신들의 경험을 공유한다는 의미에 중점을 두어 이야기'나누기'라고 번역한다.

161) Goldfarb(1991), 1630–1632면.

162) Katharine T. Bartlett(1987). Story Telling, 1987 *Duke L.J.* 760, 765면; Lynne N. Henderson(1987). Legality and Empathy. 85 *Mich. L. Rev.* 1574, 1610–1626면.

설명하지 못했던 자신들의 경험을 다른 사람들과 공유한다. 소외받는 사람들의 서사(敍事)를 통해 화자(話者)와 청자(聽者)가 공감대를 형성함으로써 청자의 의식이 변화될 수 있다. 서사를 통한 감정적·지적 관여는 분석적 추론에 의한 것보다 더 깊이 인간을 이해할 수 있게 한다. 이러한 과정을 거치면서 이론은 이야기나누기라는 의식향상 과정을 통해 확립될 수 있고 또한 해체되고 재구성될 수 있다.163)

이처럼 경험을 공유하고 해석의 체계를 마련하는 이야기나누기는 오늘날 의식향상이라는 목적을 지향하는 방법론으로서 여성의 경험 속에 반영된 여성문제를 의식게 한다. 나아가, 이야기나누기를 통해 제기된 문제는 맥락을 중시하는 '여성주의 실천적 추론(feminist practical reasoning)'164)의 근간이 된다. 따라서 본 연구에서 소개되는 법여성학방법론들은 각각 독자적 의미를 지니고 있을 뿐만 아니라 여성주의 이론을 실천으로 연결시키기 위해 유기적으로 협력하는 연속모형을 하고 있다.

4) 의식향상을 지향하는 법여성학교육

법여성학교육이 의식향상을 지향하는 이유와 이러한 접근이 법학교육에 기여하는 바가 무엇인지와 관련하여 교육방법론의 가치중립성을 비판하는 입장에서조차 여성학적 접근에 대하여 회의적이다. 왜냐하면 관련된 변수들을 잘 고려하는지에 따라 보다 나은 접근과 그렇지 못한 접근이 있을 뿐이지, 남성적 혹은 여성적 접근이 따로

---

163) Goldfarb(1991), 1633면.
164) 제3장 제3절 3. 참조.

있는 것이 아니라고 믿기 때문이다.165) 이는 여성학적 관점의 기본 전제인 남성중심적 편견 및 가부장적 이데올로기의 비판과 극복에 대한 합의를 도출하는 것이 쉽지 않음을 보여준다. 여성학적 접근의 가능성과 의미에 대한 논의는 어떤 모범적이고 대표적 사례를 가리 킴으로써 이루어질 수 있는 논의라기보다는, 보다 깊이 있고 세밀한 탐구를 통해서 답변되어야 하는 개념적 논의이다.

여성주의는 젠더와 가부장제를 중요한 개념틀로 사용한다. 특히 가부장제 개념을 통해 여성의 종속적 지위는 개인의 문제가 아닌 구 조적 문제로 부각된다.166) 개인의 정체성은 사회적 존재상황과 분리 될 수 없으며 따라서 공동체에 대한 소속감이나 사회적 존재 상황에 대한 이해는 자아의 본질적 요소이다. 인간의 존재상황은 개인의 인 식을 구속하며 인간의 존재상황이 달라지면 세계에 대한 인식도 달 라지게 된다. 여성학적 접근에서는 이러한 관점에서 남성중심적 사 회구조로 인해 성별에 따른 사회적 존재상황의 차이가 생기며, 성에 따른 특성 및 인식의 차이가 이에서 기인함을 보여준다. 여기서 문 제되는 것은 남성과 여성의 존재상황의 차이를 인정하느냐 그리고 이러한 차이는 극복될 수 있느냐에 있다.167)

'여성'들에게만 초점을 맞출 경우 여성주의적 연구가 오히려 주변 화될 가능성이 있기 때문에, 여성주의는 그동안 보이지 않았던 '여

---

165) 유현옥(1999). 여성학적 교육이론이 가능성과 그 의미. 『교육철학』제20 집, 90면; 유현옥(2004). 『페미니즘 교육사상』(서울: 학지사), 131−160면.
166) 원숙연(2004). 여성주의적 조직연구: 지향과 쟁점. 『한국행정학보』제38 권 제6호, 292−300면.
167) 유현옥(1999), 91면.

성'이라는 변수의 단순한 가시화에 그치는 것이 아니라 남성과 여성 간의 권력 관계를 내포하는 '젠더'의 문제에 초점을 두어야 할 것이다.168) 그럼에도 불구하고 여성의 경험을 통한 의식향상을 중요한 교육방법론으로 채택하는 것은 그동안 교육에서 '말하여지지 않은 것'과 '잘못 말해진 것'이 무엇인지, 그 전제가 무엇인지, 그리고 그것이 교육적 논의에 어떠한 영향을 미쳤는지를 살피고자 함이다. 이를 통해 개인의 주관적 경험과 행동능력을 존중하며 사회문화적 환경에 내재해 있는 편견이나 이데올로기에 대한 분석과 비판, 나아가 교육과 삶을 변화시키는 데 그 목적이 있다.169)

따라서 의식향상을 지향하는 법여성학 연구는 합리성과 중립성이라는 틀 속에 은폐된 젠더화된 사회구조를 밝혀내고,170) 교육적 논의나 이론이 구체적 교육실천과 밀접한 관련을 맺게 한다. 의식향상은 그동안 남성의 경험에 가려진 여성의 경험과 인식을 통해 법여성학의 가치를 실현하는 교육방법론이다.

2. 여성문제제기

1) 의 의

여성문제제기(asking the woman questions)는 중립적이거나 객관적

---

168) 원숙연(2004), 292면.
169) 유현옥(1999), 92면.
170) 원숙연(2004), 300면.

인 것으로 보이는 법과 법률실무 속에서 젠더 의미를 밝히기 위해 고안된 일련의 문제제기를 의미한다. 특히, 법에서의 여성문제제기란 어떻게 법이 여성의 전형적 경험과 가치를 고려하지 못하는지, 또는 현존하는 법규범과 법률 개념이 여성에게 어떻게 불리한지를 연구하는 것이다.171) 이러한 문제제기는 법이 통상적으로 중립적이지 않으며 특정한 경우에는 남성적임을 가정하며 어떻게 그것들을 시정할 수 있는지를 제시한다.172)

여성문제제기를 통해 의사결정권자는 결정을 내릴 때 그동안 간과되거나 역사적으로 간과되어 온 것에 특별한 주의를 기울이면서 젠더 편견을 모색해야 한다. 이러한 방법론은 하나의 법형성 작용으로서173) 이후에 검토될 여성주의 실천적 추론과 연계하여 여성의 경험으로부터 법 원리 내지 이론을 도출할 수 있게 한다.

---

171) Freedman(1990), 849-858면.

172) 법은 항상 주요한 사회생활을 규율하면서 여성의 삶을 사소한 것으로 여겨지고 여성의 삶을 배제하고 있다. 여성문제제기의 목표는 법에서 발생하는 여성문제의 특수성을 발견하는 것이다. 또한 여성문제제기는 객관적이고 중립적 모습을 하고 있는 법률과 관행의 특별한 사회적 의미를 여성의 경험으로부터 찾아내는 것이다. Guo Huimin([년도미상]). The Issue of Gender and Woman's Rights.
www.nuigalway.ie/sites/euchinahumanrights/seminars/ns0409/guo%20huimin-eng.doc.

173) 슈나이더 교수는 "여성주의 법형성(feminist lawmaking)"이라는 개념을 매 맞는 여성 쟁점에 도입함으로써 가정폭력 사건에서 정당방위와 같은 수사학적 측면을 강조하고 있다. Schneider(2002), 228면.

2) 법에서의 여성문제제기

⑴ 판결의 변화

1873년 마이러 브래드웰(Myra Bradwell)은 미국 역사상 처음으로 일리노이 주(州)법이 기혼 여성에게 변호사 자격을 주지 않는 것에 대하여 문제를 제기한 여성이다. 미국 대법원의 브래들리(Bradley) 재판관은 이 사건에서 '분리영역'이라는 법적 이데올로기를 언급하였다.174) 이후 리드(Reed) 사건175)이 제기된 1970년대가 되어서야 대법원은 법이 전제하고 있는 여성의 역할이 적합한지에 대한 해답을 제시한다. 1971년 샐리 리드(Sally Reed)는 유산 집행인 지명에 있어서 여성보다 남성에게 우선권을 주는 아이다호 주(州)법에 이의를 제기하였다. 이 사건은 대법원 판결의 전환점이 되었다. 분리영역

---

174) 브래들리 재판관은 다음과 같이 판결한다. "시민법은 자연 그 자체뿐만 아니라, 항상 남성과 여성의 상대적 영역과 운명에서의 넓은 차이를 인정해 왔다. 남성은 여성의 보호자이며 변호자이고 또 그래야 한다. 여성적 성에 속한 본질적으로 적당한 수줍음과 섬세함은 시민생활의 많은 직업에 명백하게 부적당하다. 가족기관의 구성은 여성스러움이 적절하게 차지하고 기능하는 가정적 영역을 말한다." Herma Hill Kay & Martha S. West(1996). *Sex−Based Discrimination*(St. Paul: West Publishing Company), 11면 이하. 고정관념과 관련하여 브래들리 판사의 주장에 대한 논의는 텍사스 로스쿨, 케인 교수의 「법여성학 이론」수업에서 자세히 다루어졌다. Patricia A. Cain(1988). Teaching Feminist Legal Theory at Texas: Listening to Difference and Exploring Connections. 38 *J. Legal Educ.* 165, 166−170면. <부록 13> 참조.

175) Reed v. Reed, 404 U.S. 71, 92 S.Ct. 251, 30 L.Ed.2d 225(1971). 리드 판결은 미국 역사상 젠더에 근거한 차별 심사에 있어서 여성의 법적 지위에 대한 새로운 방향을 제시한 전환점이다. Kay & West(1996), 23면 이하.

이데올로기를 직접적으로 언급하지는 않았지만, 대법원은 "남성은 여성보다 상업에 더 정통하다"는 주(州)의 주장을 거부하였다.[176]

또한 임신은 대법원의 특별한 쟁점이 되어 왔다.[177] 1974년 캐롤린 에이엘로(Carolyn Aiello)와 다른 여성들은 임신이 캘리포니아 주(州) 근로자 장애요소에서 제외된 것에 이의를 제기하였다. 대법원은 잠재적 수익자로서 관련 비교 집단을 임신한 사람과 임신하지 않는 사람으로 나누었다. 대법원은 첫 번째 집단이 여성만을 포함하지만, 두 번째 집단은 남성과 여성 모두를 포함하기 때문에 "임신한 사람들"의 배제가 성에 근거한 차별이 아니라고 판결하였다. 그러나 여성주의의 끊임없는 문제제기로 인해 1978년에 임신차별금지법이 제정되었다. 이후 대법원은 다른 근로자들에게는 적용되지 않는, 임신한 여성을 위한 직업안전규칙은 평등원리에 반하지 않는다고 결정히었다.[178]

(2) 법조에서의 여성배제문제

1980년대와 1990년대 초기의 볼트 홀 로스쿨과 스탠포드 로스쿨 등 당시의 많은 로스쿨들의 연구에 따르면, 여학생들은 남학생들에 비해 대학성적과 시험점수가 더 낮았으며, 우수한 성적으로 졸업하지도 못했

---

176) Bartlett(1990), 839 – 840면.
177) 평등이론에 대한 자세한 논의는 다음의 논문 참조. Martha Minow(1988). Feminist Reason: Getting It and Losing It. 38 *J. Legal Educ.* 47.
178) 남성과의 동등한 권리를 요구했던 자유주의 페미니즘은 형식적 평등을 주장하고 사회 구조적 차별을 문제제기한 급진적 페미니즘은 실질적 평등을 주장한다. 임신차별을 비롯한 평등이론에 관한 논의는 형식적 평등과 실질적 평등에 대한 역사적 배경과 여성운동의 시대적 흐름과 맥을 같이한다. 평등이론에 관한 논의는 텍사스 로스쿨, 드폴 로스쿨 등의 초기의 법여성학 수업의 주된 커리큘럼이 되어 왔다. <부록 7>, <부록 13> 참조.

다. 많은 로스쿨 여학생들은 법학논집 편집장, 학생대표, 우등 장학생회 회원과 같은 명망 있는 직에서 저대표(低代表)되었다. 이러한 간극은 유색인 여학생에게 가장 심했다.179) 다른 연구조사는 로스쿨에서 로스쿨 재학생 중 여학생 비율이 45%를 넘을지라도180) 젠더와 관련된 주제를 제기하는 여학생은 급진주의자로 따돌림을 당하고, 결국 자신감을 상실한다고 보고하였다.181) 다수 여성들이 로스쿨 공동체로부터 배제되고 법학교육에서도 배제되는 경험을 하였다. 여학생들은 남학생들보다 로스쿨 수업시간에 사용되는 소크라테스식 방법에 덜 참여하였다.

한편, 여성법조인에 대한 미국 변호사협회의 2001년 보고서에 따르면,182) 2001년 전체 교수들 중 20%가 여성이고, 로스쿨 학장들 중 10%만 여성이었다. 당시 여성교수들은 그동안 법학교육의 실질적인 진보에 기여하였지만, 지위·영향력·직업 안정성에 있어서는 사실상 매우 저대표된 상태였다. 2001년도와 비교해 볼 때, 2007년 현재 로스쿨 학장 중 여성이 차지하는 비율이 10%에서 20%로 2배 증가하였다.183) 그러나 여전히 여자 교수는 연구조사 및 작문 강사, 종신

---

179) 하버드 로스쿨 학생에 대한 연구에 따르면, 지위·수입·직업안정성을 이유로 로스쿨에 입학한 여학생들은 일반적으로 법학교육에 만족하는 반면, 사회정의 실현을 위해 로스쿨에 입학한 여학생들은 법제도가 성차별적이며 반인도적이라고 보았다. Bartlett, Harris, & Rhode(2002), 853면.
180) 2007년 통계에 따르면 미국 전체 로스쿨에 등록한 여학생의 비율이 전체 로스쿨 학생들 중 46.9%로서 여학생이 거의 과반수를 차지한다. http://www.abanet.org/women/CurrentGlanceStatistics2007.pdf.
181) Deborah L. Rhode(1997). Whistling Vivaldi: Legal Education and The Politics of Progress. 23 *N.Y.U. Rev. L. & Soc. Change* 217, 219−222면.
182) The American Bar Association Commission on Women in the Profession(2001). *The Unfinished Agenda: A Report on the Status of Women in the Legal Profession 27.*

직이 아닌 임상가 또는 도서관 사서 직(職) 등 덜 학문적인 영역에 밀집되어 있다. 더구나 로스쿨 교수진 중 30% 이상이 여성일지라도 여교수는 로스쿨의 중요한 의사결정에 참여하지 못하며 학생들의 역할모델로서의 기능을 감당하지 못한다.

데보라 메리트(Deborah Merritt)는 이러한 여성배제문제, 저대표성을 주제로 1986년과 1991년 사이에 로스쿨에서 강의한 1,100명의 강사진을 연구하였다. 이 연구에 따르면, 여성이 배제되고 저대표되는 것은 여성이 남성과 다른 우선순위를 가지기 때문이었다. 여성들은 명망 있는 직업을 선호하지 않으며 학장직을 역임하거나 학술지에 논문을 발표하는 것에 남성들보다 덜 선호하였다.[184] 그러나 여기서 문제되는 것은 여성의 우선순위가 항상 자유로운 선택에 의한 것인가라는 점이다. 사실상 여성이 종신직을 얻는 데 실패한 이유는 가족에 대한 더 많은 책임, 멘토링의 부족, 지지 기반이나 연결망으로부터의 배제, 상담이나 공공 서비스에 치중해야 하는 상황, 임상법학교육이나 법여성학이론에 대한 저평가 때문이다. 메리트의 연구는 이러한 요소들로 인해 여성의 의지와는 상관없이 여성이 배제되고 있음을 간과하였다.

이에 대하여 마가렛 손톤(Margaret Thornton)은 대부분의 연구들이 주로 입법자와 재판관에 의해 생성된 형식적 지식과 자유·평등에만 치중하고 있기 때문이라고 지적한다.[185] '형제애'[186]라는 이름으로 형

---

183) 2007년 미국 변호사협회의 통계자료에 따르면, 미국 로스쿨 학장 중에 여성의 비율은 20.8%이다. 로스쿨 과장에 여성이 69.2%이고, 부학장에 여성의 비율이 45.6%이다. (2007년 10월 11일 현재기준). http://www.aba-net.org/women/CurrentGlanceStatistics2007.pdf 참조.

184) Bartlett, Harris, & Rhode(2002), 856면.

185) Margaret Thornton(1996). "Liberty, Equality And?" Endowing Fraternity

성된 남성지배 법조문화에 의해 여성 법조인들이 소외되는 경험이 간과되고 있다. 형제애라는 이름으로 남성들은 사교클럽이나 술자리, 운동경기에서 끈끈한 유대관계를 형성한다. 남성이 이를 통해 정보를 공유하고 연대하는 반면, 여성은 그러한 메커니즘에서 배제되고 사회·문화적으로 고립된다. 이로 인해 여성들은 승진이나 업무평가에 불이익을 받게 되며 고위직에 임명되지 못하게 되곤 한다. 여성이 법조에서 전문가로서 성공하고자 그러한 문화에 참여한다 해도, 술시중이나 상차림과 같은 일들을 전담함으로써 오히려 기존의 여성성이 더욱 강조될 뿐이다. 이처럼 형제애는 남성성뿐만 아니라 여성성을 재생산한다. 법조에서의 형제애는 아무런 목소리를 내지 않고 있지만, 남성지배문화를 이루는 실질적 가치를 지닌다. 따라서 아무리 남성과 여성이 법조에서 평등하다고 해도 형제애라는 이름의 소리 없는 실체가 존재하는 한, 여성을 위한 실질적 평등은 기대할 수 없게 된다.

3) 배제문제제기(asking the exclusion questions)로의 외연 확장

오늘날 법여성학자들은 비판이론의 수용을 통해 '여성문제'를 "배제된 자들의 문제"로 전환하고 있다.[187] 이러한 작업을 시도하는 계층은

With Voice. 18 *Sydney L. Rev.* 553.
186) Fraternity란 형제애, 우애, (남자 대학생들의) 사교클럽이라는 사전적 의미가 있다. 우리나라에서는 주로 박애로 번역하며, 프랑스 혁명의 정신이었던 자유·평등·박애 중에서 박애가 대표적이다. 본 연구에서는 Fraternity를 sorority(여자 대학생들의 사교클럽)보다는 법여성학자들이 강조하는 여성들의 '자매애(sisterhood)'와 대비되는 개념으로서 '형제애'라고 부르기로 한다.
187) 여기서 말하는 비판이론에는 성차별주의·인종차별주의·동성애혐오

기존의 "백인독존론"188)의 위험을 인식한다. 이들은 억압과 권력에 대한 감수성을 지니고 눈에 보이지 않는 다양한 배제문제를 제기한다.

비가시화된 억압의 형태는 종류나 정도에 있어서 젠더 복종과는 다르며 억압을 경험해 본 적이 없는 사람들은 억압을 인식하는 것이 어렵다. 이로 인해 "방법"이 더욱 필요해진다.189) 방법은 특정한 결과를 보장하는 것도 아니며 타당한 결과조차 보장하는 것도 아니지만, 자신의 경험과 일치하지 않는 경우에 사람들은 방법을 통해 이를 알 수 있다. 이러한 확장된 연구는 여성 경험의 일관성 내지 통일성을 희석시키는 것이 아니라 오히려 여성주의를 더욱 강화시킨다.

3. 여성주의 실천적 추론

1) 의 의

여성주의 인식론에서 여성주의 실천적 추론이란 지식의 맥락성과 관련된 실천적 추론190)을 말한다. 이것은 '여성의 문제' 위에 세워지며 '근거'를 찾는 단 하나의 공동체가 있는 것이 아니라 수많은 중

등을 비판하는 이론들을 총칭한다. Freedman(1990), 849-861면.
188) 리치(Andrienne Rich)는 백인여성의 경험만이 보편적인 것으로 여기고 흑인여성의 경험을 배타하는 것을 "백인 독존론(white solipsism)"이라고 부른다. Bartlett(1990), 847면.
189) 앞의 글, 848-849면.
190) practical reasoning의 대체적 의미는 '실천적 추론'이다. 실천적 추론은 이론적 또는 인식적 앎(명제)에 대한 이유제시 내지 근거부여가 아니라, 실천적 앎(판단, 명제)에 대한 이유제시 내지 근거부여(의 과정)를 말한다.

첩하는 공동체가 있음을 전제로 한다. 여성주의 실천적 추론은 전통적 법률추론보다 맥락에 더 민감하고 해석에 더 개방된다. 이것은 의사결정에 대한 현실적 이유들을 확인하는 데 더 관심을 두는 추론 형식이다.191) 따라서 여성주의 실천적 추론은 "논거가 추론되어야 하는 지배 문화에서 대표되지 않는 견해를 확인하고자"192) 한다. 여성주의 실천적 추론은 아리스토텔레스의 실천적 인식과 오늘날 많은 사상가들이 주장하는 다중적인 관점을 통합한다. 여성주의 실천적 추론은 법률 충돌이나 여타 충돌이 일어나는 경우 복잡하게 뒤얽힌 인간적 상황들의 세세한 내용들을 이해하고자 한다. 여성주의 실천적 추론은 이러한 이해와 이전의 지혜나 경험을 근거로 그 상황의 특수성에 맞는 해결책을 찾는다.193) 여성주의 실천적 추론의 특성이 맥락을 강조하는 데에 있기 때문에 바틀렛과 골드화브는 이를 "맥락추론(contextual reasoning)"이라고 부른다.194)

2) 새로운 의미의 합리성

여성주의 실천적 추론은 새로운 의미의 합리성을 부여한다.195) 새로운 의미의 합리성이라고 할 때 '새로운'의 의미는 기존의 합리성에

---

191) Mari J. Matsuda(1987). Looking to th Bottom: Critical Legal Studies and Reparations. 22 *Harv. C R. -C. L. L. Rev.* 323, 324 - 326면.
192) Freedman(1990), 850면.
193) Bartlett(1990), 850면.
194) 본 연구에서 맥락추론은 여성주의 실천적 추론과 같은 의미로 혼용하여 사용한다. Goldfarb(1991), 1636면.
195) Bartlett(1990), 859 - 862면.

서의 당파성196)을 비판하며 감정적 요소를 인정하는 것을 말한다. 새로운 의미의 합리성을 통해 '여성주의' 실천적 추론이 가능케 된다.

가령, 매 맞는 여성이 학대 순환의 휴지기(休止期)에 학대자에게 대항하여 무기를 사용하여 기소된 경우, 매 맞는 여성은 정당방위를 주장하지만 검사는 기소된 행위가 퇴거의무의 위반으로 과도한 무력 행사에 해당한다고 주장한다. 정당방위 이론을 이 사건에 적용하려는 법원은 과잉방위를 부정하고 정당방위가 되기 위한 퇴거의무를 검토한다. 법원은 또한 정당방위를 주장하는 피고인(매 맞는 여성)의 이익과 이러한 사건에서 폭행을 당한 피해자 및 여타 관련자들의 이익을 고려한다. 재판관은 위의 모든 정보를 고려하고 나아가 소송당사자들과 구타와 관련된 다른 사람들의 '이야기들' 및 관점을 포함시킴으로써 그 전후맥락의 범위를 확장시킨다.197) 추론자로서 재판관은 통상적으로 여성들의 신체치수와 힘의 불리한 입장, 운동선수나 군인들과 같은 신체적 보호를 위한 훈련의 부족, 자신을 방어하기 위한 신체적 노력이 즉시 또는 이후에 가중되는 폭력에 상응하는 범위, 그리고 여성의 무기 사용이 진실로 과잉한 것인지를 평가할 목적으로 매 맞는 여성에 대한 정보 등을 고려할 것이다. 이러한 전후맥락에 민감하게 된 추론자는 수집된 이야기들의 주요 특징들의 유사점과 차이점에 특별한 주의를 기울임으로써 매 맞는 여성의 이야기를 평가하고, 매 맞는 여성들의 이야기를 들으면서 그녀들의 관

---

196) 단 하나의 공동체를 상정하고 추론의 유일한 근거를 찾는 기존의 남성중심적 합리성을 말한다.

197) 가정폭력 사건의 정당방위에 관한 여성주의적 변론은 Schneider(2002), 112−147면 참조.

점을 취한다. 또한 추론자는 이러한 형태에 관한 피고인의 이해와 학대에 관한 과거의 양상에 비추어 위험의 긴급성에 관한 피고인의 관점을 검토한다. 나아가 추론자는 이러한 환경에서 폭행을 당한 남성의 관점을 이해하고자 한다. 폭력이 발생하는 사회적·심리적 조건과 구타경험의 현실적 배경을 살핌으로써 추론자인 재판관들은 폭력 관련 사건에 대한 통찰력을 갖게 된다. 그 사건에서 인간적 비애를 직접적으로 인식하는 과정을 통해 재판관들은 동요될 수 있으며 자신의 이러한 감정을 억누르지 않는다.

위와 같이 여성주의 실천적 추론은 인식에서 훨씬 더 많은 변화를 이끌어 낸다. 이것은 변화된 인식에 근거하여 관련성이라는 기존의 경계를 확장한다는 점에서 법형성의 과정과 비슷하다. 가령, Plessy v. Ferguson[198]으로부터 Brown v. Board of Education[199]으로의 전환은 흑인에 대한 인종차별의 '법적 관련성'을 확장한 경우이다.[200] 마찬가지로 여성에게 유익했던 많은 사법개혁은 법적 관련성을 확장시킴으로써 누락된 여성의 견해를 포함시키고 여성의 본질과 역할을 인식하는 과정이었다. 따라서 여성주의자들은 맥락화된 추론 방법을 통해 지속적으로 인식의 확장을 추구한다. 이것을 슈나이더 교수는 "여성주의 법형성(feminist lawmaking)"이라고 명명한다.[201]

---

198) 163 U.S. 537(1896), "분리하지만 평등하다(separate but equal)"는 근거로 흑인분리교육의 합헌성을 인정한 판례.
199) 347 U.S. 483, 74 S. Ct. 686, 98 L. Ed. 873(1954), "분리하지만 평등(separate but equal)"이 수정헌법 제14조의 평등조항에 위배된다고 함으로써 흑인분리교육을 위헌이라고 판결.
200) Bartlett(1990), 863면.
201) Schneider(2002), 228-232면.

제4장 여성의 경험을 로여링에 반영한 가정폭력 클리닉의 법학교육방법론

제4장 여성의 경험을 로여링에 반영한 가정폭력 클리닉의 법학교육방법론

　본 장에서는 미국 로스쿨의 18개 사례를 중심으로 가정폭력 클리닉 프로그램의 법여성학방법론을 분석하고자 한다. 대상사례들은 미국 로스쿨협회 자료와 US New 2004이 제시한 임상훈련(Clinical Training) 분야의 로스쿨 순위를 고려하여 미국 동부지역을 중심으로 선정되었다. 법여성학 일반수업과 가정폭력법 특별수업은 의식향상을 중심으로 법여성학방법론이 초기에 어떻게 운영되었는지, 그리고 이후에 임상법학교육과 결합함으로써 어떻게 발전하였는지를 보기 위해 추가되었다.

　1970년대와 1980년대의 초기 법여성학 수업에서는 법여성학 고유의 방법론을 개발하는 데 주력하였다. 1980년대에 이르러서 맥키논이 주창한 의식향상이 로스쿨 수업에 도입되었다. 1990년대에는 의식향상을 위해 인종차별, 동성애 혐오 등의 쟁점이 법여성학 수업에서 다루어졌다. UCLA의 「여성과 법」(1971년), 텍사스 로스쿨의 「법여성학 이론」(1986년), 드폴 로스쿨의 「법여성학」(1989년)은 법여성학의 핵심 방법론인 의식향상을 로스쿨 수업에서 활용한 의미 있는 사례이다. 럿거스 로스쿨의 「성차별」(1990년)은 의식향상을 여성의 역량강화로서 이해하고 차별에 대한 감수성을 어떻게 수업과 연결시켰는지를 보여준다. 이러한 법여성학 수업은 임상요소 없이 가정폭력 쟁점을 여성에 관한 여러 쟁점 중에 하나로서 다루었다.

예일 로스쿨의 「예일 TRO 프로젝트」(1984년)처럼 1980년대부터 로스쿨 학생들은 교수의 감독 없이 주도적으로 가정폭력 프로젝트를 운영하였다. 학생들은 로스쿨 내에 가정폭력 특별수업을 개설하도록 로스쿨 행정당국에 요구하였다. 학생들의 요구를 수용하여 미국 로스쿨이 역사상 처음으로 가정폭력을 정규 커리큘럼에 개설한 수업은 볼트 홀 로스쿨의 「가정폭력법」(1988년)이다. 이후 하버드 로스쿨의 「매 맞는 여성과 법」(1991년)은 학생들이 운영한 하버드 로스쿨의 「매 맞는 여성을 위한 권이옹호 프로젝트」(1988년) 학생들과 협력하여 진행되었다. 초기의 가정폭력법 수업은 법여성학 이론은 법률실무와 연계시키고자 방법론상 임상을 가미하였으나 이는 선택적 요소일 뿐이었다. 볼트 홀 로스쿨의 「가정폭력법」과 하버드 로스쿨의 「매 맞는 여성과 법」이 임상을 선택요소로 하였음에 반하여, 텍사스 로스쿨의 「가정폭력과 법」(1997년)은 「가정폭력 클리닉」(1997년)의 필수 선수과목으로서 연계하여 운영되었다.

노스이스턴 로스쿨의 「가정폭력 클리닉」(1990년)과 CUNY의 「매 맞는 여성의 권리 클리닉」(1990년)처럼 1990년대부터 가정폭력 쟁점만을 다루는 가정폭력 클리닉 프로그램이 점차 로스쿨에 자리를 잡기 시작하였다. 1992년 맥크레이트 보고서의 영향으로 임상법학교육이 확산됨에 따라 가정폭력 쟁점을 임상법학교육에서 다루는 프로그램도 증가하였다. 더욱이 1994년 여성에 대한 폭력법 제정 이후 매 맞는 여성을 위한 민·형사 법률구제가 가능해짐에 따라 미국 로스쿨의 가정폭력 클리닉은 다양한 모습으로 발전하였다. 노스웨스턴 로스쿨의 「매 맞는 여성을 위한 일리노이 사면 프로젝트」(1993년)와 덴버 로스쿨의 「매 맞는 여성의 사면을 위한 클리닉」(1998년)은 수감 중인 매 맞는 여성을 위한 사면청원 클리닉이다. 조지 워싱턴 로스쿨의 「가정폭력 권익옹호 프로젝트」(1993년)와 덴버 로스쿨의 「가정폭력 민사재판 프로젝트」(1999년)는 사회복지학과 심리학을 법학과 연계한 클리닉이다. 클리닉 내용과 유형이 발전함에 따라 가톨릭 로스쿨의 「가족학대 프로젝트」 및 「가족과 법 클리닉」(1978년, 1993년)과 아메리칸 로스쿨의 「여성과 법 클리닉」 및 「가정폭력 클리닉」 (1984년, 2000년)은 기존의 클리닉 프로그램을 개혁하여 모의훈련을 강화하였다.

이처럼 클리닉의 내용과 유형이 다양할지라도 법여성학과 임상법학교육을 결합한 가정폭력 클리닉 프로그램은 경험적 학습기법을 사용하면서, 동일하게 의식향상을 목적으로 한다. 이것은 실체법과 절차법을 결합시키려는 법여성학교육의 방법론적 접근이 그 내용이나 유형에 상관없이 일관성 있게 작용하고 있음을 보여준다.

이에 본 장에서는 각 대상사례들을 법여성학방법론에 따라 의식향상, 이야기나누기, 배제문제제기, 맥락추론으로 분류한 후 그 내용을 분석함으로써, 법여성학 이론을 임상교육에 적용할 수 있는 효과적인 법학교육 방법을 모색하고자 한다.202)

---

202) 변호사-의뢰인 관계만 하더라도 의식향상, 이야기나누기, 여성문제제

제1절 서

1. 법여성학과 임상법학교육의 방법론 결합 필요성

종종 법여성학은 이론적 운동으로 여겨지고 임상법학교육은 실천적 운동으로 여겨진다. 각각의 방법론은 협력적이라기보다는 독립적으로 작용하여 왔으며 자신의 방법을 정당화하기 위한 독특한 용어들을 사용하여 왔다. 그럼에도 불구하고 양자는 방법론상 유사하다. 그렇다면 법여성학과 임상법학교육의 유사성은 무엇이며 이론과 실천의 연계를 위해 양자를 결합함으로써 얻는 실익은 무엇인가?

임상법학교육방법론을 구성하는 요소에는 경험, 비판적 성찰, 책임윤리, 간학문적 학습이 있으며, 법여성학방법론을 구성하는 요소에는 의식향상, 여성문제제기, 여성주의 실천적 추론이 있다. 양자는 경험의 사용, 감정의 역할, 개인 상호간의 역동성, 위계질서 완화와 협력,

---

기, 여성주의 실천적 추론을 모두 함의하고 있으며, 임상법학교육은 방법론상 하나의 연속적 교육을 내용으로 하기 때문에 이를 하나하나 분리할 때 전체 의미를 단절시킬 수 있다. 법여성학방법론 그 자체도 마찬가지로 각각이 분리되고 개별화된 개념들이 아니다. 서로가 중첩하며 통합됨으로써 여성문제에 대한 포괄적 관점을 실현하기 때문에 법여성학방법론을 개별항목으로 분리하여 서술하는 것은 자칫 법여성학 교육에 대한 잘못된 이해를 야기할 위험이 있다. 그럼에도 불구하고 법여성학방법론의 개별 내용에 따라 임상법학교육 내용을 분석하고자 하는 것은 법여성학방법론이 임상교육이라는 실천적 측면에서 어떻게 운영되고 있는지, 또한 어떻게 운영될 수 있는지를 부각시키고자 함이다.

간학문적 연구, 맥락추론, 비판적 연구, 도덕판단에 있어서 서로 비슷하다.203) 이 유사성들은 다음과 같이 네 가지로 요약될 수 있다.

첫째, 법여성학과 임상법학교육의 방법론은 개인의 경험을 강조하고 있다. 임상교육은 교육학이라는 절대적 정체성으로 인해 경험을 학습과정으로 이해하고 효과적 학습방법에 상당한 관심을 갖는다. 법여성학자들은 임상교육자와 같이 교육학에 대한 절대적 정체성을 가지고 있지는 않지만, 개별 여성의 경험을 서로 공유함으로써 여성집단의 역량을 강화하고자 한다.

둘째, 임상가들은 변호사－의뢰인 관계성과 같은 법률 사건에 의해 만들어진 관련성에 주의를 기울일 뿐만 아니라, 임상에서의 교수와 학생관계는 다른 많은 교수－학생 관계와 비교해 볼 때 훨씬 평등하다. 마찬가지로 법여성학 교수들은 학생들과 인생경험을 나누기 위해 협력적 수업 분위기를 조성하기 때문에 법여성학 수업은 권위주의적 통제의 양상을 거의 띠지 않는다.

셋째, 법여성학과 임상법학교육은 상호연관성을 중시하며 광범위한 사고를 진리탐구의 본질적인 것으로 보기 때문에 여러 분야에 걸친 간학문적 학습방법을 채택한다.

넷째, 임상법학교육방법과 법여성학방법에 의해 연구된 개개의 사항들은 특수한 것에서 일반적인 것으로 이동하는 아리스토텔레스의 실천적 인식과정을 통하여 다른 많은 학문들의 개념적 통찰력과 연결된다.204)

---

203) Goldfarb(1991), 1667면.
204) 가령, 도덕 판단에 관여된 지적 활동은 아리스토텔레스가 '실천지'라고 부른 것이다. 이것은 성찰에 의한 성품에 근거하여 어떤 상황의

이처럼 임상법학교육과 법여성학은 방법론상 유사하여 서로 결합 가능하다. 이들의 결합은 다음과 같은 장점이 있다. 임상법학교육은 법여성학의 권력에 대한 예리한 감수성을 통해 지배구조가 만드는 기술적이고 윤리적 문제들을 다룰 수 있게 된다. 임상가는 의뢰인에 대한 학생의 반응들을 이해할 수 있게 되고 학생은 의뢰인의 관계에서 의사소통을 용이하게 할 수 있는 통찰력을 지니게 된다. 한편, 법여성학은 임상법학교육을 통해 여성의 현실경험에 관한 여성주의 이론을 법률추론과 법률절차에 적용함으로써 법이 따르고 있는 관점을 발견하고 경험의 다양성이 배제되고 있음을 밝혀낼 수 있다. 나아가, 변호사-의뢰인 관계와 같은 위계적 질서를 개방적이고 평등하며 공정한 이해관계로 발전시킨다.[205) 법여성학은 삶의 모든 영역에서 여성의 평등과 지율성이라는 법적 인시을 구함과 동시에 이를 법률실무에 적용시킬 수 있다.[206)

특수성을 판단하는 능력을 말한다, 직업적 책임감을 통해 경험으로부터 도덕 판단을 배우는 아리스토텔레스의 적극적 도덕 인식론은 임상법학교육방법론으로서 임상교육의 철학적 근거를 제공한다. 뿐만 아니라 이것은 법여성학에서 주창되는 여성주의 실천적 추론 내지 맥락추론과 접목하고 있다. 이는 임상법학방법론과 법여성학방법론이 유사한 철학적 원리와 윤리적 목표를 구체화하고 있음을 보여준다. 앞의 글, 1666면.

205) 클리닉에서 빚어지는 성차별주의의 극복 및 대처 방법에 대하여서는 다음의 논문 참조. Mary Jo Eyster(1988). Analysis of Sexism in Legal Practice: A Clinical Approach. 38 *J. Legal Educ.* 183.

206) Goldfarb(1991), 1691-1696면.

2. 결합 예로서의 가정폭력 클리닉

법여성학 이론을 법률실무에 접목시키는 것은 이론과 실천의 유기적 관계를 향상시키는 효과적 법여성학교육이다. 로스쿨 클리닉 중에서도 가정폭력 클리닉은 법여성학의 이론적 작업과 실천적 작업을 수행할 수 있는 가장 비옥한 토양이다. 왜냐하면 가정폭력이라는 쟁점은 사회 전반에 걸쳐 발생하는 매우 영향력 있는 쟁점이기 때문이다. 또한 로스쿨 클리닉은 가정폭력 쟁점을 다룸으로써 법학이론과 법률실무를 연계할 수 있기 때문이다.[207] 뿐만 아니라 구타는 학대받는 여성의 전(全) 생애를 통한 경험과 관련되어 있다. 가정폭력에 대한 많은 법적 대응에는 간학문적 접근이 필요하다.[208]

그러나 무엇보다도 가정폭력 클리닉이 법여성학의 이론과 실천의 시너지 효과를 보증하기에 가장 중요한 이유는 그 목표와 방법론이 유일하게 여성주의적이라는 데 있다. 로스쿨에서 소외를 경험한 여학생들과 여교수들은 가정폭력이라는 쟁점을 로스쿨 커리큘럼에서

---

207) The American Bar Association Commission on Domestic Violence(2003). *Teach Your Students Well: incorporating Domestic Violence Into Law School Curricula, A Law School Report*, 5−9면.

208) 가정폭력 클리닉에서는 학대받는 여성(the abused women)을 대리하는 변호사는 구타에 대한 심리학적 대응에 관한 이론과 문화적 맥락을 이해해야 한다. 매 맞는 여성(the battered women)의 정당방위 형사사건의 경우 매 맞는 여성에 대한 심리학적 분석에 근거한 전문가의 증언이 관여할 수 있다. 변호사는 구타 상황에서의 여성 행태에 대한 대안적 견해를 각 학과 전문인들과 협력하여 학습할 수 있다. Mithra Merryman(1993). A Survey of Domestic Violence Programs in Legal Education. 28 *New Eng. L. Rev.* 383, 393면.

다루도록 하기 위해 지속적으로 노력하였다. 그들은 임상교육을 통해 매 맞는 여성 사건을 다룸으로써 법여성학이 법학교육의 일부임을 증명하여 왔다.[209) 한편, 가정폭력이라는 주제는 흡인력이 있어서 가정폭력을 직접 경험하지 못한 남학생들조차 가정폭력에 대하여 공감하게 한다.[210)

미국 로스쿨의 가정폭력 클리닉에는 (1) 법원의 보호명령을 통해 피해자를 돕는 클리닉 프로그램, (2) 가족법 관련 사건에서 의뢰인을 대리하는 클리닉 프로그램, (3) 형사사건에서 가정폭력 피해자를 대

---

209) 1992년 AALS의 연례회의의 "여성과 법 프로젝트"에서 참석한 75명 이상의 교수들과 임상가들은 학생들의 요구로 여성 구타에 관한 쟁점들을 수업에 포함시켰다고 말하였다. 예일 로스쿨 학생들은 「TRO 프로젝트」를 시작했고 하버드 로스쿨 학생들은 「매 맞는 여성들의 권이 옹호(Battered Women's Advocacy) 프로젝트」를 시작했다. 버클리 대학의 볼트 홀 로스쿨(Boalt Hall School of Law, University of California -Berkeley)의 학생 집단은 가정폭력 세미나를 가르칠 교수를 찾고자 스스로 조사와 면담 절차를 밟았다. 그 결과 1988년 가을에 낸시 르몬(Nancy Lemon)이 채용되어 최초로 가정폭력만을 전적으로 가르치는 로스쿨 세미나가 개설되었다. 한편, 교수들도 로스쿨의 재정지원을 받지 않고 그들 스스로 프로젝트를 시작했다. 인디애나 로스쿨(Indiana University Bloomington School of Law)의 로렌 로벨(Lauren Robel) 교수는 여성들이 접근금지명령을 얻도록 조력할 「법원동행 프로그램」을 시작했다. 이 프로그램은 주말에 이틀 동안 매 학기마다 45명 이상의 자원 학생들을 훈련시킨다. 앞의 글, 392면, 395-396면. <부록 2>, <부록 9>, <부록 17> 참조.
210) 노스이스턴 로스쿨(Northeastern University School of Law)의 1학년 불법행위법 시간에 가정폭력을 토의할 때 클래르 댈톤(Clare Dalton) 교수는 어머니가 매를 맞을 때 그 자녀들이 얼마나 해를 입게 되는지를 살펴보거나 어머니를 구타한 사람을 폭행하거나 살해하여 수감된 남성들을 확인한다. 이 수업에 참여한 남학생들은 그들 자신들을 학대의 가해자로서가 아니라 피해자로 볼 수 있게 된다. 앞의 글, 394면.

리하는 클리닉 프로그램, (4) 기타 학대관련 민사사건에서 피해자를 대리하는 클리닉 프로그램, (5) 지역사회의 필요를 충족하는 클리닉 프로그램, (6) 현존하는 지역사회 서비스와 연계된 클리닉 프로그램 등이 있다.[211]

3. 가정폭력 클리닉의 구조

1) 목 표

가정폭력 클리닉은 여성 억압에 대한 감수성을 지니고 의뢰인의 경험과 학생의 경험을 통해 임상 참여자들의 의식을 향상시키고 역량을 강화하는 것을 목표로 한다. 의뢰인과 학생에게 미치는 가정폭력 클리닉의 영향에 따라 의뢰인에게는 역량강화로, 학생에게는 의식향상으로 그 목표를 구분할 수 있다.

2) 방 법

법여성학방법론은 임상법학교육 현장에서 의뢰인의 이야기를 통한 학생들의 경험적인 로여링, 서사를 통한 피드백, 여성문제제기와 맥락 추론을 통한 사건이론, 교사와 학생 및 변호사와 의뢰인 사이의

---

211) American Bar Association Commission on Domestic Violence(1997). *When Will They Ever Learn? Educating to End Domestic Violence, A Law School Report*, 58-63면.

권력 관계 내지 위계 타파, 의뢰인 중심의 로여링에 의해 합의를 도출하는 의사결정과정, 간학문적 협력학습에 의한 맥락의 확장 등을 통해 실현된다. 가령, 의식향상을 위해 가정폭력 클리닉에서는 임상법학교육에 비판이론을 도입하거나, 학생들로 하여금 차이 내지 다양성에 관한 법여성학자들의 저술을 읽게 하고 로여링 과정을 성찰하는 실습일지를 쓰게 한다. 교수와 학생은 함께 평등이론이나 학생들이 맡은 사건들을 비판적으로 성찰하고 수업토의를 통해 이를 조명해 봄으로써 수평적이고 협력적 학습 분위기를 조성한다.

3) 특   징

일반적으로 임상법학교육에서 실시하는 비판적 성찰, 간학문적 학습, 책임윤리는 학생들이 로여링 경험을 통해 법률실무를 익히기 위한 방법들로서 권력과 억압에 대한 이해를 전제로 하지 않는다. 가정폭력 클리닉은 이러한 임상법학교육방법론과는 다른 방법론적 접근을 한다. 가정폭력 클리닉은 매 맞는 여성 운동으로부터 발전하였다. 매 맞는 여성 운동은 의식향상집단을 통한 여성해방운동이다. 따라서 가정폭력 클리닉의 가장 중요한 특징은 의식향상을 지향하는 법여성학방법론에 있다.

가정폭력 클리닉은 의식향상을 위해 의뢰인 중심의 로여링을 통한 의뢰인의 역량강화와 학생의 의식향상을 목표로 하고, 교수-학생 및 변호사-의뢰인이라는 위계 관계를 완화시킨다. 임상 참여자들은 가정폭력에 대한 사법제도 및 사회에 만연한 성차별주의, 인종차별주의에 대한 감수성을 가지고 여성문제를 제기한다. 변호인은 의뢰인의 이야기를 공감하며 경청하면서 맥락을 이해하고 변호인과 의뢰인이 상호 협력하여 문제를 해결함으로써 여성주의 실천적 추론을 실현한다.

제2절 의식향상

1. 의식향상 실현양상

의식향상이라는 법여성학방법론은 의식향상 집단을 통해 사적인 것이 정치적인 것임을 깨달은 매 맞는 여성 운동의 토대가 되었다. 의식향상의 목적은 여성의 역량강화이며[212] 이것은 여성이 자신의 삶과 육체에 대한 선택권과 자기결정권을 가져야 함을 의미한다. 한편, 임상법학교육에서 의뢰인 역량강화란 로여링 과정을 통해 의뢰인이 자신의 상황을 분명하게 평가하고 스스로 선택할 수 있는 사항들과 그 함의를 심사할 수 있게 능력을 키우는 것을 말한다. 또한 의뢰인 역량강화는 의뢰인이 자신과 자녀들에게 가장 도움이 될 만

---

[212] Huimin([년도 미상]).
www.nuigalway.ie/sites/euchinahumanrights/seminars/ns0409/guo%20huimin
－eng.doc.

한 결정을 내리고 이를 수행할 수 있도록 학생들이 이를 위해 헌신하는 것을 의미한다.213) 따라서 매 맞는 여성을 기준으로 볼 때, 의뢰인 역량강화란 의뢰인인 매 맞는 여성의 의식향상과 맥을 같이한다.214) 나아가, 임상학생은 의뢰인을 면담하면서 매 맞는 여성의 경험을 공유하고 의뢰인과 상호적으로 협력함으로써 그 경험의 사회적 의미를 매 맞는 여성의 삶 속에서 이해하게 된다. 이것은 가정폭력 클리닉이 매 맞는 여성을 대리하는 학생의 역량까지도 강화시킴을 보여준다. 이처럼 가정폭력 클리닉의 특징은 의뢰인뿐 아니라 매 맞는 여성의 경험을 토대로 그 경험을 듣는 학생 개인의 인식까지 확장시키는 데 있다.

그런데 의식향상은 방법론상 집단을 상정하고 있기 때문에 임상법학교육처럼 변호사와 의뢰인 두 사람만 관여하는 일대일 관계에서도 이를 성공적으로 사용할 수 있을지에 대해 의문이 제기된다.215) 의식향상이란 서로서로 일상에서 겪는 경험을 이야기하고 그러한 경험과 태도들을 연구함으로써 지식을 함양하는 방법이라고 할 때, 변호사와 의뢰인, 두 당사자가 그들의 경험과 견해를 서로 공유하고 서로에게서 배움으로써 신뢰를 구축하며 합의를 도출할 수 있다. 임상법학교육에서 의뢰인의 이야기와 경험을 통해 변호사와 의뢰인 모두

---

213) Lois H. Kanter, V. Pualani Enos, & Clare Dalton(2001). Northeastern's Domestic Violence Institute: The Law School Clinic As An Integral Partner in a Coordinated Community Response to Domestic Violence. 47 *Loy. L. Rev.* 359, 366면.
214) 본 장에서 사용되는 역량강화라는 용어는 의식향상과 연동하여 같은 의미로 사용된다.
215) O'Leary(1993), 215면.

지식을 얻고 그 경험을 통합하고 이론을 재구성함으로써 서로의 역량을 강화시키는 것은 결국 의식향상이라는 법여성학방법론의 실현이라고 할 수 있다.[216] 따라서 변호사와 의뢰인 관계에서도 의식향상은 사용가능하다.[217]

한편, 가정폭력 피해자에 관한 법률문화 혹은 경찰·법원인사·의사결정권자들의 실무 및 절차들은 가정폭력의 역학에 대한 근본적 오해나 가정폭력 피해자에 대한 고정관념에 근거한다.[218] 이로 인해 경찰·법원인사·의사결정권자들은 가정폭력 피해자를 구제하기 위한 정당한 목적을 수행하지 못하곤 한다. 따라서 임상법학교육을 통한 의식향상은 사인간의 관계를 넘어 로스쿨 공동체와 지역사회로까지 외연을 확장시킬 필요가 있다.

의뢰인은 자신의 경험을 공유함으로써 학대 경험이 사회 구조적 문제와 관련되어 있음을 인지한다. 그러나 의식향상은 이처럼 개인의 경험을 집단화하는 것에서 끝나지 않는다. 그렇다면 앞으로 의뢰인이 어떻게 생계를 이어갈 것인가, 즉 폭력적인 배우자를 떠나 의뢰인이 어떻게 자립할 것인가에 대한 고민이 추가되어야 할 것이다. 텍사스 로스쿨의 경우 학생들은 의뢰인을 위한 장·단기 안전계획을

---

216) 한편, 의뢰인 역량강화는 의뢰인이 처한 맥락을 이해하고 의뢰인 자신이 의사결정을 내린다는 점에서 이후에 논의될 맥락추론과도 연결되는 개념이다.

217) 의뢰인 중심 로여링 모형은 이러한 유형의 대화를 가능하게 하며 변호사와 의뢰인들이 자유롭게 자신을 표현하고 경험을 공유할 수 있게 한다.

218) 이것은 기존의 법률 기타 제도들이 매 맞는 여성들에 대한 대응이 불충분하였다는 인식에서 출발함으로써 여성문제제기와도 방법론상 관련되어 있다.

수립할 때, 신체적 안전보장이나 매 맞는 의뢰인의 즉각적 법률 필요 이외에, 각 피해자의 환경에 맞는 장기(長期) "경제적 역량강화 계획(Economic Empowerment Plan)"을 수립하고 있다.[219] 특히 빈곤층의 매 맞는 여성들이 학대자를 떠나지 못하는 가장 큰 이유가 경제적 자립의 어려움이기 때문에, 경제적 역량강화 계획을 세우는 것은 가정폭력의 역동성 내지 폭력 순환을 단절시킬 뿐만 아니라 의뢰인의 역량을 실질적으로 강화시키는 데 중대한 역할을 한다.

이러한 맥락에서 매 맞는 여성을 위한 학생의 로여링 경험을 토대로 의식향상이 가정폭력 클리닉에서 어떻게 실현되는지를 분석하기로 한다.

2. 경 험

법여성학은 여성의 경험을 서로 공유하는 것을 인식의 근거로 삼으며 이를 의식향상의 출발점으로 본다. 임상법학교육은 로스쿨 학생들이 로여링 경험을 통해 학습하는 것을 중심과제로 하기 때문에 경험은 임상법학교육의 토대가 된다. 가정폭력 클리닉에서는 매 맞는 여성(의뢰인)의 경험과 로스쿨 학생(변호사)의 경험을 결합하여 의뢰인과 변호사의 의식향상을 실현하고 있다.

---

219) Sarah M. Buel(2003*b*). The Pedagogy of Domestic Violence Law: Situating Domestic Violence Work in Law Schools, Adding the Lenses of Race and Class. 11 *Am. U. J. Gender Soc. Pol'y & L.* 309, 335면. <부록15> 참조.

텍사스 로스쿨의 「법여성학 이론」에서[220] 케인 교수는 사람의 관점이 그 사람의 인생 경험에 의해 결정됨을 강조하고자 학생들로 하여금 여성이나 남성이 된다는 것, 흑인·황인·백인이 된다는 것, 이성애 사회에서 살고 있는 것이 의미하는 바가 무엇인지에 대하여 개인경험을 말하도록 하였다. 학생들은 그러한 쟁점들에 대한 그들의 감정을 교실수업시간에 자유롭게 이야기하였다. 텍사스 로스쿨의 「가정폭력과 법」에서 새라 뷰얼(Sarah Buel) 교수도 학기말에 학대 피해자를 수업시간에 초청하여 사법제도(司法制度)의 대응에 대한 경험을 이야기 나누었다.[221] 가톨릭 로스쿨의 임상법학교육에서 "경험을 통한 학습의 핵심은 책임을 수용하는 것이다."[222] 즉 임상에서는 학생들이 로여링 과정을 직접 경험한다는 원리와 학생들 스스로 학습에 대해 책임을 진다는 원리가 서로 결합되어 나타난다.

가정폭력 경험과 관련하여 텍사스 로스쿨의 뷰얼 교수는 비판인종이론과 라틴비판법학을 다루고 있다.[223] 이는 기존의 법학원리 분석이 인종차별주의를 다루지 못하기 때문이며 라틴계 사람들의 목소리[224]를 사용하면서 그들의 경험을 법학담론중심에 놓기 위함이다.[225] 앞서 법여성학방법론에서 살펴보았듯이[226] 비판인종이론은 인종과 권력의 구성에 관한 논의를 하며 서사를 규범화한다. 이론과 원

---

220) <부록 13> 참조.
221) <부록 14> 참조.
222) Howard(1995), 178면. <부록 3> 참조.
223) <부록 14>, <부록 15> 참조.
224) 법여성학에서 말하는 여성의 목소리에 대응하는 것으로서 라틴 아메리카 사람들의 견해, 그들의 주장 등을 의미한다.
225) Buel(2003b), 322면.
226) 제3장 제3절 참조.

리를 적용함에 있어서 서사는 필수요소이다. 비판인종이론을 임상에 실현한 예가 바로 아메리칸 로스쿨의 「여성과 법 클리닉」이다.[227]

아메리칸 로스쿨에서는 2003년도부터 새로운 커리큘럼을 만들고자 실험적으로 비판이론을 임상에 도입하였다. 학생들이 효과적으로 의뢰인을 대리하는 데 비판이론이 중요하다고 인식하였기 때문이다. 아메리칸 로스쿨은 모의훈련을 통해 면담 및 상담·사건이론 전개·의뢰인 중심 로여링·맥락화를 가르치기 위해 비판이론을 사용한다. 먼저, 로여링에서의 학생의 역할뿐 아니라 차이 쟁점에 관한 본질주의의 논의를 다룬다.[228] 그리고 의뢰인 대리와 관련된 다양한 법률기구와 정부기구에 대한 제도적 비판을 소개하기 위해 비판이론을 사용한다. 끝으로 비판이론을 사용하여 차이 쟁점과 제도적 비판이라는 맥락 내에서 권력, 특권, 기관의 역할을 논의한다. 맥락, 이야기나누기, 사건이론이라는 견지에서 아메리칸 로스쿨은 비판이론을 학생들이 사건이론을 수립하는 데 통합시킨다. 그 사건이론들은 복잡한 이해관계를 반영한다. 의뢰인의 맥락 내에서 학생들은 비판이론을 통해 의뢰인 이야기를 맥락화한다. 이 과정을 통해 학생들은 의뢰인의 역량을 강화시키는 로여링을 수행하게 된다. 비판법학의 개념은 사실 조사, 전략 수립, 협상과 같은 경우에 교육을 위해 추가적으로 소개될 수 있다. 학생들은 비판이론을 사용하여 그들의 의뢰인을 대리하고 가까운 관계에 있는 누군가로부터 육체적으로 피해를 받는 의뢰인의 경험이 어떻게 법률 쟁점이 되는지, 그리하여 그

---

227) Johnson(2005), 172면 이하. <부록 1> 참조.
228) 차이 쟁점에 관한 본질주의 논의는 제3장 제3절 1. 나. 참조.

경험이 그 여성에게 무엇을 의미하는지를 배운다.[229] 이를 통해 학생들은 추상적인 이론을 구체적으로 이해하게 된다.

아메리칸 로스쿨이 비판이론을 임상교육에 도입한 취지는 학생들이 인종, 문화, 성 등 다양한 배경을 지닌 의뢰인들을 이해하고 의뢰인의 맥락에서 로여링을 교육시키려는 것이다. 이것은 법여성학방법론의 외연을 넓히는 것으로 이해되며,[230] 그러한 의미에서 아메리칸 로스쿨의 새로운 교육방법론은 가정폭력 클리닉뿐만 아니라 다양한 클리닉에 적용될 수 있다.

3. 변호사의 역할

임상교육에서 변호사의 역할을 어떻게 정의하는가는 변호사의 통제력과 위계를 타파하고 수평적 변호사-의뢰인 관계를 형성하는 의식향상의 실현과 관련된다. 나아가 이는 여성문제제기 및 여성주의 실천적 추론의 실현과도 관련된다. 미국 로스쿨들은 의뢰인이 변호사의 역할을 정의할 뿐만 아니라 학생들도 자신들의 역할을 정의하게 함으로써 의식향상을 도모하고 있다.

---

229) Ann Shalleck(2003). Pedagogical Subversion in Clinical Teaching: The Women & the Law Clinic and the Intellectual Property Clinic as Legal Archaeology. 13 *Tex. J. Women & L.* 113, 124-127면.

230) 제3장에서 살펴본 대로 오늘날에는 비판인종이론을 비롯하여 다양한 배경을 지닌 여성들의 다양한 목소리를 수용하는 법여성학방법론이 주장되고 있다. 여성문제제기가 배제문제제기로, 여성주의 실천적 추론이 맥락추론으로 발전한 것은 이를 반영한다.

뉴욕시립대학 로스쿨(The City University of New York School of Law, 이하 'CUNY')의 「매 맞는 여성들의 권리 클리닉」에서는 의뢰인의 역량강화를 위해 의뢰인으로 하여금 변호사의 역할이 무엇이어야 하는지를 정의하게 하였다.231) 이 방법은 변호사 혼자 직업의 경계를 설정하지 않기 때문에 기존의 변호사-의뢰인 관계를 변화시키며 변호사의 역할을 고정시키지 않는다. 로스쿨 학생들은 클리닉에 참여하면서 경찰, 검사, 가정법원 재판관들이 고정된 역할에 따라 행동하고 매 맞는 여성들의 필요에 반응하지 못함을 목격하였다. 학생들은 재판관이 매 맞는 여성들에게 보호명령을 내릴 때 그 여성들의 말을 경청하지 않고 그들과 의사소통하지 않음을 발견한다. 재판관들은 가정을 떠나지 않고 명령집행을 위해 법원으로 돌아오는 여성들에게 오히려 적대적이었다. 이 경험들을 통해 학생들은 그동안 협소하게 생각했던 변호사 역할을 재구성하게 되었다. 한편, 학생들은 변호사의 역할을 누가 어떻게 정의하느냐에 따라 매 맞는 여성에 대한 처우가 달라지는 것을 배웠다. 가령, 배석판사가 보호명령을 구하러 오거나 보호명령 위반을 구하러 법원에 오는 의뢰인에게 진절머리가 난다고 불평하거나 의뢰인이 법원을 '악용하고' 있다고 의뢰인을 대리하는 임상학생에게 말한 적이 있었다. 그 배석판사는 구타자가 집을 소유하고 있기 때문에 의뢰인이 폭력을 피하기 위해 그 집을 떠나야 한다고 하였다. 이를 경험한 CUNY 로스쿨 학생들은 변호사의 역할을 정의할 때 누가 참여하는지, 그리고 어떻게 그 정의가 의뢰인에게 영향을 미치는지를 분석하였다. 학생들은 변호사와

---

231) <부록 4> 참조.

역량강화에 대한 비판적 쟁점들을 검토하였다.232)

　미국 로스쿨의 가정폭력 클리닉 학생 변호사들은 의뢰인을 변호하면서 의뢰인이 구타자에게로 다시 돌아가는 것을 보고 종종 좌절을 경험하거나 의뢰인의 비협조적 태도에 화를 내곤 하였다. 이것은 "변호사의 역할은 의뢰인을 구원시키는 것이 아니라 의뢰인의 역량을 강화시키는 것"233)임을 확인시켜 준다. 임상사례에서 나타난 학생 변호사들이 겪는 좌절, 낙담, 분노 등은 주로 의뢰인의 전(全) 생애라는 맥락에서 의뢰인을 이해하지 못하거나, 혹은 의뢰인을 도우려는 의욕이 너무 앞서 자신의 결정을 의뢰인이 따라 주지 않을 때 나타내는 반응들이다.

　예일 로스쿨 학생들은 이러한 좌절감을 극복하기 위해 매 맞는 여성 신드롬에 대하여 교육을 받는다.234) 매 맞는 여성들이 구타자에게 되돌아가는 데에는 경제적·사회적·감정적으로 많은 이유가 있다. 학생들은 이를 인식하고 매 맞는 여성들의 학습된 무기력과 그 무기력에 대한 감정을 이해해야 한다. 그러할 때 학생들은 의뢰인들에 대한 자신들의 부정적 반응을 확인하고 인간적 이해로 나아갈 수 있을 것이다. 학생들은 그들 자신의 삶 중에서 문제 상황을 변화시키는 데 특히 무력감을 느꼈던 때를 회상함으로써 의뢰인의

---

232) Susan Bryant & Maria Arias(1992). Case Study, A Battered Women's Rights Clinic: Designing A Clinical Program Which Encourages a Problem–Solving Vision of Lawyering That Empowers Clients and Community. 42 *Wash. U. J. Urb. & Contemp.L.* 207, 208면.
233) Howard(1995), 189면.
234) Gary Brown, Karin A. Keitel, & Sandra E. Lundy(1987). Starting a TRO Project: Student Representation of Battered Women. 96 *Yale L.J.* 1985, 2013면. <부록 17> 참조.

선택을 존중하는 법을 배운다. 예일 로스쿨은 매 맞는 여성에 대한 이해에 그치지 않고 학생들 자신에 대한 이해도 마찬가지로 중시한다. 학생들은 변호사의 역할이 의뢰인을 구원시키는 것("구원자 신드롬")[235]이 아니며 TRO[236] 프로그램 그 자체가 사회에 만연한 가정폭력에 대한 임시방편일 뿐임을 배운다. 이를 통해 학생들은 의뢰인과 직업상 거리를 유지할 수 있게 된다. 역할극에서 학생들은 의뢰인의 우유부단하고 방어적이며 모호한 반응을 어떻게 다룰지를 실습한다. 역할극 후에 분석과 토의를 위한 시간을 충분히 가짐으로써 학생들은 자신의 기대를 조정하는 법을 배운다. 학생들은 소집단이나 대집단을 구성하여 그들의 느낌과 인상을 자주 이야기하면서 다

---

235) 구원자 신드롬의 예로서 예일 로스쿨은 다음과 같이 기술하고 있다. "많은 학생들은 과도하게 낙관적으로 그리고 다소 이기적으로 TRO 프로젝트에 접근한다. 그들은 그들 자신을 끔직한 운명으로부터 의뢰인을 '구원하는 것'으로 여긴다. 사실상 많은 학생들이 그들의 의뢰인을 위해 요구되는 것 이상으로 그리고 도움이 되는 것 이상으로 최대한 도움을 주고자 노력할 것이다. 그런 불필요한 과제들에는 의뢰인이 요구하지 않는 경우에도 매일 의뢰인에게 전화하는 것, 의뢰인에게 학생의 집 전화번호를 알려주는 것, 의뢰인의 아기 돌보기, 혹은 일반적으로 그 사건에 극도로 감정적으로 개입하는 것이 포함된다. 학생들은 의뢰인에게 원치 않는 압력을 가하고 있거나 혹은 불필요하게 어떤 것을 강요하고 있는 경우에조차 자신들이 의뢰인의 복리를 위해 이러한 것을 하고 있다고 확신한다. 분명히 의뢰인들이 이러한 반응을 자극한다. 가령, 일단 학생들이 그녀의 편에 있음을 알게 되면 의뢰인은 그녀의 근심을 쏟아 부을 보기 드문 기회를 반기거나, 학생들이 부적합하거나 불가능한 과제를 이행할 것을 기대한다. 대부분의 의뢰인들이 그렇듯이 의뢰인들이 명령을 얻기 전 어느 순간에 TRO 진행을 멈출 때, 과도하게 개입된 학생은 극도로 부정적 반응을 나타낸다." 앞의 글, 2014면.
236) TRO는 Temporary Restraining Order(임시 접근금지 명령)의 약자.

른 학생과 의뢰인으로부터 피드백을 받는다. 이 피드백은 학생들이 변호사의 역할을 이해하는 데 많은 도움을 준다.

예일 로스쿨과 마찬가지로 노스이스턴 로스쿨은 학생들 스스로 과도한 작업량이나 의뢰인의 행태로 인해 겪는 스트레스를 해소하고 좌절감을 극복할 수 있는 방법을 모색하였다. 임상교수진은 심리적 안정을 유지하는 데 도움이 될 "자가 치료(self-care)"라는 방법을 개발하였다. 그들은 훈련, 모임, 감독 및 교대근무 등 모든 실무에서 자가 치료를 시행하였다.[237] 팀들은 자가 치료 차트를 만든 다음, 매주(週)마다 교대근무를 시작할 때 혹은 마무리할 즈음에 이를 실시한다.[238]

---

237) 자가 치료는 외상을 지닌 피해자를 대리함으로써 야기되는 탈진을 피하는 방법이다. 학생 면담인을 위해 교실에서 실시되는 예비훈련이나 팀리더를 위한 현장훈련, 「가정폭력 클리닉」에서의 집중훈련, 그리고 「가정폭력 가족법 소송 세미나」에서 자가 치료는 계속되는 위기와 높은 스트레스를 해소한다.

238) 자가 치료는 외상 생존자들과 직접적으로 작업하는 사람들의 심리적 안정을 위해 최근에 집중적으로 연구되는 분야이다. 이것은 2001년 9월 22일 노스이스턴 로스쿨의 가정폭력연구소가 주최한 학술대회에서 가정폭력 클리닉 프로그램 교직원과 사회복지학과 로레인 라파타(Lorraine Lafata, MSW LICSW)의 학생들에게 제시되었다. 팀들이 실시하는 자가 치료의 사례들은 오락 게임(Balderdash, Jenga, slapjack, war, hangman), 스트레칭, 요가, 에어로빅 비디오와 같은 운동, 서로에게 보여줄 사랑하는 사람의 사진을 가져오기, 오스카상 쇼가 진행되는 동안에 각자 예상하는 작품을 표로 작성해 보기, 저녁·간식·사탕·후식을 함께 먹기, 그 주(週)의 가장 좋은 일과 나쁜 일 이야기하기, 병원 밖이나 병원 주위를 걷기 등이다. 그동안에 나온 자가 치료 전략들은 BMC / DVP 행정 매뉴얼에서 더욱 자세하게 설명된다. V. Pualani Enos & Lois H. Kanter(2002). Who's Listening? Introducing Students to Client-Centered, Client-Empowering, and Multidisciplinary Problem-Solving in a Clinical Setting. 9 *Clinical L. Rev.* 83,

4. 리더십 공유

전통적인 로여링 모델은 변호사가 중립적일 뿐만 아니라 객관적이라고 가정한다.[239] 그러나 중립성과 객관성은 존재하지 않는다고 믿는 법여성학자들은 전통적인 로스쿨의 위계를 비판한다. 그들은 교수와 학생이 상호작용하는 협력관계를 형성한다. 이것은 리더십 공유를 통해 이루어진다.

드폴 로스쿨의 토레이 교수는 「법여성학」에서 중립적인 듯 가장하지 않으면서 여성주의 관점을 수업에 적용시키고자 하였다.[240] 토레이 교수는 자기폭로가 중요하다고 생각하고 참여자들이 서로를 소개하고 왜 이 수업을 수강하는지를 이야기나누는 것으로 수업을 시작하였다. 그녀는 수업침여자들의 수업토의를 통제하지 아니하며 누군가를 지명하지 않으면서 참여자들과 리더십을 공유하였다. 처음 몇 시간은 한두 명의 학생들만이 이야기를 하다가 수업이 진행함에 따라 모든 학생들이 수업토의, 질문, 대답에 참여하였다. 참여자 모두가 교수인 동시에 학생임을 깨닫고 수업에 대한 공동책임을 인식하였다. 교실논쟁을 획책하는 기존의 로스쿨 수업과는 달리 참여자가 감정적으로 관여하게 되었을 때, 각 사람이 모든 수업에서 이야기하고 서로 성장하고 있었다. 여성주의가 무엇을 의미하는지 혹은 그것이 우리 삶에 어떻게 적용되는지에 대하여 전혀 알지 못하였던 사람들조차 여성주의적 입장에서 이야기하기 시작하였다. 이러한 자기폭

92-93면, 각주 82).
239) Nan Seuffert(1996). Locating Lawyering. 18 *Sydney L. Rev.* 523, 526면.
240) Torrey, Casey, & Olson(1990), 92-93면. <부록 7> 참조.

로는 텍사스 로스쿨의 「법여성학 이론」에도 적용되었다.[241] 교수가 사적인 이야기를 하는 것은 학생에 대한 교수의 통제력을 잃을 위험이 있다. 그러나 케인 교수는 수업토의를 통제하고 지배하려는 교수 자신의 경향을 인식하고 이를 극복하였다. 그녀는 자신의 어릴 적 경험을 이야기하고 마음에 떠오르는 경험들을 학생들과 공유하였다. 케인 교수는 비(非)법률 자료를 통해 학생들과 사적인 이야기를 나누었다.[242]

교수와 학생의 리더십 공유는 교수와 학생간의 협력뿐만 아니라 자연스럽게 학생들 사이의 협력을 유도한다. 하버드 로스쿨의 「매 맞는 여성과 법」에서 슈나이더 교수는 학생들의 학술 공동체 의식을 계발하기 원했으며, 학계와 실무계가 협력하여 조직한 광의의 매 맞는 여성 공동체에 학생들이 소속되기 원했다.[243] 그녀는 연구 프로젝트를 학생들이 서로 협력적으로 수행하도록 수업환경을 조성하였다. 학생들은 그들이 하고 있는 연구를 수업시간에 가지고 와서 연구의 진행상황과 필요한 자료를 강조하면서 논문 주제에 대한 간략한 발표를 하였다. 연구 프로젝트 토의를 통해 학생들은 다른 학생들이 자신의 연구와 중첩하는 주제나 쟁점을 위해 작업하고 있음을 알았고, 서로 격려하며 아이디어를 주고받으면서 협력적 학술 두뇌집단을 형성하였다.

교수-학생 위계질서는 임상교육에서 미묘하게 작용한다. 그러나 법여성학방법론을 실현하는 임상법학교육에서는 교수와 학생이 상호

---

241) <부록 13> 참조.
242) Cain(1988), 175-176면.
243) Schneider(2002), 211-227면. <부록 9>, <부록 10> 참조.

작용한다. 가톨릭 로스쿨에서 임상교수의 감독은 학생들에게 '공을 숨기지' 않고 학생들이 자율적으로 임상과제를 완수하게 함으로써 자신감을 갖게 하였다.[244] 학생들이 내린 결정에 대하여 베리(Margaret Martin Barry) 교수는 "너는 어떻게 생각하니?"라고 되물음으로써 학생들이 스스로 해답을 찾도록 지도하였다.[245] 임상실습이 주로 팀으로 운영되기 때문에 이러한 교육환경에서는 동료와의 협력이 중요시된다. 협력은 기존의 로스쿨 교육환경에서는 충분히 훈련받을 수 없는 것이기 때문에 임상실습 내내 학생들은 파트너와 협력관계를 형성하고 함께 작업하면서 새로운 경험을 한다. 노스웨스턴 로스쿨의 사면 프로젝트 경우, 사면 청원서를 작성하면서 학생들은 어떻게 팀으로 작업하는지를 배웠다.[246] 1학년 때부터 로스쿨의 경쟁 환경 내에서 매우 독립적으로 공부해 온 학생들이 다른 급우들과 협력하는 것은 쉽지 않았다. 그러나 이 프로젝트에 참여한 학생들은 의료기록, 경찰기록 등 각자의 연구 분야를 배분함으로써 하나의 팀원으로서 형식적으로 타협했을 뿐만 아니라 동일한 스케줄에 따르려고 노력하였다. 그들은 각자가 설득적이라고 생각하는 논증을 함께 토의하고 수집된 정보와 논증을 어떻게 결합할 수 있을지를 연구함으로써 협력 기술을 배웠다. 또한 학생들이 '수감자 심사위원회' 앞에서 변론을 함께 준비한 것은 다른 로스쿨 수업에서는 배울 수 없는 협력경험이었다.

---

244) <부록 3> 참조.
245) Howard(1995), 184면.
246) Cynthia Grant Bowman & Eden Kusmiersky(1999). Praxis and Pedagogy: Domestic Violence. 32 *Loy. L. A. L. Rev.* 719, 727면. <부록 11> 참조.

협력은 특히, 간학문 클리닉에서 강조된다. 법학과 심리학의 간학문 클리닉을 운영하고 있는 조지워싱턴 로스쿨은 협력을 위해 프로젝트와 개인 그리고 공동체 사이의 상호작용을 집중적으로 다루었다.247) 학생들은 팀티칭과 임상교수의 개인지도를 통해 교수진과 협력하였다. 학생들은 지도교수와 함께 문제를 토론할 뿐만 아니라 다른 임상교수진들과 대화를 나누고 주간 세미나에서 다양한 전문가들과 자신이 맡은 사건을 논의하였다. 심리학자를 포함한 임상교수진은 감정과 인지가 성인학습의 도구로 쓰일 수 있음을 인식하였다. 특히, 정신분석학자들은 학생들을 도와 학생들이 가정폭력으로 수감된 여성들에 대한 정신분석학적 이해를 할 수 있도록 하였다. 학생들은 정신분석학자의 도움으로 의뢰인 중심으로 상담할 수 있었으며, 의뢰인의 정신건강과 위험평가를 보충할 수 있었다. 또한 정신분석학자들은 학생들이 임상과정 중에 발생하는 개인문제와 개인 상호간에 발생하는 충돌을 이해할 수 있도록 도왔다.

이러한 업무 협력관계의 형성은 간학문 로스쿨 클리닉에서뿐만 아니라 로스쿨 클리닉 상호간에서도 이루어진다. CUNY 로스쿨의 「매맞는 여성의 권리 클리닉」은 「이주민 및 난민의 권리 클리닉」과 협력하였다.248) 텍사스 로스쿨의 「가정폭력 클리닉」도 하인즈(Barbara Hines) 변호사가 운영하고 있는 「이민 클리닉」과 협력하였다.249) 이

---

247) Joan S. Meier(1993). Notes from the Underground: Integrating Psychological, and Legal Perspectives on Domestic Violence in Theory and Practice. 21 *Hofstra L. Rev.* 1295, 1325면. <부록 8> 참조.
248) Merryman(1993), 430면. <부록 4> 참조.
249) Buel(2003*b*), 336면. <부록 15> 참조.

들은 사건에 관한 법률 전문가들과 서로 도와가면서 문서를 작성하고 사건 전략을 짜며 공동 훈련을 운영하였다.

제3절 이야기나누기

1. 공감하는 경청

이야기나누기는 임상법학교육에서 학생 변호사가 의뢰인의 이야기를 경청하고 이에 공감하는 것으로 실현된다. 이야기나누기라는 법여성학방법론이 변호사-의뢰인 상호작용에 적용된다면, 학생 변호사들은 의뢰인들에게 편하게 이야기를 하라고 격려하고 가능한 한, 거의 의뢰인의 초기 진술에 간섭하지 않으면서 의뢰인의 이야기를 경청할 것이다. 또한 경청은 역량강화를 위한 효과적인 방법이다.

드폴 로스쿨의 「법여성학」에서는 자신의 주장을 말하기 전에 앞서 말한 사람의 말을 비슷한 말로 바꿔 말하는 방법을 사용하였다.250) 앞서 말한 사람의 말을 반박하거나 대응하기 전에 그다음 말하려는 사람이 앞서 말한 사람의 이야기를 자신의 표현으로 바꿔 말하였다. 이를 통해 먼저 말한 사람은 다른 사람들이 자신의 이야기를 경청하고 있었으며 자신이 이해받고 있음을 확인할 수 있었다. 이것은 화

---

250) Torrey, Casey, & Olson(1990), 94-95면. <부록 7> 참조.

자(話者)의 역량이 이야기나누기를 통해 강화되고 있음을 보여준다. 텍사스 로스쿨의 케인 교수는 학생들에게 다른 사람의 이야기를 경청하라고 하면서 친숙하지 않은 부분에서조차 발표자와 동일시(공감)하라고 요구하였다.251) 법학교수로서 집단치료훈련을 받지 못하였지만, 케인 교수는 텍사스 대학교의 '교수 고충처리 위원회'의 위원장으로 일하면서 경청이 얼마나 중요한지를 배웠다. 케인교수는 다른 사람과 조금이라도 공통성을 발견할 수 있다면 서로를 이해할 수 있음을 알았다. 공통성을 발견하기 위해서는 다른 사람의 이야기를 경청할 때 자기 자신에게 초점을 두어서는 안 된다. 이야기하는 사람과 동일시하면서 말하여 지고 있는 그 이야기를 느껴야 한다. 케인 교수의 가르침에 따라 수업에 참여한 모든 학생들은 경청을 실습하였다. 대부분의 학생들은 자신들의 감정을 이야기하였다.252) 학생들은 실수를 하는 것에 대한 느낌과 항상 정확한 것을 말해야 하는 로스쿨의 압력을 이야기하였다. 학생들이 이야기를 나눌 때 어느 누구도 판단하지 않았으며 수업에 참여한 모든 사람들이 경청하고 서로를 격려하였다.

마찬가지로 임상에 있어서 법여성학방법론은 학생들의 관점을 확장시키며 변호사-의뢰인 관계성의 질을 검토하고 개선하는 데 도움

---

251) Cain(1988), 171면. <부록 13> 참조.
252) 흑인 여학생은 자신에게 흑인여성이 되는 것이란 여성이 되기 이전에 흑인이 되는 것을 의미하며 교실에서 발표할 때의 느낌을 말하였고, 유태인 여학생은 왜 유태인이 되는 것이 중요한지를 말하였으며, 맥시코계 여학생은 여성에 대한 그녀의 이해가 어떻게 형성되었는지를 말했다. 또한 남학생은 그가 여성들로부터의 비판을 수용할 수 없는 것이 무엇인지를 이야기하였다.

을 준다.253) 학생들은 공감을 통해 변호사-의뢰인 관계성을 재형성하고 이를 연구한다. 학생들은 의뢰인을 클리닉 프로그램과 법률절차의 대상으로 보지 않는다. 그들은 오히려 의뢰인과 함께 사건을 구성하고 그 의미를 해석하는 데 관여함으로써 이후의 법적 절차를 새롭게 재구성할 수 있게 된다.

임상교육은 다양하고 상충하는 이야기들을 모색하는 방법론이다. 로여링은 다양한 이야기를 발견하고 이를 구성하며 명백히 하는 것이다. 의뢰인과의 관계에서 전개된 이야기는 변호사-의뢰인 관계에서 더욱 중요하다. 학생들은 면담을 위해 의뢰인의 이야기를 충분히 경청하고, 자신의 고정관념으로 의뢰인의 경험을 이해하는 것을 경계해야 한다. 면담, 상담, 사실조사, 협상, 변론개시와 종결, 증인신문 등 일련의 로여링은 이야기에 관한 것이다. 의뢰인 중심의 이야기나누기는 사건이론과 의뢰인이론으로 재구성된다.254) 가톨릭 로스쿨은 역할극을 통해 면담기술을 가르쳤다.255) 역할극에서 학생들은 의뢰인의 경험을 공감하는 경청을 하고 의뢰인의 이야기를 구성할 수 있는 능력을 계발하였다.256) 조지 워싱턴 로스쿨도 면담 및 상담

---

253) 골드화브에 따르면, 사회적으로 억압받는 사람들을 대리하는 클리닉 프로그램을 통해 학생들은 의뢰인을 공감하게 된다. 나아가 의뢰인과 학생은 함께 법제도 내에서 공감할 만한 방법들을 연구한다. 이러한 공감을 통해 의뢰인의 맥락에서 의사결정할 수 있게 된다. Goldfarb(1991), 1686면.

254) Johnson(2005), 172면.

255) <부록 3> 참조.

256) 가톨릭 로스쿨의 역할극에 대한 자세한 논의는 다음 논문 참조. Leigh Goodmark & Catherine F. Klein(2004). Deconstructing Teresa O'brien: A Role Play for Domestic Violence Clinics. 23 *St. Louis U. Pub. L. Rev.* 253.

기술을 개발하였다.[257] 변호사로부터의 공감은 의뢰인을 위한 의사소통을 용의하게 하고 신뢰를 극대화시킨다. 공감은 변호사 - 의뢰인 관계 및 공동의 의사결정을 가능하게 하는 필수요소로서 적극적 경청에 의해 표현된다.[258] 노스웨스턴 로스쿨의 임상훈련에서도 공감, 인내, 경청에 관한 면담기술을 그 내용으로 하였다.[259] 아메리칸 로스쿨은 면담에서 의뢰인 목소리의 존중이 가장 중요하다고 결정하고, 서사 내지 이야기나누기를 효과적으로 학생들에게 가르쳤다.[260] 예일 로스쿨의 경우에도 학생들이 의뢰인을 효과적으로 경청하기 위해 가정폭력에 대한 자신의 선입관을 통제하거나 이를 포기하도록 훈련시켰다.[261]

그러나 피해자에 대한 여성 재판관의 과대 일체감이나 심지어 전문인의 역할경계를 뛰어넘어 개인적으로 위험을 감수하면서까지 학대피해자를 '구조'하려는 동정적 반응은 오히려 역효과를 낳는다.[262] 반면에, 피해자와의 동일시 내지 공감에 있어서 경험의 공유는 때로는 공감보다는 반감을 살 수 있다. 여성 재판관이나 변호사가 가정폭력 사건을 지나치게 혐오스러워하거나 당사자들에 대하여 무례한 태도를 보이는 것은 부정적 역전이(counter - interference)[263]이다.

---

257) <부록 8> 참조.
258) Meier(1993), 1334면.
259) Bowman & Kusmiersky(1999), 722면. <부록 11> 참조.
260) Johnson(2005), 173면. <부록 1> 참조.
261) Brown, Keitel, & Lundy(1987), 2012면. <부록 17> 참조.
262) Meier(1993), 1349 - 1356면.
263) 역전이(counter - interference)란 정신분석에서 환자에 대한 분석가의 전이를 말하며, 종종 분석가가 환자에 대해 느끼는 감정을 기술하는 데 폭넓게 사용된다. David A. Statt(1998). 『심리학용어사전』, 정태연(역)

조지 워싱턴 로스쿨에서는 로스쿨 학생들의 경력 전반에 걸쳐 영향을 미치는 '역전이'라는 개념을 임상실습에서 교육시키고 있다.[264] 로스쿨 학생들이나 변호사, 법학교수들은 심리학적 자아성찰이나 역전이라는 개념을 거의 알지 못하였다. 심리학자인 듀톤 박사는 학생들로 하여금 로여링 경험에 대한 개인의 반작용을 이야기하도록 함으로써 역전이에 대한 학생들의 부정적 경험을 극소화하였다. 이를 통해 학생들은 매 맞는 여성들과 함께 일하는 자신들의 동기 및 개인적 쟁점들을 명확하게 알 수 있었다. 한 예로서, 조지 워싱턴 로스쿨의 한 여학생이 헌신적으로 매 맞는 여성에게 공감하며 임상실습을 하다가 첫 의뢰인을 맡으면서부터 마지못해 대리행위를 하는 수동적 태도를 보였다. 알고 보니 그녀에게는 알코올중독자이며 폭력을 휘두르는 아버지가 있었다. 성장배경으로 인해 그녀는 의뢰인을 위해 적극적으로 변호할 수 없었다. 특히, 임상교수가 그녀에게 의뢰인 자녀들과 알코올중독자이며 폭력적인 아버지의 면접교섭이 자녀들에게 미치는 위험을 논의하고자 했을 때, 그녀는 그 쟁점에 대하여 말하기를 거부하고 피하였다. 그녀가 애매한 태도를 취하고 마지못해 의뢰인을 대리했던 것은 그녀 스스로 자신의 과거를 억누르는 영향력 때문이었음이 나중에 밝혀졌다. 정신건강 분야의 전문인은 역전이를 이해하고 이를 다루기 위해 일반적으로 동료지지, 피드백, 전문적 '감독'을 사용한다. 심리학자인 듀톤 박사는 이 기법들을 사용하여 그 여학생의 무의식적 억압을 의식적 행동에 의해 상쇄

(서울: 끌리오, 1999).

264) <부록 8> 참조.

할 수 있게 하였다. 자기 인식(self-knowledge)을 통한 자기발견이 그 여학생의 역량을 강화시켰다.

이처럼 면담을 통한 이야기나누기라는 법여성학방법론은 임상법학 교육에 있어서 의뢰인의 역량강화뿐만 아니라 학생의 역량도 강화시 킴을 알 수 있다. 의뢰인의 이야기를 경청하면서 학생 변호사는 의 뢰인과 동일시하며 의뢰인의 이야기에 공감할 뿐만 아니라, 의뢰인 의 이야기를 통해 자신을 돌아볼 수 있어야 한다.[265] 학생은 의뢰인 의 이야기와 경험을 공유하고 이로써 자기를 인식하게 된다.

2. 면 담

면담과정은 로스쿨 학생들이 의뢰인에 맞게 조정된 면담기법을 통 해 의뢰인의 역량강화를 도모할 수 있다. 의뢰인에게 가장 좋은 서 비스를 제공하기 위해서 학생들은 면담 과정 중 의뢰인에 대한 태도 와 자신들이 가지고 있는 생각들을 매우 신중하게 다뤄야 한다. 예 일 로스쿨의 학생 변호사들은 각 참여자들에게 우표를 동봉하고 반 신(返信)주소를 기재한 봉투와 면담 후 여가시간에 작성할 수 있는 설문지를 주거나, 예전에 서비스를 받아 본 적이 있는 매 맞는 여성 을 초대하여 훈련시간에 참여시켰다.[266] 이를 통해 학생들은 의뢰인, 쉼터 근무자, 변호사들로부터 면담에 대한 그들의 느낌과 면담반응

---

265) 이러한 자기 인식은 자아성찰과 연결되며 이는 곧 임상법학교육방법 론 중 비판적 성찰과 맥을 같이한다.
266) Brown, Keitel & Lundy(1987), 2016면. <부록 17> 참조.

에 관한 피드백을 지속적으로 받았다.

CUNY의 「매 맞는 여성들의 권리 클리닉」사례에서는 주의 깊게 의뢰인의 이야기를 경청하는 초기 면담의 소중함을 보여준다.

다른 학생들에 비해 상대적으로 면담 경험이 많은 두 학생이 CUNY의 「매 맞는 여성들의 권리 클리닉」에 참여하고 있었다. 이들은 퀸즈 카운티에 있는 매 맞는 여성들의 쉼터에 거주하는 의뢰인과 2시간 동안 면담을 하였고, 지도교수에게 의뢰인이 면담 종결 시 보호명령과 양육명령을 받기 원하고 가정법원에 소를 제기하고자 한다고 보고하였다. 학생들은 퀸즈에 있는 의뢰인의 임시주거에 대한 비밀을 지키고자 구타 남편이자 자녀들의 아버지가 사는 브롱스 카운티에 소를 제기하기 원했다. 학생들과 의뢰인은 의뢰인이 청원서에 서명을 하기 위해 그 주(週)에 다시 만나기로 약속을 한 후 헤어졌다.

학생들이 연이어 4일 내내 청원서 작성을 위해 열심히 작업하였으나 의뢰인은 약속한 면담시간에 나타나지 않았다. 의뢰인을 위해 함께 일하는 사회복지사가 의뢰인이 사건을 계속 진행하고 싶어 하지 않으며 직접 학생들에게 이 사실을 말하고 싶어 하지 않는다고 전해주었다. 사회복지사와의 대화를 통해 지도교수는 그 의뢰인이 학생들이 제시한 결정에 압도되어 남편을 법원으로 부르는 것이 매우 위험하다고 느끼고 있음을 알았다. 그제야 학생들도 의뢰인이 남편을 두려워하며 그 공포를 해결하고자 법적으로 대응하려고 했음을 알았다. 위험에 처했다고 느끼는 의뢰인의 감정에 반응하지 못하고 학생들은 의뢰인이 받아들일 준비가 되어 있지 않는 결정을 부지중에 재촉하였던 것이다. 결국 학생들은 법원에서 남편을 만나야 하는 의뢰인의 공포를 이해하지 못하고, 결과적으로 의뢰인의 필요에 부합하지 않는 구제 수단을 기획하였다.

이 사건에서 학생들은 의뢰인이 약속 시간을 왜 어겼는지에 대하여 많은 피드백을 받았다. 학생들은 이 사건으로부터 의뢰인이 왜 약속을 준수하지 못하거나 작업을 따르지 못하는지에 대한 소중한 교훈을 얻었다. 학생들은 의뢰인이 준비되어 있는지, 할 수 있거나 혹은 기꺼이 하려는 대안책을 제시하고 있는지를 질문해야 함을 알았다. 의뢰인이 전문 상담을 따르지 않은 것에 대하여 의뢰인을 함부로 판단하기보다 오히려 학생들은 무엇을 다르게 행할 수 있었는지에 대하여 자문하게 되었다.[267]

　　의뢰인 면담 시 제기되는 문제는 의뢰인이 이야기를 하지 않거나 구술되지 않는 경우에 어떻게 학생들이 의뢰인 면담을 할 것인가이다. 매 맞는 여성들은 자신을 거부하고 비난하는 태도로 인해 고통을 받아왔기 때문에 그들의 삶과 행동에 대한 태도가 '착한' 매 맞는 아내 모형에 적합하지 않다는 것을 안다. 그래서 가정폭력 생존자들은 그들이 겪었던 학대를 변호사와 판사들도 이해하지 못한다고 생각하고, 이 모든 이유로 인해 자신의 변호사에게조차 진실을 말하기를 주저한다. 설상가상으로 매 맞는 여성들의 증후군(Battered Woman Syndrome)으로 인해 가정폭력 생존자들은 학대 경험을 상술하거나 기억해 내지 못하기도 한다.

　　덴버 로스쿨의 학생이 콜로라도 주(州)에 수감된 여성들을 면담할 때 대부분의 여성들은 진실을 말하지 않았으며, 마약복용이나 아동학대와 같은 의뢰인 자신에게 불리한 사실들은 언급조차 하지 않았다.[268] 이러한 사실을 알게 된 학생 변호사들은 좌절과 분노를 느꼈

---

267) Bryant & Arias(1992), 219−220면.
268) Jacqueline St. Joan & Nancy Ehrenreich(2001). Putting Theory into Practice: A Battered Women's Clemency Clinic. 8 *Clinical L. Rev.*

으며, 의뢰인들이 비협조적일 때 매우 화를 내면서 왜 그 여성들이 그렇게 행동하는지를 이해하지 못하였다.

가톨릭 로스쿨 여학생의 일화는 의뢰인을 돕고자 하는 열망이 어떻게 학생 변호사를 좌절시키는지를 잘 보여준다.[269]

> …… "의뢰인을 돕고자 하는 의욕"은 어떤 때에는 내가 그녀에게 실망케 만들었다. 그러나 내가 의뢰인에게 경험했던 실망의 가장 명백한 순간은 엘렌(Ellen)이 아니라 또 다른 의뢰인 때문이다. 공판일 2주 전 어느 목요일 아침 나와 나의 파트너는 의뢰인을 만나기로 약속된 시간에 의뢰인을 만나서 더 많은 증거를 확보하기 위해 위험을 무릅쓰고 의뢰인의 아파트로 갔다. 오전 10시에 우리는 그녀의 문을 두드렸다. 아무런 대답이 없었다. 우리는 다시 문을 두드렸다. 그녀의 방 한 칸짜리 아파트의 잠긴 문 뒤에서 의뢰인이 소리쳤다. "나는 오늘 밖에 나가지 않아. 기분이 좋지 않단 말이야." 그게 전부였다. 그녀는 문을 열어보지도 않았다. 그녀는 우리와 이야기하지도 않았다. 처음에는 불신으로 충격을 받았고, 그런 다음에는 화가 나서 나와 나의 파트너는 그녀를 혼자 내버려두고 다음 행동을 계획하고자 하였다. 기꺼이 협력하고 싶어 하지 않는 듯한 그녀의 태도는 우리를 거의 "그녀가 어찌 감히"라는 식으로 실망케 하였다. 배리 교수는 "의뢰인이 학생의 기대수준 만큼 우수하지 않을 때 실망이 커서 열정을 압도할 수 있다."라고 말한다. 다행히 우리의 감정은 단지 일시적이었다. 그러나 결국 우리의 분(忿)을 옆에 두고 계속 사건을 진행하기로 마음먹기까지 우리는 그녀와 그 상황을 어떻게 이해해야 할지를 오랫동안 논의하였다.[270]

171, 208-212면. <부록 5> 참조.
269) <부록 3> 참조.
270) Howard(1995), 187-189면.

위와 같은 사례들은 일반적으로 실제 의뢰인과의 면담에서 발생 가능한 변호사와 의뢰인 사이의 의사소통 문제라고 볼 수 있다. 권력 없는 사람의 목소리를 침묵게 함으로써, 즉 권위 있는 담론에의 접근으로부터 권력 없는 사람들을 배제시킴으로써, 권력은 현실상황을 구성한다.[271] 사물을 명명하는 권한을 통해 남성들의 헤게모니가 형성되고 이러한 명명권은 그 헤게모니를 유지하기 위한 능력들을 통합시킨다. 기존의 남성지배 속의 언어는 여성의 경험을 충분히 반영하지 못한다. 이로 인해 매 맞는 여성들 역시 자신의 경험을 이야기할 언어를 찾지 못해 아예 목소리를 내지 못하거나 표현된 언어의 불충분성을 경험하면서 목소리를 잃어 가고 있다. 더욱이 법학에서 사용되는 용어는 변호사 이외의 다른 사람들이 이해하기 힘들며 너무나 추상적이어서 구체적 사건을 표현하기에는 여성의 경험을 왜곡하기 쉽다.

심리학에서는 의사소통에 있어서 "메타-메시지(meta-message)"라는 개념을 사용한다. 그것은 화자(話者)의 몸짓 언어와 같은 구술되지 않은 것을 통해 화자의 의도를 파악하는 것이다. 메타-메시지에의 감수성은 화자(話者)가 의도하는 것과 청자(聽者)가 듣는 것(가령, 행간을 읽음으로써, 몸짓 언어, 억양, 질문의 맥락 등을 관찰함으로써) 사이의 차이를 의식하는 것을 의미한다.[272] 변호사는 양(兩)방향(의뢰인의 변호사에 대한 의사소통 및 변호사의 의뢰인에 대한 의사소통)으로 보내지는 메타-메시지를 인식해야 한다. 조지 워싱턴

---

271) Catharine Mackinnon(1985). Pornography, Civil Rights and Speech. 20 *Harv. C.R.-C.L. L. Rev.* 1, 3-4면.
272) Meier(1993), 1335-1337면.

로스쿨의 법학과 심리학의 간학문 클리닉에서는 심리학자인 듀톤 박사가 학생들이 교실에서 역할극을 할 때 그리고 학생 변호사들이 의뢰인을 면담하는 상황을 녹화하여 피드백을 주면서, 의뢰인이 의도하는 것을 메타-메시지를 통해 알아차리는 훈련을 시킨다.[273] 이것은 위에서 살펴본 CUNY 로스쿨, 덴버 로스쿨, 가톨릭 로스쿨 등에서 발생하는 문제들에 대한 해답의 실마리를 제시한다.

　한 역할극에서 면담인이 매 맞는 여성의 혼인 해소 여부를 의뢰인에게 질문하였다. 면담인은 단지 그 의뢰인이 결혼을 종결하기 원하는 게 확실한지, 혹은 그녀가 그녀의 파트너에게 돌아갈지를 확인하고자 한 것뿐이었다. 그러나 심리학자는 의뢰인이 면담인의 질문을 의뢰인이 결혼을 유지 '해야 한다'는 암시로 받아들일 수 있음을 지적하였다. 이 '메타-메시시'는 쬐면담인이 방어적으로 느끼거나 핀단받고 있다고 느끼게 만들 수 있다. 게다가 면담인은 비(非)법률적 개입이 적합할지 모른다고 제시함으로써 법률적 개입을 추구하려는 의뢰인의 의도를 약화시킬 수 있다.
　살아 있는 의뢰인 면담을 녹화한 장면에서도 비슷한 일이 벌어졌다. 의뢰인은 학대자에게 진실로 정신적 도움이 필요하다고 생각하면서, 만약 의뢰인 자신이 학대자를 형사소추한다면 학대자가 감옥에 가느냐고 학생 변호사들에게 질문하였다. 학생들은 감옥은 이러한 사건들의 당연한 결과라고 그녀에게 '장담'하면서 대답하였다. 이 녹화테이프를 검토하면서 의뢰인이 학대자를 감옥으로 '보내고' 싶어 하지 않았음이 분명하였다. 학생들의 대답이 정확했을지라도 학생들은 의뢰인을 거듭 안심시키는 대신에 그녀를 걱정시키게 만들었다. 결국 의뢰인은 형사소송을 단념하였다. 이러한 소통은 학생들이 놓친 메타-

---

273) <부록 8> 참조.

메시지, 즉 의뢰인이 그녀의 학대자가 감옥에 가는 것을 원치 않았음을 보여주었다. 만약 학생들이 그 메시지를 알아차렸다면 다른 대응을 강구하였을 것이다. 가령, 학생들은 의뢰인이 의욕하는 성과, 즉 정신적 처우를 얻을 가능성뿐만 아니라 의뢰인이 왜 그러한 방식으로 느꼈는지, 그리고 이 사건에서 구금제도의 장단점을 좀 더 충분히 토의하였을 것이다.

또한 심리학자는 학생들이 공감하는 이해를 표현해야 한다고 강조한다. 가령, 역할극에서 학생들은 특히 신체적 및 정서적으로 학대받아 온 의뢰인이라는 맥락에서 의뢰인들을 난처하게 하거나 불편하게 하는 질문들이 무엇인지 확인하였다. 그러한 질문들은 그 학대가 관계 전반에 걸쳐 지속되어 왔는지, 그 여성이 이제껏 학대자로부터 떠난 적이 있는지, 왜 그녀가 돌아왔는지 등에 관한 것이다. 이러한 각각의 질문들은 그 관계를 완전히 이해하려고 하는 면담인에게 도움이 될 것 같아 보이지만, 의뢰인들은 그녀가 그렇게 오랫동안 머무르지 않았어야 했다는 비난이 숨겨져 있는 것으로 받아들인다. 비판을 받는다는 느낌은 강렬하며 변호사-의뢰인 관계를 악화시킬 수 있다.

마찬가지로 면담 테이프에서도 변호사들이 공감하는 표현을 해야 할 필요성이 드러났다. 이 사건에서 의뢰인은 10분 동안 그녀의 전(前) 애인으로부터 받은, 가슴이 찢어질 듯한 폭력 경험을 이야기하였다. 의뢰인의 이야기가 끝난 후 완벽한 침묵이 흘렀다. 그런 다음, 한 학생이 그 공격에서 사용된 나이프의 유형 과 크기에 대하여 질문하였다. 의뢰인의 이야기가 인간적 동정 내지 공포에 대한 표현으로서 울부짖는 것 같았다면, 학생이 질문한 그 순간은 녹화 테이프에서 시청하기에 너무나 고통스러웠다. 무응답은 의뢰인 이야기로 인한 공포로부터 그들 자신과 거리를 두려는 잠재의식적 필요이다. 그것은 또한 그 사실들을 임상적으로 조사함으로써 '변호사처럼 행동'하려는 시도를 반영한다. 만약 그렇다면 이 사례는 학생들이 '변호사처럼' 생각하고 행동하기를 학습하는 2년을 잊고, 변호사가 되는 동안 '인간처

럼' 행동할 중요성을 학생들에게 가르치는 것이 중요하다는 임상경험
을 보여준다.274)

학생들이 의뢰인의 비협조적 태도에 대하여 화를 내거나 좌절하는
것은 의뢰인의 메타-메시지를 읽어내지 못하였기 때문이다. 수감된
매 맞는 여성들을 면담할 때 공평하고 진실하게 대우하였다고 하여
도 학생 변호사들은 의뢰인이 구술하지 못한 혹은 구술조차 할 수
없는 상황을 인식할 수 있어야 한다. 의뢰인이 처한 맥락을 이해한
다면 의뢰인이 이야기하지 못한 것의 의미를 도출하고 변호사가 생
각하는 구제수단을 부지중에 의뢰인에게 강제하는 실수를 범하지 않
을 것이다.

한편, 미국에서 매 맞는 이주 여성의 경우 언어 문제는 심각하다.
매 맞는 이주 여성들의 문제는 그동안 가정폭력에 대한 논의에서도
지속적으로 제기되어 오다가 지난 VAWA 1994에서 매 맞는 이주
여성들을 위한 이민법상의 특별 규정을 제정한 이후 논의의 진전을
보이고 있다.

CUNY 로스쿨은 2005년도에 「매 맞는 이주 여성 프로젝트(Battered
Immigrant Women's Project, 이하 'BIWP')」275)라는 클리닉 프로그램

---

274) Meier(1993), 1336-1337면.

275) Arias, Maria, Alzabeth Newman, & Martha Garcia, CSW(2006년 5월 2
일 발표). Teaching Community Lawyering Through Collaboration with
Grass-roots Organizations: The CUNY School of Law, Battered
Immigrant Women's Project(BIWP). The Association of American Law
Schools 2006 Conference on Clinical Legal Education.
http://www.aals.org/documents/2006clinical/outlines/AriasGarciaNewmanout
line.pdf(2007년 11월 3일 검색).

을 실시하고 있다. 3학년 로스쿨 학생들과 사회복지학과 대학원 학생들이 짝을 지어 라틴계 여성들의 지방 조직과 연계하여 법률 서비스를 제공하고 있다. 이것은 지역사회 로여링의 새로운 모형이다. 미국 이민법상 이주 여성이 합법적 신분을 유지하거나 취득하려면 남편의 보증이 필요하다. 이주 여성을 구타하는 남편들은 대부분이 미국 영주권자이거나 시민권자로서 이민법 규정을 악용한다. 그들은 이민법 규정을 이용하여 이주여성의 법률 신분을 통제하거나 조종하곤 한다. 남편으로부터 신체적, 언어적, 정서적, 경제적 학대를 당하는 이주 여성들은 언어장애로 인해 자신의 상황을 제대로 전달하지 못한다. 또는 이주 여성의 모국어를 구사할 수 있는 변호사가 없기 때문에 이들은 아예 법률 서비스에 접근조차 하지 못한다. 이러한 문제를 인식한 CUNY 로스쿨은 매 맞는 여성들의 가족법 쟁점을 다루는 「매 맞는 여성들의 권리 클리닉」과 이민법을 집중적으로 다루는 「이주민 및 난민의 권리 클리닉」을 연계시킨 새로운 BIWP를 구성하였다. BIWP는 의뢰인이 스스로 소송을 제기할 수 있도록 본인 소송(self-preparation)에 대한 훈련을 강화하고 지역사회 공동체 구성원들과 변호사 사이의 불균등한 권력을 해소하고자 노력하였다. 또한 BIWP는 학생들이 지역사회 공동체에 잘 편입하도록 힘썼다. 매 맞는 이주여성들에게 포괄적 법률서비스를 제공하면서 BIWP 학생들은 매 맞는 이주 여성들을 피해자로 보는 것이 아니라 친구로서, 어머니로서, 여성으로서 그들의 전 생애라는 맥락에서 보았다.

BIWP의 특징 중 무엇보다도 중요한 것은 라틴계 공동체와의 협력이다. SEPA Mujer[276](Services for the Advancement of Women)와

CUNY 로스쿨은 임상과정을 검토하기 위해 매주 의견을 교환하였다. SEPA Mujer의 기관 책임자는 학생들의 교육을 위해 클리닉에서 배포하는 과제물의 내용들이 문화적 맥락에서 어떻게 소통되는지를 심사하였다. 이러한 노력은 협의로는 언어적 장애, 광의로는 문화적 다양성을 학생들이 이해하고 매 맞는 이주 여성들의 이중고통을 해소하는 데 기여한다.

제4절 배제문제제기

1. 감수성

임상에 임하는 학생들은 무엇보다도 실재 의뢰인을 만나 그들을 위해 일하면서 권력 및 억압에 대한 감수성을 키우도록 노력해야 한다. 이는 여성과 소수자들이 '중립적'이라고 생각하는 가부장제에 의해 어떻게 억압당했는지에 대하여 끊임없이 문제제기하는 것을 의미

---

276) mujer은 라틴어에서 유래한 말로서 부인이라는 뜻이다. 라틴어에는 uxor(처), mulier(부인), femina(여자)의 3가지 어휘가 있었으나 uxor는 vir(남자·남편)과 함께 일찍이 구어(口語)에서 없어졌다. 오늘날 로망스어는 femina(처)의 계통을 잇는 프랑스어 femme인데, 이탈리아어·에스파냐어는 mulier를 이은 moglie, mujer이다. http://kr.dic.yahoo.com/search/enc/result.html?p=mujer&pk=12920400&subtype=&type=enc&field=id 참조(2007년 11월 3일 검색).

한다. 아메리칸 로스쿨 학생들은 친밀한 관계에 있는 사람으로부터 학대를 받아온 여성들을 대리하면서 그녀들에게 제시되는 법률조치가 여성의 경험을 왜곡하고 오히려 그녀들을 위험에 빠뜨림을 알게 되었다. 여성들은 법률조치로 인해 양육권을 위협받았다. 법률조치는 학대받은 여성들의 필요를 충족시키지 못하였다.277) 또한 학생들은 여성들의 필요가 인종·계급·민족에 따라 상이하게 작용하는 법원 절차와 법원조치의 관례로 변형되는 것을 목도하였다. 학생들은 매 맞는 여성과 그녀의 상황에 대한 다른 사람들의 반응이나 법률규정들이 억압과 관련되어 있음을 배웠다. 학생들은 매 맞는 여성들의 가정폭력 경험에 대한 그들의 지식과 경험을 통해 가족 내부의 범죄에 관하여 법이 어떻게 규정하고 있는지, 왜 현재와 같이 규정되었는지 그리고 그 법이 여성의 경험이나 필요와 어떻게 다른지를 문제제기하였다.

임상학생들의 매 맞는 여성을 위한 효과적인 대리행위를 저해하는 것은 학생들 스스로 그동안 암묵적으로 가지고 있던 편견과 고정관념이다. 뉴 헤이븐의 매 맞는 여성 쉼터에 거하고 있는 소수계층의 여성들은 예일 로스쿨 학생들이 그들을 돕는다는 데에 두려움을 느꼈다. 그들은 문화적 혹은 계층적 이유로 학생들이 매 맞는 여성들의 가정문제에 대한 세세한 사항을 이해하지 못할 것이라고 생각하였다. 쉼터 여성들은 그들의 문제를 학생들에게 말하기를 주저하였다.278) 학생들 또한 특정한 질문을 제기하는 것을 두려워하거나 강

---

277) <부록 1> 참조.
278) <부록 17> 참조.

압적이지 않는 방식으로 문제를 제기하는 방법을 알지 못하였다. 이것은 학생과 의뢰인 사이의 계급과 문화적 차이에서 비롯된 것이다. 예일 로스쿨의 TRO 프로젝트에서는 의뢰인에 대한 학생들의 문화적 및 계급적 차이, 인종차별주의, 성차별주의라는 선입관을 발견하고 이에 대하여 문제를 제기하도록 학생들을 교육시켰다. 이는 학생들이 의뢰인을 효과적으로 조력하기 위해 '차이'의 문제에 민감해야 하기 때문이다. 여기에는 메타-메시지에 대한 감수성이 포함된다.

차이의 문제는 학생들의 인종에 대한 선입관과도 관련된다. 종종 인종차별주의는 미묘하며 이는 목소리나 어조 또는 얼굴표정으로 나타나기도 하고 의뢰인의 삶의 방식, 경제 수준, 직업, 거주상태에 대한 추정에서도 나타난다. 또한 성차별주의와 관련하여 대부분의 피해지들은 여성이고 구타자들은 남성이기 때문에 매 맞는 여성 의뢰인들은 권위라는 가시적 지위를 가진 남학생 내지 남성 변호사를 두려워하며 그들에게 극도로 공손하다. 예일 로스쿨의 TRO 프로젝트 남학생들은 의뢰인에게 질문해야 하는 중요한 세부사항을 은혜를 베푸는 식으로 질문하지 않았다. 이런 식으로 여성 의뢰인에게 반응하는 것은 효과적인 임상훈련, 특히 면담을 저해하였다.[279]

임상에서 나타나는 매 맞는 여성 자체에 대한 고정관념도 여성문제를 제기한다. 많은 사람들이 '착한' 매 맞는 여성과 '나쁜' 매 맞는 여성이라는 고정관념을 가지고 있다. 학생들이 남편을 살해하고 수감된 매 맞는 여성들을 위해 사면 청원서를 작성할 때 '착한' 매 맞는 여성이라는 고정관념과 일치하는 여성들을 선택한다면, 이것은

---

279) Brown, Keitel, & Lundy(1987), 2017면.

모든 매 맞는 여성이 그들과 같거나 같아야 한다는 인상을 줄 수 있다. 이로 인해 매 맞는 여성을 괴롭히는 태도를 오히려 더 강화시키는 효과가 야기된다.

덴버 로스쿨 사면청원 클리닉의 경우에 수감된 대부분의 매 맞는 여성들은 마약을 복용하거나 혼외정사를 했다. 어떤 이들은 사회복지나 쉼터에 살았기 때문에 '착한' 여성이라는 이미지에 부합하지 않았다.[280] 사회 고정관념에 따르면, '착한' 매 맞는 여성은 살인죄를 저지를 수 없고 오히려 죽임을 당하기 때문에 살인죄를 저질렀다는 사실은 그녀가 '착한' 매 맞는 여성이라고 말하기 어렵게 만든다. 뿐만 아니라, 의뢰인의 행동이 실제로 매 맞는 여성의 전형적 이미지에 부합하지 않는 경우, 살인죄로 수감된 여성들이 남편에 의해 학대당해 왔다는 사실은 남편을 죽이겠다는 살인의 동기를 제공한다. 이로 인해 매 맞는 여성들은 사실상 형사사건에서 불리한 자리에 놓이게 된다. 남편에 의한 학대가 언급된다면 매 맞는 여성의 살인행위는 복수심에 의한 용서받을 수 없는 것이 된다. 반면에, 만약 남편에 의한 학대가 언급되지 않는다면, 매 맞는 여성들의 살인행위는 변명의 여지가 없는 행동이 된다. 검사는 남편에 의해 학대받아 왔다는 증거를 제시함으로써 매 맞는 여성들의 살해 동기를 성공적으로 거증(擧證)한다. 이것은 사면 변호사를 곤경에 처하게 한다. 이러한 딜레마는 판결을 왜곡시킬 수 있다. 덴버 로스쿨은 배우자를 살해한 매 맞는 여성을 변호하는 사면 변호사의 딜레마를 다음과 같이 소개하고 있다.

---

280) <부록 5> 참조.

의뢰인의 진실말하기는 사면 변호사와 매 맞는 여성 사이에 발생하는 문제일 뿐만 아니라, 여성이 형사정책제도상 이전절차에서 행했던 것과 상호작용하는 문제이기도 하다. 항소를 맡은 변호사와 마찬가지로, 사면 변호사들은 의뢰인이 이전에 진술한 사실에 구속된다. 사면집행보좌이사회(Executive Clemency Advisory Board, 이하 'ECAB')는 의뢰인들이 사면에 불리한 자신들의 과실을 솔직하게 말하지 않을 수 있다고 생각한다. 매 맞는 여성의 진실말하기에 영향을 줄 복잡한 동기를 가정해 볼 때, 의뢰인이 학대자를 살인할 당시의 정황에 대하여 솔직하게 말하지 않을 수 있다는 태도는 심각한 문제를 초래한다.

사면 변호사는 두 가지 문제를 가지고 있다. 첫째, 만약에 사면위원회가 제3자의 개입이 고의범(故意犯)의 중요한 증거가 된다고 한다면, 제3자가 살인을 했다는 사실은 의뢰인의 사건을 매우 위태롭게 할 것이다. 둘째, 사면위원회가 기꺼이 제3자가 개입된 사건에 사면을 부여한다고 할지라도, 사면 변호사는 그녀가 위증죄를 저질렀다는 부가문제를 알게 된다. 새로운 이야기는 그녀를 거짓말쟁이로 만들기 때문이다. 따라서 심지어 위증죄의 기소가 매우 예외적이고 이미 복역한 의뢰인보다는 위증죄의 처벌이 덜 심각한 경우일지라도, (선서의 유무와 상관없이) 진실하지 못하다는 것은 사법적 구제를 부인하는 것을 의미한다. 이것은 깨끗한 손(clean-hand)이라는 개념 때문이다. 사면 개념 그 자체가 자비의 재량적 수여이지 어떤 자격이 아니기 때문에 사면제도 입안자들은 깨끗하지 않고 양심에 가책을 느끼지 않는 사람에게 그러한 구제를 수여하는 것은 적절하지 않다고 생각한다. 사실상 진실을 말하지 말라고 강요받았다고 말하는 여성들은 사면의 대상에서 제외되어 왔다. 그들이 처음부터 진실을 말하지 않고 침묵한 것은 죄를 인정하고 책임지겠다는 증거로 여겨지며, 그들은 영원히 사면을 받지 못할 사람으로 분류된다.[281]

---

281) St. Joan & Ehrenreich(2001), 222-223면.

이러한 고정관념은 언론기관 및 대중매체에 의해 일반대중에게 전파되어 일반대중이 매 맞는 여성에 대한 편견을 진리로 여기게끔 강화시킨다.[282] 매 맞는 여성이 남자친구의 성적인 학대로 인해 그를 두려워했다고 진술하였음에도 불구하고, 보수적이고 고정관념을 가진 언론사 기자들은 여성이 어떻게 바로 전날에 자신을 강간했던 사람과 성관계를 가지는지를 이해하지 못하였다. 그들은 강간한 다음날 성관계를 하자는 남자친구의 제안에 그녀가 동의(同意)한 사실은 그녀의 주장이 거짓임을 밝히는 증거라고 보도할 뿐, 그 여성의 동의가 과연 자유로운 의사결정이었는지에 대해서는 의문을 제기하지 않는다. 이는 매 맞는 여성이 교활한 거짓말쟁이라는 이미지에 고착되어 여성의 동의 뒤에 숨은 피할 수 없는 강제력을 파악하지 못한 까닭이다.

법률 및 사법제도에 대한 문제제기 역시 매 맞는 여성을 위한 사면청원에서 뚜렷이 나타나고 있다. 덴버 로스쿨의 사면청원 클리닉[283]에서는 관련 사법제도(司法制度)가 학대받는 여성들이 왜 구타자를 살해했는가에 대한 구조적 이해가 부족함을 극명하게 보여준다. 사회 현실상 가정폭력에 대한 오해가 만연한 까닭에 사면심리위원회에서 아무리 의뢰인이 무죄라고 주장한들 이를 수용하려고 하지

---

282) 노스웨스턴 로스쿨의 「매 맞는 여성을 위한 일리노이 사면 프로젝트」와 덴버 로스쿨의 「매 맞는 여성의 사면을 위한 클리닉」의 사면청원을 위한 기자회견이나 인터뷰 사례에서 보인다.

283) 폭력에 대한 효과나 역동성에 대한 증거가 법원에서 제외될 뿐만 아니라 형사정책제도에서조차 매 맞는 여성을 보호하지 못하고 있다. 이러한 불완전한 형사정책제도를 보완하는 안전장치가 바로 사면이다. 사면청원 클리닉은 사면을 통해 남편을 살해한 매 맞는 여성들에게 제도 흠결을 보완할 수 있는 기회를 주고자 한다.

않는다. 전략상 형사정책제도가 잘못되었다고 이야기하는 대신에 배심원들의 판정이 정당하지 못했다는 주장을 하거나 학대자를 살해한 매 맞는 여성에 대한 동정을 호소하는 접근방식을 취할 수밖에 없게 된다. 매 맞는 여성에게 자비를 베풀어야 하고 이미 복역하면서 고통을 받을 만큼 받았음을 주장하면서 감정에 호소해야 한다는 사실은 법여성학이론을 어떻게 법률실무에 적용할 것인가, 그리고 이때의 간극을 어떻게 좁힐 수 있느냐는 실천 문제를 제기한다.

타인에 대한 고정관념은 간학문 클리닉에서 로스쿨 학생들이 다른 학과 학생들과 협력할 때에도 발생한다. 변호사는 사회복지사가 지리멸렬하고 방향성이 부족하며 의뢰인의 통제가 부족하다고 본다. 반면에 사회복지사는 의뢰인의 역량을 강화시키고 하나의 인간으로서 어떻게 변화를 이룰지를 의뢰인에게 가르칠 수 있는 장점을 지니고 있다. 덴버 로스쿨의 「가정폭력 민사재판 프로젝트」에서는 서로에 대한 고정관념이 파악되고 폭로되면서 변호사와 사회복지사는 각각의 전문직이 기여하는 진정한 가치를 인식하고 협력할 수 있었다.[284]

2. 비판적 성찰

여성문제제기를 하기 위해서는 무엇보다도 비판적 시각을 가져야 한다. 나아가 쟁점에 대한 비판에만 그치는 것이 아니라 이를 다시 반추해 봄으로써 문제에 대한 대안을 제시할 수 있는 성찰의 자세가

---

284) <부록 6> 참조.

반드시 수반되어야 할 것이다. 임상에서 비판적 성찰은 피드백이라는 모습으로 법여성학방법론을 실현하고 있다. 특히 노스이스턴 로스쿨 클리닉에서의 피드백은 서사(敍事)라는 여성주의 기법을 통해 위계가 완화된 교수-학생 관계 속에서 협력을 중심개념으로 하는 벨로우의 "성찰 학습이론"을 모형으로 한다.[285]

제5절 맥락추론

1. 맥락추론 실현 양상

맥락추론 수업은 맥락추론 과정을 통해서 학생들이 자신들이 접하는 복잡한 문제를 인식하고, 창의적이고 비판적 사고능력을 배양하게 되며, 스스로 내린 의사결정이 가치로운가를 숙고하여 실행하는 수업이다.[286] 로스쿨 클리닉에서 법여성학 이론을 실현하려는 임상

---

285) 노스이스턴 로스쿨의 임상교육과정은 제5장 제4절 4. 나.에서 다루기로 한다.

286) 맥락추론 수업은 학생들이 직면하는 실천적 문제를 정의는 과정과 그 문제를 해결하기 위하여 대안을 창안하고 결과를 상상하며, 믿을 만한 정보를 구하고 자신과 타인을 위해 행동의 결과가 최선인가를 판단·선택하는 과정으로 이루어진다. 이현미(1999). 실천적 추론 가정과 수업이 여고생들의 창의성에 미치는 효과. 이화여자대학교 교육대학원 석사학위논문, 미간행, 2면.

가들은 학생들에게 이러한 맥락추론 과정을 통해 맥락의 중요성을 가르쳐왔다.[287]

　기존의 법률추론에 대한 논의는 주로 법원의 판결에 집중해 왔다. 그러나 재판관(혹은 배심원)이 사건화된 문제의 법적 판단을 결정하는 경우뿐만 아니라 변호인[288]이 발생된 사실을 법률 사건으로서 소를 제기할 것이냐 말 것이냐를 결정할 때에도 동일한 원리를 적용할 수 있다.[289] 따라서 임상법학교육에 있어서 맥락추론은 변호사가 의뢰인의 사건을 해결하기 위해 의뢰인 스스로 자신에게 가장 좋은 것을 결정하도록 협력함으로써 실현될 수 있다. 이것은 변호사-의뢰인 사이의 전통적 위계관계를 깨뜨린다.

　맥락추론의 시작은 맥락의 개발 내지 맥락의 확장에 있다. 의뢰인의 삶을 통해 의뢰인과 함께 외사를 결정하기 위해서는 의뢰인이 처

---

287) 매 맞는 여성을 대리할 때 친밀한 관계에서의 신체적·감정적·경제적 학대의 작용과 같은 개념을 토의하면서 여성폭력에 대한 대응의 복잡성, 여성의 삶과 관계 내에서의 폭력의 맥락, 폭력에 대한 제도적 반응의 효과를 주로 다루었다. 이러한 개념들은 학생들이 의뢰인의 상황을 이해하는 데 도움이 된다. 게다가 가정폭력의 맥락 내에서 반복성과 여성의 행위성 이론 사이의 논쟁을 통해 학생들은 상대 당사자, 재판관, 사회복지사, 다른 제도 담당자들이 제기하는 경쟁적 사건이론의 맥락을 얻을 수 있다.

288) 검사가 기소를 할 것이냐 말 것이냐를 결정하는 검사의 소추재량의 경우에도 동일하게 적용할 수 있다고 본다. 왜냐하면, 검사의 경우도 판사의 의사결정과 마찬가지로 사실판단과 법률적용, 법해석 내지 법형성의 추론과정을 거치면서 소추 여부를 결정할 것이기 때문이다.

289) 변호사가 의뢰인의 문제를 법원에 소를 제기할 것이냐 말 것이냐, 소를 제기한다면 어떠한 사건이론을 통해 사건의 강약을 정할 것인가를 결정하는 경우에, 맥락추론을 통해 추상보다는 의뢰인의 삶에 근거한 현실적 논거를 도출함으로써 의뢰인과 함께 의뢰인을 위한 의사결정을 할 수 있다.

한 맥락을 바로 이해해야 한다. 현대 임상법학에서 추구하고 있는 간학문적 학습은 맥락의 확장을 위해 많은 도움이 된다. 나아가 이러한 일련의 맥락추론을 비롯한 모든 로여링에 대한 책임을 학생들이 지는 윤리적 로여링은 의사결정의 공정성에 관한 여성주의자들의 관심과도 일치한다.

2. 의뢰인 중심의 로여링

구타자가 야기한 위험, 구타자가 소송 중 대응 가능한 수단, 의뢰인 자신과 자녀에게 미치는 영향력에 대하여 비판적 정보를 제공할 수 있는 유일한 사람은 바로 의뢰인 자신이다.[290] 또한 모든 결정의 결과에 따라 살아가야 하는 사람도 바로 의뢰인일 것이기에, 주어진 현실에서 의뢰인이 필요로 하는 서비스와 그녀가 추구하는 조치과정을 결정함에 있어 의뢰인이 주도적으로 행동해야 한다. 여기서 변호사는 의뢰인의 시각으로 문제를 보며 의뢰인의 사고방식으로 문제를 다룸으로써 의뢰인을 조력할 지위에 있다.

가톨릭 로스쿨의 「가족과 법 클리닉」에서는 매 맞는 여성의 삶을 통해 맥락을 이해하는 데 중점을 둔다.[291] 첫 수업부터 폭력 및 통제에 관한 쟁점들과 폭력 순환, 생존자들이 어떻게 가정폭력을 극소화하거나 그들 자신을 비난하는지, 폭력적 관계를 떠나는 어려움, 그

---

290) Enos & Kanter(2002), 93면.
291) Goodmark & Klein(2004), 257-258면. <부록 3> 참조.

리고 가정폭력이 여성이라는 지배 공동체에 어떻게 영향을 미치는지 등에 관한 가정폭력의 역동성을 집중적으로 다룬다. 전통적 법률자료인 판례법과 법률을 피하고 다양한 인종 배경을 가진 생생한 매 맞는 여성들의 서사를 읽기과제에 포함시킨다. 가정폭력은 복잡하고 다층적이며 당혹스러운 쟁점이다. 학생들은 실제 가정폭력 의뢰인들을 효과적으로 대리하는 변호사가 되기 위해 이러한 쟁점들을 잘 알아야 하며 의뢰인을 판단하지 않아야 한다. 그렇기 때문에 학생들은 수업을 통해 매 맞는 여성들이 어떻게 제도적으로 역량이 약화되며 왜 그들이 "단순히 떠나지 못하는지"를 이해해야 한다.[292)]

3. 수평적 변호사 - 의뢰인 관계

변호사 - 의뢰인 관계는 로여링의 핵심문제이다. "변호사 - 의뢰인 상호작용의 모형은 대화의 모형이다."[293)] 사인 간의 역동성에 여성주의 감수성을 계속 유지함으로써 변호사 - 의뢰인 상호작용 모형은 변호사 - 의뢰인 관계에서의 권력 불균형의 왜곡 효과를 완화시킨다.

변호사 - 의뢰인 관계설정에 따른 큰 차이는 의사결정과정에서 찾아볼 수 있다. 권력은 정태적이고 고정된 것이 아니라 자신이 속한 사회적 위치에 따라 권력을 가질 수 있으며, 변호사라는 직업은 여전히 사회적으로 엘리트 계층이기 때문에 변호사는 변호사 - 의뢰인

---

292) Martha R. Mahoney(1991). Legal Images of Battered Women: Redefining the Issue of Separation. 90 *Mich. L. Rev.* 1, 64 – 71면.
293) Shalleck(2003), 125면.

관계에서 권력을 갖는다.294) 의뢰인 중심의 변호사—의뢰인 관계에서 가장 어려운 장애물은 의뢰인의 의사결정에 통제력을 유지하고 싶은 변호사의 의욕이다.295)

특히, 가정폭력 사건에서 변호사들이 의뢰인이 스스로 결정을 내리지 못하게 하거나 의뢰인의 의사결정 능력을 약화시킬 때 의뢰인에게 미치는 심리적 해악은 상당히 크다. 친밀한 파트너 폭력의 전형적인 특징은 피해자가 제도적으로 그리고 독립적으로 생각하거나 행동할 수 없게 하면서 가해자가 권력과 통제를 행사하는 데 있다. 변호사가 가해자의 행태를 반복함으로써 피해자의 무기력함을 강화하고 나아가 폭력관계에서 벗어나려는 힘겨운 싸움에서 그녀를 무능력하게 만들 수 있다. 이것은 의뢰인과 그 자녀에게 더욱 심각한 신체적 위험에 빠지게 한다.

변호사는 의뢰인을 대리하는 방법을 알기 위해 의뢰인의 지위를 이해해야 한다.296) 아메리칸 로스쿨에서는 학생들이 매 맞는 여성들

---

294) 이것은 권력은 사회적으로 구성된다고 보는 권력에 대한 유동적 분석 (fluid analysis)으로서, 사회적 맥락과는 상관없이 어떤 특정 개인이나 지위가 권력을 지닌다고 보는 정태적 분석과 대비된다. 이 입장에 따르면 권력은 타협과 논쟁이라는 복잡하고 끊임없는 거시적 과정을 통해 지속적으로 유래하며 일상의 상호작용 속에서 권력을 타협하는 것이 가능하다. Seuffert(1996), 529면.

295) 노스이스턴 로스쿨의 임상교수진은 심지어 의뢰인의 의사결정 권리를 존중하는 변호사들조차 의뢰인이 변호사가 유익하다고 인식하는 조치를 의뢰인이 선택하지 않을 때 실망과 좌절을 경험할 수 있다고 지적한다.

296) 무엇보다도 학생들은 변호사와 의뢰인의 권력관계와 각각 세상을 알게 되는 상이한 배경을 고려함으로써 의뢰인이 세상을 어떻게 인식하는지를 이해한다. 그런 다음, 학생들은 그들이 공유하지 못한 경험과 이해관계를 가진 사람의 관점으로 세상을 보기 위하여 그들의 능력을

의 경험을 이해하기 위해 매 맞는 여성의 준거틀을 어떻게 받아들일지, 그리고 의뢰인과의 관계에서 학생 변호사의 권력을 의식적 혹은 무의식적으로 사용하지 않음으로써 자신의 준거틀을 의뢰인에게 어떻게 강요하지 않을지를 가르친다.[297] 이를 통해 의뢰인이 자신의 이야기를 쉽고 자연스럽게 말할 수 있는 임상환경을 조성하고, 학생들이 의뢰인의 신뢰를 받는 변호사로서 서로의 견해를 수용하고 그 세계를 이해하게 한다.

4. 맥락의 확장

변호사-의뢰인 역할에 내재하는 권력 역동성을 전환함으로써 변호사는 주로 사회복지사 혹은 심리학자와 같이 의뢰인에게 도움을 줄 전문인들과 관계를 맺는다. 오늘날 텍사스 로스쿨, 노스이스턴 로스쿨 등을 비롯하여 미국의 많은 로스쿨들이 간학문적 클리닉을 운영하고 있다.[298]

향상시킬 구제수단을 취한다. 그리고 학생들은 의뢰인의 충분한 진술을 들은 후 의뢰인이 이야기한 경험에 대한 의뢰인의 이해와 해석을 더 완전하게 서술하기 위해 그 이야기를 탐구한다. 또한 학생들은 의뢰인이 그 이야기의 의미를 이해하도록 돕고자 의뢰인의 인생에 관한 더 많은 배경 정보를 이끌어 낸다. 뿐만 아니라 학생들은 진술 절차에서 검증과 수정을 위해 의뢰인에게 이야기를 알려줌으로써 의뢰인이 그 이야기를 더 잘 이해함을 알게 된다. Goldfarb(1991), 1683면.

297) Shalleck(2003), 122-123면. <부록1> 참조.
298) 다학문적 실무, 협력적 실무, 가정폭력 임상 실무는 현재 미국 로스쿨에서 개발 중인 영역으로서 간학문적 모델의 효과를 평가하려는 노력

덴버 로스쿨은 의뢰인 서비스의 향상, 광범위한 인식, 의뢰인을 돌보는 경험의 공유를 위해 간학문 클리닉을 운영한다.[299] 로스쿨 학생들은 사회복지사와 함께 일하면서 의뢰인의 필요를 충족시키기 위한 포괄 서비스를 제공한다. 학생들은 사회복지사들로부터 의뢰인의 인간적 측면을 보는 새로운 관점과 접근을 배우게 된다. 로스쿨 학생으로서는 감당할 수 없었던 의뢰인의 정서적 필요를 사회복지사들이 지원해 줌으로써 문제해결을 할 수 있다. 학생들은 상황에 따라 나란히 일하는 스타일과 손에 손잡고 일하는 스타일을 유연하게 사용하였다. 협력자 개개인의 기술, 의사소통의 질, 의뢰인에게 전념하는 수준에 대한 상호존중이 간학문 학습을 통한 협력의 가장 중요한 성공요소였다.[300]

은 이들의 교차영역에 속한다. 의뢰인에게 서비스를 더 잘 제공하는 수단으로서 다학문적 실무가 비즈니스 세계에 도입되었으나, 이것은 법률 서비스 세계, 특히 가족법 영역에 여러 해 동안 현존하여 오고 있다. 지금까지 서른 개 이상의 간학문적 가족법 협력 실무가 확인되고 있으며 이들 대부분은 사회복지사를 포함한다. 게다가 1997년 당시 약 57개의 로스쿨이 가정폭력 클리닉이나 세미나를 개설하였으며, 이들 중 많은 것들이 사회학, 문학, 심리학과 같은 법학 이외의 자료를 포함하고 있었다. Jacqueline St. Joan & Stacy Salomonsen-Sautel(2001). The Clinic As Laboratory: Lessons from the First Year of Conducting Social Research in an Interdisciplinary Domestic Violence Clinic. 47 *Loy. L. Rev.* 317, 320-321면.

299) <부록 6> 참조.

300) 일반적으로 간학문 실무에서 강제보고의무와 비밀보장의무가 충돌하는 경우 컨설턴트 모형, 로펌 고용인 모형, 동의 모형에 따라 해결하고 있다. 덴버 로스쿨은 새롭게 팀모형을 개발하였다. Jacqueline St. Joan(2001). Building Bridges, Building Walls: Collaboration Between Lawyers and Social Workers in a Domestic Violence Clinic and Issues of Client Confidentiality. 7 *Clinical L. Rev.* 403, 431-437면.

학생들은 이러한 경험으로부터 의사결정 관련자들의 편파성과 고정관념을 적시할 수 있게 되며, 의뢰인이 처한 상황의 맥락을 보다 더 정확하게 파악하고 분석할 수 있게 된다. 학생들은 사건에 내재된 불의를 폭로하고 배제문제를 제기하여 학생 본인은 물론 관계자들의 인식을 변화시킴으로써 적정한 범위 내에서 맥락을 확장시킬 수 있는 능력을 키운다.

때때로 '사회복지사로서의 변호사'라는 이미지는 법률 서비스나 가족법 작업에 대한 경멸을 내포한다. 사실상 대부분의 실무유형에서 변호사들은 엄밀히 보기에 법률적이지 않지만 변호사-의뢰인 관계의 일부인 상담활동과 이와 유사한 활동에 종사하게 된다. 특히, 빈민자와 같이 혜택을 받지 못하는 사람들을 위해 일하는 변호사라면 기꺼이 의뢰인의 복리를 위한 '비(非)법률적' 활동에 종사해야 한다. 이로 인해 로스쿨 클리닉에서 변호사의 역할에 대한 문제가 표면화되고 있다. 이러한 쟁점은 조지 워싱턴 로스쿨의 사건검토회의 시간에도 거론되었다. 특히 차를 태워주는 것과 같은 의뢰인들의 비합리적 요구, '나는 가난하고 무력하다'는 의뢰인들의 태도에 대한 여학생들의 강한 감정표출이 화두가 되었다. 학생들은 수업토의에서 로여링의 역할이 무엇인지, 사람들이 어떻게 적절하게 경계를 구분하는지, 의뢰인들이 왜 요구하는지에 대한 학생들의 생각과 학생들이 비법률적 지원에 대한 의뢰인의 요구를 어떻게 처리할지를 논의하였지만, 수업시간에 완전히 해결되지는 못하였다.[301]

이러한 간학문 클리닉의 문제는 덴버 로스쿨의 사례로부터 그 해

---

301) Meier(1993), 1339면.

답의 실마리를 찾을 수 있다.302) 덴버 로스쿨의 「가정폭력 클리닉」에서는 사회복지사와의 협력을 통해 보다 포괄적인 서비스를 제공함으로써 의뢰인의 필요를 충족시킬 수 있었다. 의뢰인의 감정적 필요를 돌볼 로스쿨 학생의 책임을 사회복지사가 나누어 가졌다. 이처럼 사회복지사와의 협력으로 학생 변호사의 비법률적 활동에 대한 부담이 줄어들었다. 그러나 사회복지사와 변호사와의 관계평등을 최선의 요건으로 할지라도 가정폭력 클리닉이 로스쿨에 있는 법률문화를 구체화하는 인-하우스 클리닉의 일부라는 점에서, 또한 간학문으로 고안되었다 할지라도 로스쿨에서 시행하고 있는 '법률' 클리닉이라는 점에서, 학생 변호사가 지배적 역할을 담당할 수밖에 없었다. 덴버 로스쿨은 사회복지사와 로스쿨 학생 변호사 사이의 권력 불균형에 대한 문제를 변호사 측의 사건통제 쪽으로 해결하였다.

한편, 조지 워싱턴 로스쿨의 클리닉에서 심리학자의 적극적 투입은 학생들이 의뢰인들을 위한 비법률적 원조를 고려하면서 그들의 견해를 확장시키는 데 도움이 되었다.303) 성인 아들로부터 학대를 받는 노모(老母)가 아들의 퇴거를 명하는 가처분 신청사건이 있었다. 그런데 의뢰인은 가처분을 청구하는 것에 대하여 꽹장히 애매한 태도를 보였다. 처음 두 달 동안 학생들은 의뢰인을 면담하고 그녀의 선택사항들에 대하여 친절하게 상담하였다. 그러던 중, 심리학자인 듀톤 박사의 도움으로 하나의 사항이 확인되었다. 듀톤 박사는 의뢰인이 아들에게 거절 의사를 표명하고 아들의 계속되는 감언이설과

---

302) <부록 6> 참조.
303) <부록 8> 참조.

압력에 굴복하지 않도록 의뢰인이 심리 상담을 받도록 권고하였다. 학생들은 성인 빈민 의뢰인에게 상담을 제공할 수 있는 기관을 찾는 등 의뢰인이 심리 상담을 받을 수 있도록 모든 시간과 정력을 쏟았다. 이러한 작업이 계기가 되어 학생들은 클리닉을 위한 그들의 '비(非)-소송' 프로젝트에 포괄적 비법률 자원 및 의뢰 목록을 포함시키도록 결정하였다.

로스쿨 간학문 클리닉에 있어서 주의할 점은 각자가 자신들의 역할의 차이점을 인식해야 한다는 것이다. 법률 맥락에서는 치료적 맥락과는 달리 의뢰인의 직면이 필요하며, 이것은 치료적 측면에서 볼 때 덜 적합하다. 한편, 변호사의 능동적 역할은 치료사의 수동적 역할과 구별된다. 변호사는 의뢰인을 대표하여 조치를 취할 필요성이 있으며 임상교육현장에서 학생들은 역할 경계에 관한 문제제기와 도덕적 · 윤리적 딜레마와 의식적으로 씨름하는 것을 배워야 한다. 또한 변호사-의뢰인 관계는 치료사-환자 관계와는 달리 변호사는 의뢰인을 '권고'하는 방법을 배워야 한다. 이것은 의뢰인의 결정을 조력함에 있어서 심리치료를 주된 것으로 하는 치료관계와는 정반대이다.304)

---

304) 변호사의 역할은 의뢰인을 위한 권익옹호자로 행동하는 것이고 치료사의 역할은 의뢰인을 위한 일대일 상호작용에서의 지지적 경청자로서 오직 환자와의 사적이고 비밀이 보장되는 의사소통에 한정된다. 이러한 차이들은 학생들을 어떻게 훈련시키는가에 있어서 중요하다. 협의의 관점에서 임상학생들은 가능한 한, 효과적으로 유용한 정보를 얻기 위해 면담에 집중하는 능력을 배워야 하며 유용한 정보와 덜 유용한 정보를 구별하는 능력을 키워야 한다. 광의의 관점에서 변호사의 증거보강을 위한 수사 필요성 및 의뢰인의 외부 사실에의 수사는 이상적인 치료적 관계와 비교하여 볼 때 의뢰인과 잠재적으로 더 분리되어 있다. Meier(1993), 1361면.

따라서 심리학 전문인은 자신과 학생들을 위해 자신의 직관이나 제시가 변호사의 것과 어떻게 다를 수 있는지를 확인하고, 변호사는 그 차이들을 어떻게 다룰 수 있는지를 확인함으로써 면담 및 상담의 '치료적' 모델을 너무나 무비판적으로 받아들이지 않아야 한다. 치료 모델에 대한 과도한 의존은 치료적 상호작용이 아니라 효과적 법률 대리를 위해 필요한 예방적이고 적극적 상담단계를 단념하는 것이 된다.305)

5. 의사결정의 공정성

이론과 실천의 상호 연관성을 추구하여 가치를 지향하는 임상교육은 법여성학을 현실에 적용하기 위한 중요한 장(場)이다. 법여성학과 임상교육의 결합은 실천 측면에서 중요시된다. 따라서 임상교육방법

---

305) 오늘날 심리학이나 정신분석학과 연계하여 치료 측면을 강조하는 간 학문 클리닉에서는 '치료법학(Therapeutic Jurisprudence)'이 논의된다. 치료법학에 대한 자세한 논의는 다음 논문들을 참조. Jane Aiken & Stephen Wizner(2003). Law As Social Work. 11 *Wash. U.J.L. & Pol'y* 63; Susan L. Brooks(2005). Practicing(and Teaching) Therapeutic Jurisprudence: Importing Social Work Principles and Techniques into Clinical Legal Education. 17 *St. Thomas L. Rev.* 513; Carolyn Copps Hartley & Carrie J. Petrucci(2004). Practicing Culturally Competent Therapeutic Jurisprudence: A Collaboration Between Social Work and Law. 14 *Wash. U. J.L. & Pol'y* 133; Ingrid Loreen(2005). Therapeutic Jurisprudence and the Law School Asylum Clinic. 17 *St. Thomas L. Rev.* 835; Don Peters & Martha M. Peters(1990). Maybe That's Why I Do That: Psychological Type Theory, the Myers−Briggs Type Indicator, and Learning Legal Interviewing. 35 *N.Y.L. Sch. L. Rev.* 169.

과 법여성학방법의 결합으로 미국 로스쿨 가정폭력 클리닉에서 윤리 및 맥락이 강조되는 경우, 이것은 여성적 윤리(feminine ethics)[306]가 아닌 여성주의 윤리(feminist ethics)의 견지에서 고려되어야 한다.[307] 여성적 윤리가 보살핌의 전형으로 모성을 강조함에 반해, 여성주의 윤리는 '여성 억압은 도덕적으로 용인할 수 없다'는 여성해방적 관점에서 여성억압의 구조를 규명하고 이를 도덕적으로 판단하며 여성 억압을 종식시킬 수 있는 '실천'을 의제로 삼는다. 여성주의 윤리는 여성주의 실천적 추론을 방법론으로 채택한다. 이것은 도덕적 상황

---

306) 여성적 윤리의 주장은 다음 논문 참조. Deborah L. Rhode(1988). The "Woman's Point of View", 38 *J. Legal Educ.* 39; Theresa Glennon (1992). Lawyers and Caring: Building an Ethics of Care into Professional Responsibility. 43 *Hastings L.J.* 1175.

307) 길리건의 『다른 목소리』에 등장하는 에이미와 제이크의 윤리적 딜레마 사례에서, 에이미의 다른 목소리가 여성들의 경험과 강한 연관성이 있음을 근거로 길리건이나 멩켈-미도우가 주장하는 견해를 "여성적 윤리학"이라고 한다. 반면에, 에이미의 반응은 반드시 남성과 여성의 본래적 차이에 나타나는 차이가 아니라 법을 포함하여 사회 구조 내에 존재해 온 여성의 상대적 무력 내지 비가시성에서 유래한다고 주장하는 맥키논의 견해를 "여성주의 윤리학"이라고 분류하고자 한다. 맥키논은 다음과 같이 서술하고 있다. "여성이 도덕적으로 추론하는 방식이 '다른 목소리의 도덕성'이라고 나는 생각하지 않는다. 여성은 남성들이 우리가 그들에게 했던 보살핌에 따라 우리를 높게 평가하기 때문에 보살핌을 높게 평가한다. 우리의 존재가 남성과의 관계로 정의되기 때문에 여성은 관계라는 입장에서 사고한다. 마찬가지로 당신이 무력할 때 당신은 다르게 말하지 못한다. 당신의 말은 다르게 표명되지 않는다. 그것은 침묵되며 제거되고 사라져버린다. 당신은 당신의 특성을 명백하게 할 언어를 제거당한 것이 아니라 그러한 명백화가 실현될 삶이 제거당한 것이다." Carol Gilligan(1982). *In a Different Voice*(Cambridge: Harvard University Press), 24-105면; Menkel-Meadow(1985), 44-49면; Mary Jane Mossman(1987). Feminism and Legal Method: The Difference It Makes. 3 *Wis. Women's L.J.* 147.

을 어떻게 이해할 것인가에 대한 지식의 문제로부터 한 걸음 더 나아가 규범을 수행할 수 있도록 하는 실천의 문제를 포함한다. 여성주의 윤리는 가상적 경험을 설정하기보다는 실질적 경험을 중시한다. 여성주의 윤리는 도덕적 판단과정에서 도덕적 경험이 발생한 맥락을 고려한다. 이러한 맥락에서 주체가 가지는 감정과 느낌을 중시한다. 여성주의 윤리는 타인과의 관계를 유지하는 데 중요한 가치를 두며, 어떠한 감정들이 여성억압을 종식시키기 위해 정당한지에 대한 비판적 성찰을 요구한다.[308]

법여성학과 임상교육은 세부적인 현실사건들로부터 원리적 결과로 추론하는 것이 도덕 판단에 관여하고 이를 개발하는 적절한 방법이라고 본다. 따라서 이들의 결합은 효과적이고 윤리적 로여링으로서 이론적인 것과 실천적인 것만이 아니라 사적인 것과 공적인 것이라는 양극성에 도전한다.[309]

아메리칸 로스쿨은 의뢰인의 문제가 발생한 맥락의 중요성, 윤리적 로여링, 사회정의·공정성을 임상교육의 목표로 삼는다.[310] 특히 윤리적 로여링에 있어서 임상학생들이 주로 가난한 유색인 여성과 소외된 사람들을 대리함에 따라 의뢰인에게 법률서비스를 제공하는 것을 최우선으로 하는 가치제도를 발전시킨다. 이는 가치지향적 로여링과 더불어 정의와 공정의 가치실현을 위한 변호사의 역할을 강조하고 있다.

덴버 로스쿨 학생들은 사회복지학과 대학원생들과 함께 의뢰인에

---

308) 장필화(2001). 여성주의 이론과 실천. 『여성학연구』 제11권 제1호, 156면.
309) Goldfarb(1991), 1687면.
310) Johnson(2005), 165면. <부록 1> 참조.

게 법률 서비스를 제공하면서 특히 아동학대 사건을 직면할 때 직업 윤리와 개인윤리 사이에 갈등을 겪곤 하였다.[311] 가령, 다른 사람들이 자신의 자녀를 학대하지 못하게 하려고 의뢰인이 다른 사람에게 과도하게 행동하거나, 혹은 의뢰인이 때때로 자녀에 대하여 아동학대를 저질렀음을 진술하는 경우, 임상학생들은 갈등한다. 덴버 로스쿨 학생들은 무엇보다도 간학문적 협력에서 의뢰인 비밀보장과 아동학대 및 방임을 신고해야 하는 법률상의 의무를 고려하였다. 또한 학생들은 저소득층을 위한 법률 임상이라는 맥락에서 고지된 정보의 윤리적이고 법적 측면을 고려하였다. 학생들은 민·형사 책임, 그리고 아동학대에 대한 도덕적이고 윤리적 측면을 성찰하였다. 만약 학생들이 의뢰인의 아동학대에 대한 사실을 정부에 보고한다면 이는 의뢰인에 대한 신의성실 의무 내지 신뢰관계에 반하는 것으로서 직업적 책임윤리에 저촉되는 것이다. 반면에, 아동학대를 보고하지 않고 그대로 둔다면, 아동을 보호하지 않았다는 생각에 학생들은 개인적으로 더 괴로워하였다. 이를 해결하기 위해 임상교수진들은 덴버 대학교의 대학심사위원회와 의견을 교환하면서 전문직의 윤리적 의무충돌을 공개하였고, 이러한 딜레마의 해결책으로서 비밀장벽의 사용을 건의하였다.[312]

---

311) <부록 6> 참조.

312) 변호사와 사회복지사의 아동학대에 대한 보고의무 규정의 차이에서 의무충돌 문제가 발생한다. 법률에 따르면 사회복지사의 경우 아동학대 사실을 알았을 때 즉시 상부기관에 보고해야 하지만, 변호사의 경우에는 그러한 강제보고 의무규정이 없다. 의뢰인의 비밀보장이라는 측면에서 변호사는 의뢰인이 자녀를 학대한 사실을 보고하지 않을 수 있다. 미국변호사협회는 변호사와 신고의무자의 의무가 불일치하는 경우, 변호사를 보조하고 있는 비(非)변호사들에게 변호사에 의한 비

밀준수 의무에 준하는 의무를 지시하고 있다. 그러나 법률은 여전히 변호사들이 윤리적으로 신고의무자와 협력할 수 없도록 함으로써 충돌을 야기한다. 덴버 로스쿨은 이를 해결하기 위한 방안으로 '그림자 파일(shadow file)'을 구성하는 등 비밀장벽을 구축하고 의뢰인의 정보를 보호하고 있다. 일반적으로 '비밀장벽(Confidentiality Wall)'이란 하나의 검열로서 의뢰인의 정보, 가령 아동학대 및 방임의 혐의가 있는 의뢰인 관련 정보에 대한 어떤 개인의 접근을 금지하는 정책과 실무를 의미한다. 덴버 로스쿨은 초기 의뢰인 면담에서 정보공유에 대한 의뢰인의 동의를 구하거나 모든 직원들에게 윤리적 의무를 유지하는 방법을 공식적으로 통지하거나, 보호받는 정보와 다른 사건 정보를 분리시키는 "그림자 파일"을 구성하거나, 임상교수진에 의한 효과적인 훈련과 감시를 통해 비밀장벽을 구축하였다. St. Joan(2001), 437-444면.

제5장 모범사례: 노스이스턴 로스쿨의 가정폭력 클리닉 프로그램

제5장 모범사례: 노스이스턴 로스쿨의 가정폭력 클리닉 프로그램

　　노스이스턴 로스쿨(Northeastern University School of Law, NUSL)의 가정폭력 클리닉 프로그램은 법여성학의 이론적 작업과 실천적 작업을 수행하기 위한 기본원리·목표·교육 내용을 표방하고 있다. 가정폭력 클리닉 프로그램에 참여한 학생들은 매 맞는 여성 의뢰인의 이야기를 경청하면서 의뢰인의 경험을 통해 매 맞는 여성을 둘러싼 법제도의 문제를 비판적으로 인식한다. 학생들은 경험·성찰·분석·전략의 순환학습을 통해 의뢰인의 맥락을 이해하고 의뢰인 입장에서 문제를 해결한다. 의식향상을 위해 교수와 학생이 서로 협력하여 의뢰인의 맥락에서 사건을 해결하는 노스이스턴의 사례는 법여성학방법론의 각 요소를 균형 있게 임상법학교육에 실현할 수 있음을 보여준다. 나아가 노스이스턴 로스쿨의 가정폭력 클리닉 프로그램은 법정에서 실습할 자격이 없는 1학년 로스쿨 학생을 임상교육의 대상으로 확대하고 있다. 상급생을 위한 임상교육과 유기적으로 연계시키면서 노스이스턴 로스쿨은 로스쿨 전 학년에게 법여성학방법론에 따른 임상교육 및 임상훈련을 실시하고, 이를 보다 집중적으로 실시하기 위해 하나의 싱크탱크로서 가정폭력연구소라는 전담기구를 두고 있다. 가정폭력연구소는 가정폭력에 대응하기 위해 통합된 지역사회 서비스가 필요함을 깨닫고, 지역사회와 연계하여 법여성학방법론을 실질적으로 실현하고 있다. 이러한 특징들로 인해 노스이스턴 로스쿨은 가정폭력 클리닉 프로그램을 실시하는 다른 로스쿨들의 모범이 된다.

뿐만 아니라, 노스이스턴 로스쿨 1학년 학생을 위한 임상교육은 특히, 우리나라 법과대학생처럼 법정에서 의뢰인을 변론할 자격이 없는 경우에도 미국 로스쿨의 가정폭력 클리닉을 운영할 수 있음을 시사한다.313) 또한 노스이스턴 로스쿨의 1학년 임상훈련은 로스쿨 밖에 있는 병원 응급실에서 환자를 대상으로 면담을 실시하고 있다. 이깃은 우리니리처럼 로스쿨 내 법률사무소가 없는 경우에도 가정폭력 클리닉 프로그램을 운영할 수 있음을 보여준다. 노스이스턴 로스쿨 상급생은 팀리더 변호인(advocate)314)으로서 학생 면담인인 1학년 학생들의 임상을 감독하고, 임상교수는 팀리더 변호인들의 임상을 감독한다. 이러한 구조는 보다 적은 교수자원으로 더 큰 규모의 학

---

313) 예일 로스쿨의 TRO 프로젝트에서도 의뢰인과 초기 면담을 수행하는 것, 그리고 진술서와 보호명령에 필요한 다른 서류들을 작성하는 것 등은 적어도 30분 정도 매 맞는 여성을 대리해 본 학생이라면 누구나 할 수 있는 작업이며, 따라서 법원에 출석할 자격이 없는 학생이라 할지라도 매 맞는 여성들을 면담하고 서류를 작성할 수 있기 때문에 학생실습규칙이 없더라고 충분히 임상교육을 실시할 수 있었다. Brown, Keitel, & Lundy(1987), 1997면.

314) 학생 변호사(student lawyer)가 의뢰인을 대리할 수 있음에 반하여 병원응급실에서 학생 면담인들을 감독하는 노스이스턴 로스쿨 상급생들은 법정에서 의뢰인을 대리하여 변론하지 않는다. 따라서 이들은 변호사와 구별하여 권익옹호인 혹은 변호인이라고 불리운다.

생집단을 교육시킬 수 있다. 이것은 인적자원이 부족한 경우에 대안으로서 활용할 수 있는 방안이다.

제1절 가정폭력 클리닉 프로그램 개요

1990년 여름에 클래르 댈튼(Clare Dalton) 교수의 「가정폭력 세미나」를 시작으로 노스이스턴 로스쿨 학생들과 교수진은 가정폭력에 대한 대응을 로스쿨 교육 및 공공 서비스 임무 속으로 통합시키려고 하였다. 이러한 노력은 가정폭력연구소를 설립게 한 원동력이 되었다. 가정폭력연구소는 파트너 폭력퇴치를 위한 연구조직이며 교육, 서비스를 담당한다. 매 맞는 여성에게 법률 변호 서비스를 제공하고, 매 맞는 의뢰인과 함께 일할 변호사와 다른 전문가들을 훈련시킨다. 가정폭력연구소는 간학문 프로그램을 개설하고, 변호와 연구지원을 강화하면서 의뢰인과 지역사회에 이바지한다.

로이스 캔터(Lois H. Kanter) 임상교수가 지도하는 「가정폭력 클리닉」을 통해 매 맞는 여성들과 그 자녀들을 도우면서 상급학생들은 돌체스터 지방법원에서 집중적 학대 예방 클리닉에 참여한다. 게다가 노스이스턴 로스쿨은 보스턴 의료 센터와 유일하게 간학문적 협력을 하고 있다. 학생들은 여성 환자와 면담하고 필요한 경우에는 폭력예방서비스를 제공하기 위해 성인 및 아동 응급부서에 배치된다.

노스이스턴 로스쿨의 가정폭력 클리닉 프로그램은 로스쿨 기구 자체의 전폭적 지원과 교수, 학생들의 적극적 참여에 의해 해를 거듭하면서 발전해 오고 있다. 노스이스턴 로스쿨은 돌체스터 지역사회 원탁의 재정지원 파트너가 되었다. 돌체스터 지역사회 원탁은 1996년부터 2003년까지 '질병 통제 및 예방 센터'에 의해 재정지원을 받는 국가 시범 프로젝트이다. 원탁회의는 매 맞는 여성에 대한 기존의 권리옹호 서비스를 강화하여 왔다.315) 원탁의 성공으로 인해 법무부는 모범 가정폭력 법원을 창설하기 위한 지원금으로 5년 동안 9백만 달러를 돌체스터에 수여하였다. 1999년부터 2004년까지 노스이스턴 로스쿨 교수진은 법원 자문위원으로서 봉사하였고 법원의 민사변호 사무실을 감독하였다. 노스이스턴 로스쿨 학생들은 이곳에서 법률 지원을 제공하기 위해 지역사회 변호사들과 협력한다. 또한 돌체스터 법원 클리닉은 법률 서비스와 의료 서비스를 연결하여 민사법률 서비스 협력에 참여한다. 졸업 후 펠로우십 프로그램의 성장은 새로운 변호사들에게 가정폭력 업무에 참여할 기회를 제공한다. 이들은 가정폭력 권익옹호와 임상 연구자로서 훈련받는다.316)

최근에 노스이스턴 로스쿨의 가정폭력 가족법 네트워크(Family Law Network, FLN)는 온라인을 통한 교육방법론을 도입함으로써 새로운 법여성학방법론을 시도하고 있다. 참여자들은 온라인에 게시

---

315) 돌체스터 원탁회의에서는 가정에서 폭력을 목격하는 아동들을 지원하는 새로운 프로그램을 후원하고, 십대들의 데이트 폭력에 대한 교육과 개입 프로그램을 창설하며, 가해자 특히 젊은 남성을 개입하기 위한 효과적인 전략을 수립한다.

316) http://www.dvi.neu.edu/(2007년 7월 21일 검색).

된 서사(narrative)를 통해 다른 사람의 경험을 자신의 지식으로 삼고 여성주의 의식을 향상시키며 정보를 공유하고 연대한다.317) 가정폭력 그룹을 통해 가정폭력 생존자뿐만 아니라 권익옹호자·변호사 등도 게시판에 글을 올리고 서로 경험을 나눈다.

노스이스턴 로스쿨 가정폭력 클리닉의 목표는 (1) 현재 및 장래에 매 맞는 여성들을 대리할 여성들과 남성들을 교육시키는 것, (2) 매 맞는 여성들에게 즉각적으로 가정폭력 법률 서비스를 제공하기 위해 이러한 교육 프로그램을 사용하는 것, (3) 가정폭력 예방에 대한 복잡한 과제의 이해, 그리고 이에 개입할 수 있는 능력을 향상시킬 연구 및 시범 프로그램에 관여하는 것이다.

이 목표를 실천하기 위한 기본원리들은 (1) 의뢰인 중심으로 의뢰인의 역량을 강화하는 권익옹호, (2) 지역사회에 기반을 둔 기획, (3) 다학문적 협동이다. 그 밖에 (4) 재정지원을 위한 치열한 경쟁을 피함으로써 지역사회의 서비스 제공자들과 협력하여 재정 확보에 힘쓰는 것이다.318)

---

317) Kathleen Waits(2003). Feminist Lawmaking On-Line: The FIVERS Domestic Violence Listserve. 11 *Am. U. J. Gender Soc. Pol'y & L.* 877; http://groups.yahoo.com/group/fiver.

318) Kanter, Enos, & Dalton(2001), 365-375면.

제2절 1학년 학생의 임상교육 및 훈련

1989년에 노스이스턴 로스쿨 1학년 학생들은 "가정폭력 권익옹호 프로젝트(Domestic Violence Advocacy Project, 이하 'DVAP')"를 설립하였다.319) 이것은 학생들이 운영하는 조직으로서 학생들은 매 맞는 여성들의 지역 쉼터인 카사 마이르나 바즈퀘즈(Casa Myrna Vazquez, 이하 'CMV')의 입소자들에게 법률 서비스를 제공한다. DVAP는 학생들을 훈련시키기 위해 주간 훈련세션을 실시하였다. 여타 보스턴 지역 로스쿨들의 유사한 프로젝트처럼 이 조직은 매 맞는 여성들을 도우려는, 특히 1학년 학생들의 강한 의욕에 의해 운영되었다. 맬톤 교수가 이러한 학생들의 관심에 반응하여 1990년에 상급생을 위한 가정폭력 강의를 개설하였으나, DVAP 훈련과 CMV 자원봉사 프로그램은 1학년 학생이 할 수 있는 유일한 임상 기회였다. 노스이스턴 로스쿨은 1학년 가정폭력 임상교수를 1991년에 채용하는 등 로스쿨 재학생들의 관심을 인식하고 이를 지지하고자 하였다. 또한 노스이스턴 로스쿨은 가정폭력훈련과 자원봉사 기회들을 1학년 로스쿨 학생들에게 지속적으로 제공하고 있다. 그러나 빡빡한 스케줄과 로스쿨 1학년 커리큘럼의 압박으로 인해 1학년 학생들은 학교 공부와 자원봉사를 지속적으로 양립할 수 없었다. 1학년을 위해 개설된 프로그램들은 해를 거듭하면서 변화하여 왔고, 노스이스턴 로스쿨은 계속해서 이 기획을 평가하고 수정하고 있다.

---

319) 앞의 글, 382면.

1. 연례 학술대회

매 학기 초에 실시되는 연례학술대회는 주로 1학년 로스쿨 학생들 및 지역사회 파트너가 고용한 새로운 권익옹호인들을 위해 기획된다. 노스이스턴 로스쿨 교수진뿐만 아니라 가정폭력연구소와 공동으로 일하는 다양한 지역 단체나 조직의 지도자들이 강사로 참여한다. 학술대회 의제는 신입생이나 신참자들에게 매사추세츠 주(州)에 있는 매 맞는 여성들을 대리하는 법률 권익옹호에 관한 수많은 쟁점들을 소개하는 것이다. 2005년도 학술대회에는 다른 로스쿨 출신 학생 70명을 포함하여 100여 명이 참가하였다. 주로 가정폭력 권익옹호를 소개하였고 성폭력과 관련하여 가정폭력에 관심 있는 참가자 25명을 위한 '고급' 과정이 있었다. 보스턴 지역 로스쿨 출신의 임상교사와 민간 실무자들이 훈련을 지도하였다.[320]

학술대회 당일에는 항상 세 개의 '전원출석(plenary)' 회의를 포함한다. 이 전체회의는 가정폭력 역동성에 대한 광의의 쟁점들, 민사 법률 권익옹호 및 형사 절차상의 피해자 관여에 초점을 둔다. 또한 참여자들은 적어도 2회 이상 소규모 세미나에 참석할 수 있고, 통상 상이한 주제들을 논의하는 6개 내지 8개의 패널들 중에서 선택할 수 있다. 해마다 개설되는 소규모 세미나는 민사 변호사들에게 많은 도움이 되는 두 개의 주제 영역(쉼터와 안전 및 접근금지명령 권익옹호)을 포함하고 있다. 다른 네 개의 '표준' 주제들은 1) 가정폭력

---

320) Northeastern University School of Law(2006). Winter 2006; Dean's Update. *Northeastern Law Magazine*, Vol.2 No.3(November / December 2005).

사건에서의 기본적 형사 규정 및 형사절차, 2) 가족법 실무의 소개, 3) 가족폭력(family violence)이 어떻게 아동 목격자에게 영향을 미치는지에 대한 발표와 4) 그 외 다양한 쟁점을 가정폭력 권익옹호로 통합하는 것으로 되어 있다.

노스이스턴 로스쿨 신입생들이 일반적으로 30명-40명이 참석하지만 교수진은 다른 로스쿨 출신 학생들의 참여를 유도한다. 이 학생들의 수는 종종 노스이스턴 로스쿨 학생들보다 더 많다. 다른 로스쿨 출신의 학생들이 운영하는 조직들은 정기적으로 법원 중심의 권익옹호 프로그램들을 개설한다. 그들은 자신들의 좀 더 확장된 훈련 프로그램을 세션에서 소개하고자 학술대회에 참여한다. 일반적으로 학술대회 발표자들은 보스턴의 법학이나 보건 및 지역사회 영역에서 잘 알려진 매 맞는 여성들의 활동가들이다. 이로 인해 학술대회는 소규모의 경험 있는 변호사들이 서로 네트워크를 만들기 위한 연례행사가 되어 왔다. 이러한 경험 많은 참여자들을 겨냥한 '고급 수준'의 세미나들이 개설되곤 한다.

마지막으로 학술대회에서는 기관과 조직들을 위한 일정을 기획한다. 이들은 예비 전문인들과 만나서 프로젝트를 설명하고, 학생 자원자들의 관심을 끌려고 한다. 노스이스턴 로스쿨은 "자원봉사 설명회(volunteer fair)"를 지속적으로 후원하고 있다. 이것은 다른 로스쿨 1학년 학생들에게 감독받지 않은 법원 권익옹호에 관여하는 것보다 자원봉사를 통해 지역사회 파트너들을 지원하고 기존 프로그램에 참여하는 것이 더 좋은 선택이라는 메시지를 전달하기 위함이다.[321]

---

321) Kanter, Enos, & Dalton(2001), 383면, 각주 35).

2. 「가정폭력 교육 및 훈련」[322]

노스이스턴 로스쿨의 1학년 교육 프로그램은 수년 동안 가정폭력 교육 및 훈련(Domestic Violence Education and Training, 이하 'DVET')이라는 제목의 자원봉사자 훈련 프로그램을 중심으로 운영되었다. DVET는 가을에 신학기를 시작하면서 개최되는 학술대회의 뒤를 이어 가을 학기 동안 계속되며 2시간 내지 3시간의 일련의 주간 수업으로 구성되었다. 초기 DVET 수업들은 학생들에게 폭력 관계의 역동성 및 학대 관계에 있는 대부분의 여성들과 그것으로부터 떠나려고 하는 여성들이 직면하는 사회적·경제적으로 험난한 현실을 소개하였다. 그런 다음, 수업들은 일련의 모의 면담훈련, 감독, 구두 변호 역할극을 통해 변호사가 매사추세츠 지방법원에서 접근금지명령을 구하는 여성을 조력하기 위해 개발해야 하는 정보와 기술에 집중하였다. DVET는 지도·감독하에 항상 첫 학기 시험이전에 각 학생들이 법원역할극에 참여하는 것으로 훈련을 마쳤다. 이것은 돌체스터 지방법원 재판관 앞에서 실제로 실시된다.

1996년에 지도 변호사인 알렌(Chalene Allen)은 당시까지 개발된 자료들을 세 부분 - (1) 문서로 된 커리큘럼, (2) 교실 발표에 사용될 OHP 자료 및 (3) 학생 유인물 - 으로 자료화하였다. 1999년, 새 공익 펠로우들이 이 커리큘럼을 수정하였다. 전체 가정폭력 임상교수진들은 세미나에서 자세한 강의 계획을 준비할 수 있었다. DVET 수업을 종결짓는 법원 역할극을 위해 임상교수인 캔터는 서로 다른

---

322) 앞의 글, 383-385면.

사건 양상들을 통합한 세 개의 복잡한 모의 사건을 개발하였다. 모의 사건들은 각각 중요한 법률 쟁점들을 강조하였다. 각 모의 사건의 역할극 자료에는 재판관들이 그들의 역할을 준비시키기 위해 고안된 "재판관 메모(bench memo)"와 더불어 상세한 사실이 기록된 세 장의 종이가 포함된다. 첫 번째 종이는 양 당사자들이 동의하는 사실들을 기술하며, 두 번째 종이는 피해자가 주장하는 추가 사실들을 제시하고, 세 번째 종이는 피해자의 사건을 반박하기 위해 가해자가 주장하는 사실들을 제시한다.

그러나 노스이스턴 로스쿨은 2000년도에 다음과 같은 이유로 DVET 과정의 개설을 유보하기로 결정하였다. DVET는 가정폭력의 복잡한 역동성들이 가정폭력 피해자들을 위한 법률 권익옹호의 모든 양상에 얼마나 영향을 미쳐야 하는지를 가르치지 못하고 너무나 법률 권익옹호를 위한 훈련에만 치중하였다. 더욱 중요한 이유는 이러한 법률 절차에의 강조는 가정폭력이 단지 소송 대리와 법적 해결을 통해서 해결될 수 있는 문제가 아니라, 지역사회를 기반으로 하는 다학문적 권익옹호를 필요로 하는 사회적으로 복잡한 문제라는 사실을 전달하지 못한 데 있다. 이러한 메시지들은 로스쿨 학생들의 실무경력 초기에 전달되어야 한다. 학생들의 의뢰인 권익옹호에의 접근이 전통적 의뢰인과 변호사 관계, 그리고 법원과 변호사 관계를 반영하기 전에 이 메시지를 학생들에게 알려야 한다. 또한 DVET에 참여한 많은 1학년 학생들이 보스턴 메디컬 센터 가정폭력 프로젝트가 주는 혜택을 누리지 못하고 있음이 드러났다. 뿐만 아니라, 임상 교수진들은 DVET 모의훈련을 통해 상대적으로 단순한 과제에 정통한 학생들에게 상급수준의 지방법원 클리닉이 제공하는 집중 훈련 및 임상 경험이 필요하지 않다는 확신을 주고 있었다.

따라서 노스이스턴 로스쿨은 DVET 프로그램을 수정하였다. 하루 종일 하는 학술대회를 유지하면서 광범위한 가정폭력 쟁점들에 집중된 일련의 월례 발표로 주간 세미나를 대체하였다. 동시에 노스이스턴 로스쿨은 가정폭력 집중훈련에 더욱 관심이 있는 학생들이 보스턴 메디컬 센터 가정폭력 프로젝트에 등록하도록 유도하였다.

3. 「보스턴 메디컬 센터 가정폭력 프로젝트」

오늘날 임상법학교육 내에서는 1학년 학생들이 실제 의뢰인들과 함께 작업할 수 있도록 임상기회들을 제공하고 임상기술 습득을 일정한 순서로 배열하려는 관심이 고조되고 있다. 임상 기술들의 분리와 조기(早期) 임상경험은 학생들로 하여금 책임 있는 상급 수준의 임상경험을 준비시킬 수 있는 효과적인 방식이다. 그러나 이것은 임상수업의 비용 및 1학년 커리큘럼을 수정하기 위해 로스쿨 교수진들을 설득해야 하는 문제를 안고 있다. 커리큘럼을 수정하기보다는 오히려 시간과 자원을 집중적으로 쪼개어서 1학년 학생들에게 전달하는 것이 바람직하다. 노스이스턴 로스쿨은 경청기술의 개발을 주과제로 하는 1학년생을 위한 임상을 창안하였다. 경청은 의뢰인 중심의, 의뢰인의 역량을 강화하는 다학문적 권익옹호를 위한 필수 기술이다. 학생들은 매우 조직적이고 감독받는 교육기회를 통해 시간에 구애받지 않고 메디컬 센터 및 환자들을 돕는다.

보스턴 메디컬 센터 가정폭력 프로젝트((Boston Medical Center

Domestic Violence Project, 이하 'BMC / DVP')는 응급실에 오는 모든 여성들을 면담하기 위해 1학년 학생들을 병원 응급실에 배치한다. 권익옹호와 법률지원 서비스들이 환자들에게 제공되지만, 이것들은 상급학생들에 의해 제공되기 때문에 1학년 학생들은 면담인으로서의 역할에만 집중한다. 그러면서 그들은 다학문적 환경 속에서 가정폭력 문제를 다루게 된다.

1) 프로젝트의 기원 및 발전

(1) 기   원

1992년 당시 보스턴 시립 병원(the Boston City Hospital)(지금은 보스턴 메디컬 센터, 이하 'BMC')의 주치의(主治醫)였던 바바라 허버트(Barbara Herbert) 박사가 이 병원의 성인 응급실에서 「가정폭력 연구 프로젝트(domestic violence research project)」을 시작하였다. 이를 위해 허버트 박사는 노스이스턴 로스쿨 교수와 학생들에게 도움을 청했다.[323] 이 프로젝트가 보스턴 지역 전역에 있는 법학 및 다

---

[323] 허버트 박사는 환자의 가정폭력 사건을 증거 자료화하기 위해, 그리고 이러한 자료로부터 적합한 검증 절차 및 서비스를 개발하기 위해 의학 및 공중보건학 자원봉사 학생들의 도움으로 응급실의 모든 여성 환자들을 면담하기 시작하였다. 연구 면담을 계속하고 이 면담 중에 현재의 학대를 폭로하는 환자들의 필요를 충족시키기 위해 허버트 박사는 서비스를 제공하도록 훈련받은 변호사뿐만 아니라 면담인을 필요로 하였다. 이러한 필요에 따라 그녀는 노스이스턴 로스쿨의 캔터 교수에게 법원 중심의 클리닉 프로그램을 확대할 것을 요청하였다. 가정폭력 클리닉에 있는 로스쿨 학생들이 이 면담 프로젝트 환자들에게 권익옹호 서비스를 제공하기 위해 야간에 응급실에 배치되었다. 앞의 글, 386면.

른 대학원 학생들에게 공고되었을 때 그 반응은 압도적이었다. 특히, 상급 단계의 임상과목을 등록할 수 없는 1학년 학생들이 자원하여 모든 훈련에 기꺼이 참여하고자 하였다.324) 이것은 다학문적 맥락에서의 의뢰인 중심의, 의뢰인 역량을 강화하는 권익옹호를 중심으로 임상 경험을 확립할 기회가 되었다.

허버트 박사가 야간 근무를 하는 날, 캔터 교수도 법원에서 근무를 하기 때문에 그들은 로스쿨 학생 자원봉사자들이 저녁과 야간에 응급실에서 여성들을 면담하는 데 동의하였다. 폭력을 폭로한 여성들이 서비스에 접근할 수 있도록 「가정폭력 클리닉」에 현재 참여하고 있는 학생이나 이미 클리닉 수업을 이수한 학생들(혹은 비슷한 경험을 가진 여타 학생들)이 필요한 경우에 법률 권익옹호를 제공하면서 팀리더로서 자원하였다.325)

(2) 발 전

이러한 양상의 프로그램의 구조와 기능은 피면담인인 환자들의 권리를 보호하기 위해 고안된 것이다. 이 프로젝트는 1993년부터 노스이스턴 로스쿨로부터 승인을 받았다.326) 1992년부터 1994년까지 상급수준의 「보호명령 클리닉」에 있는 학생들은 응급실에서 한 번의 야간교대근무를 해야 했다. 학생들은 캔터 교수나 허버트 박사 곁에서 작업하였다. 캔터 교수와 허버트 박사는 연구 면담으로부터의 학

---

324) 서비스를 제공할 수 있는 로스쿨 학생들은 또한 면담을 수행하였다.
    Enos & Kanter(2002), 102－103면.
325) Kanter, Enos, & Dalton(2001), 386면.
326) Enos & Kanter(2002), 103면, 각주 69).

습 및 권익옹호 서비스를 요구하는 환자들에게 제공하는 간단한 자문, 권익옹호 서비스 그리고 의뢰를 동일하게 강조하였다.

처음 2년 동안 캔터 교수와 허버트 박사는 기존의 상근 교육 및 임상감독 책임을 수행하였다. 뿐만 아니라 그들은 현장실습을 위해 학생들을 훈련시키고 실습 후 학생들을 감독하였다. 노스이스턴 로스쿨은 프로젝트를 확장시키고 개선하기 위해 추가 자원들이 필요하다고 인식하고, 학생들을 감독할 자원봉사 변호사를 모집하였다. 크리스티나 폴터(Christina Poulter)가 이 자원봉사 변호사들을 감독하기 위해 시간제로 고용되었다. 1994년부터 1996년까지 로스쿨 학생들이 가정폭력에 관심을 가진 자원 변호사들의 감독하에 일주일에 3번씩 야간에 병원 응급실에 배치되었다. 클리닉 프로그램을 졸업한 변호사들이 이 프로젝트의 취지를 수용하여 이전 연도의 것과 유사한 감독을 수행하였다. 반면에, 광범위한 소송 경험은 있으나 임상학생이 아니었던 변호사들은 다학문적 접근에 집중하기보다는 법률 구제에 집중함으로써 그들의 법률 권익옹호는 기존의 위계적·지시적 접근과 유사하였다. 이 시기에는 서비스 제공이라는 맥락에서 면담 기술을 개발하는 데 더 많은 관심을 기울였다.[327]

1995년에 푸알라니 에노스(V. Pualani Enos)가 첫 번째 직원 변호사(staff attorney)로 채용되었다. 그녀의 감독하에 프로젝트는 훈련을 강화하였고 병원과 새로운 통합을 이루었다.[328] 1996년, 에노스 교수와 보스턴 의과 대학 부교수이자 보스턴 메디컬 센터의 응급의학 주

---

327) 앞의 글, 104면.
328) Kanter, Enos, & Dalton(2001), 386면.

치의인 쥬디 린덴(Judy Linden) 박사가 프로그램에 대한 책임을 지게 된 이후부터 지금까지 에노스 교수는 프로그램의 교육·서비스·연구의 책임자로서 활동하며 린덴 박사는 의료 및 행정 책임자로 활동한다. 이 프로그램은 병원 응급 부서와의 협력관계로 지금까지 운영되고 있다.329)

1996년부터 1999년까지 프로그램의 책임자들은 다양한 교수 및 감독 방법들의 효과를 검토하였으며, 이 프로그램을 의학, 간호학, 사회사업학, 공중위생학, 심리학을 비롯한 다양한 학과의 대학원생들에게 개방하였다. 또한 법학, 사회사업학, 공중위생학을 비롯하여 다양한 배경을 지닌 수습 임상 감독자들이 연구하였다. 이러한 역사적 맥락은 기본적으로 이 프로그램의 연구·교육·서비스의 기본틀을 형성하였다. 교수 및 감독 전략이 완전히 도입되고 서류화하였다. 수습 법률 임상가들은 전일제로 작업하였다. 1999년 9월, 새로운 공익 펠로우 프로그램을 통해 갓 졸업한 로스쿨 졸업생이 직접적으로 서비스와 자원들을 제공하고, 학생들을 가르치며 감독함으로써 프로그램에서 주된 역할을 담당하였다. 프로젝트의 첫 펠로우인 캐린 레이(Karin Raye)는 임상감독 방법들을 철저히 도입할 수 있도록 2년 동안 헌신하였다.330) 임상 설립자인 로이스 캔터와 여타 변호사 / 펠로우들은 주기적으로 다양한 감독을 한다. 가정폭력연구소 사무국장은 교수방법, 커리큘럼 개발, 학생평가에 대한 검토를 진행시킴으로써 임상 교수진들에게 감독 및 지원을 제공한다. 모든 교수진들은 클리닉 프

---

329) Enos & Kanter(2002), 104면.
330) 현재 캐론 바-아키바(Kareen Bar-Akiva)가 펠로우로 섬기고 있다.
http://www.dvi.neu.edu/faculty_staff_bios/(2008년 1월 14일 검색).

로그램 시작 때부터 실시한 집중훈련은 협력하여 가르치고 있다.331)

2) 학생 면담인들의 훈련

(1) 개 관

면담인들은 2명 내지 3명의 팀으로 일하며 팀리더인 가정폭력에 경험이 있는 학생의 감독을 받는다. 면담인들은 주로 파트너 폭력과 학대예방 서비스의 효과에 관하여 응급 부서에서 허용한 여성들을 면담할 책임이 있다. 학생들은 가정폭력 피해자로 인정된 여성과 남성에게 학대예방 법률 권익옹호 서비스를 제공함에 있어서 팀리더들을 보조한다. 서비스는 수요일부터 일요일에 오후 5시부터 11시까지 보스턴 의료 센터의 응급부서에서 제공되었다. 그 후 학생들은 2005년 가을부터 근무시간을 연장하여 월요일부터 금요일까지는 낮 시간에 토요일과 일요일에는 야간근무를 하고 있다.332) 참가자들은 격주마다 1교대를 한다. 가정폭력연구소 / 보스턴 의료센터는 학생들의 일정표에 따라 여름 방학, 독서기간333)이나 시험기간 동안에 교대근무를 피한다. 학생들은 평균적으로 10교대 내지 12교대를 9월부터 4월까지 한다. 일요일에 열리는 1일 훈련 세션의 참석은 필수적이다. 면담인들은 지역사회 서비스와 폭력예방에 관심을 가져야 한다. 이

---

331) Enos & Kanter(2002), 105면.
332) http://www.slaw.new.edu/magazine/06winter/newsbriefs4.html(2007년 7월 26일 검색).
333) 독서기간이란 수업의 마지막 날과 기말 시험의 시작 사이의 시간을 말한다. 이 시기에 학생들과 강사들은 기말시험을 준비한다.

전의 가정폭력 작업경험은 요구되지 않는다. 작업연구를 통해 임상실습에 대해 재정지원을 받거나, 독립연구를 통해 학점을 받기 원하는 면담인들은 개별적으로 해당 학교와 조정할 수 있다.

(2) 필수요건

면담인 지위에 있는 학생들은 1년간의 실습에 동의해야 한다. 특별한 사유[334])로 1년간의 수행을 할 수 없는 학생들은 1학기 / 1쿼터 동안만 참여하기 위해 특별한 허가를 받아야 한다.

(3) 훈련수행

학생들은 9월 말이나 10월 초에 실시되는 초기훈련에서 반드시 8시간의 실습요건을 충족해야 한다. 이후 진행 훈련에서는 서비스 교대근무를 할 때마다 1시간씩 훈련을 받는다. 10월부터 4월까지 10시간 내지 12시간 훈련을 받는다. 학생면담인들은 만 1년 동안 총 28시간 내지 30시간의 훈련을 받는다.

(4) 서비스수행

학생들은 10회 내지 12회의 서비스 교대근무를 하게 된다. 학생들은 10월부터 4월까지 한 교대당 5시간씩 근무하고 그 외 1시간의 훈련을 받는다. 따라서 만 1년 동안 총서비스 시간은 50시간 내지 60시간이고, 총 업무수행 시간은 78시간 내지 90시간이다.

---

334) 가령, 대학의 다른 일이나 조건으로 인해 만 1년 동안 참여할 수 없는 경우를 말한다.
http://www.dvi.new.edu/ers/med_doc/mdbcdvp.htm(2007년 7월 30일 검색).

(5) 평가 사항

학생들은 ① 훈련과 교대 근무 출석, ② 초기 훈련과 진행 훈련에의 참여, ③ 가정폭력의 역동성과 서비스에 대한 의뢰인 역량강화 접근에 대한 이해, ④ 면담 기술, ⑤ 문서화 기술, ⑥ 안전계획수립 기술, ⑦ 팀에서 효과적으로 작업하는 능력, ⑧ 지역사회 자원에 대한 완벽한 이해 ⑨ 응급 부서 절차와 인사에 대한 이해를 평가받는다.

3) 팀리더 변호인의 훈련

(1) 개 관

학생 면담인의 면담 경험을 위해 팀리더의 역할은 중대하다. 팀리더는 서비스 제공자로서의 역할과 신입생 면담인들을 교육시키는 역할을 담당한다. 해마다 팀리더가 될 12명의 학생들이 채용 모집되고 훈련을 받는다. 이 중에 10명은 10개의 팀으로 구성된 면담인들의 팀장으로 배치되며, 나머지 2명의 팀리더들은 일시적으로 수행불가능하거나 그 학년도 과정동안 출타 중인 팀리더들을 대신하기 위해 대기한다.[335] 팀리더들은 가정폭력 및 이전의 직접적 서비스 경험에 따른 공식적인 훈련에 근거하여 선출된다. 전년도에 졸업한 졸업생 몇 명이 모든 팀리더 집단에 포함된다. 팀리더는 권익옹호기술을 우

---

335) 10개의 팀을 위해 10명의 팀리더가 필요하지만, 임상교수진은 팀리더가 부재중이거나 혹은 프로그램을 맡지 못하는 보기 드문 경우에 이 팀리더들을 대신할 수 있는 팀리더를 예비하는 것이 중요하다는 것을 깨닫고, 협력적 학습 모델과 비법률 현장에서 수행하는 작업의 어려움을 가정하면서 팀들 사이에 일관성을 유지하기 위해 이 제도를 고안하였다. Enos & Kanter(2002), 122면.

선순위로 하여 선택된다. 팀리더는 이 권익옹호기술를 통해 법률 서비스를 제공하며 윤리적 책임을 완수한다. 이미 면담인으로서 프로그램에 참여해 온 학생들이 선호되지만, 이전에 학대 피해자들을 위한 권익옹호 경험을 가진 학생들도 선출된다. 또한 팀리더들은 주로 로스쿨 출신이지만, 몇 명은 의학이나 공중보건학 대학원 프로그램 출신도 있다.

일단 선출되면 팀리더들의 후속 훈련 및 감독은 두 개의 트랙을 따라 진행된다. 팀리더들은 가정폭력 피해자들에게 응급 권익옹호 서비스들을 제공하기 위한 특수한 맥락 내에서 훈련과 감독을 받는다. 뿐만 아니라, 학생 면담인으로 구성된 팀의 현장 임상 감독자로서의 역동성에 초점을 두면서 훈련을 받는다.

팀리더 변호인들은 응급부서에서 근무하는 동안 폭력 피해자들에게 학대 예방 법률 변호 서비스를 제공할 책임이 있다. 개개의 팀리더는 2명 내지 3명의 면담인으로 구성된 팀이 보스턴 의료 센터에서 근무하는 동안 그들을 감독한다. 팀리더들은 또한 야간 근무를 감독하면서 면담인들에게 진행 훈련을 실시한다. 그들은 면담인들을 지원하면서 피드백을 주고, 병원 직원과 친밀하게 협력하여 일한다. 변호 서비스에는 안전계획수립, 쉼터 배치, 긴급 접근금지명령 신청, 적절한 의뢰, 체포·구류·접근금지명령을 위한 지원이 포함된다. 가정폭력 업무에 경험이 있는 사람, 그리고 지도자 지위를 유지하고 있는 사람에게 우선권이 주어진다. 주말의 필수 훈련은 모든 팀리더들에게 요구된다. 또한 팀리더들은 2주마다 사건순회 모임과 개별감독에 참여해야 한다.

(2) 필수요건

이 지위에 있는 학생들은 1년간의 수행에 동의해야 한다. 특별한 사유로 만 1년간 수행을 할 수 없는 학생들은 1학기 / 1쿼터 동안만 참여하기 위해 특별한 허가를 받아야 한다.

(3) 훈련수행

9월 말이나 10월 초에 16시간 동안 초기 훈련을 필수적으로 수행한다. 이후 9월부터 이듬해 4월까지 22시간 동안의 진행훈련과 10시간 동안의 개별감독을 수행한다. 따라서 만 1년 동안 총 64시간의 훈련을 수행하게 된다.

(4) 서비스수행

10월부터 이듬해 4월까지 6시간씩 10회 내지 12회의 교대근무를 한다. 만 1년 동안 총서비스 시간은 60시간 내지 72시간이 되며, 총 업무수행 시간은 124시간 내지 136시간이다.

(5) 평가 사항

팀리더 변호인은 ① 초기 훈련과 진행 훈련의 참여, ② 야간교대 훈련과 교수 스타일에 대한 준비성, ③ 감독 기술, ④ 행정 기술, ⑤ 면담 / 변호 기술, ⑥ 의뢰인 중심 / 의뢰인 역량강화 접근방법을 사용한 서비스 제공 능력, ⑦ 사건 서류 관리, ⑧ 안전계획수립기술, ⑨ 팀 접근을 통한 서비스 제공 능력, ⑩ 지역사회 자원에 대한 작업 지식, ⑪ 응급 부서 직원과 작업하는 능력, ⑫ 피드백에 대한 반응을 평가받는다.

4) 선임 변호인의 훈련[336]

(1) 개 관

선임 변호인은 매주 1회씩 5시간의 주간근무와 야간근무 동안 폭력 피해자들에게 학대예방 법률 권익옹호 서비스를 제공한다. 권익옹호 서비스는 안전계획수립, 쉼터 배치, 긴급 접근금지명령 신청, 적절한 의뢰, 체포·구류·접근금지명령을 용이하게 하도록 지원하는 것을 그 내용으로 한다.

(2) 필수요건

선임 변호인들은 가정폭력에 대한 서비스를 직접적으로 제공한 경험이 있어야 하며, 적어도 가정폭력 훈련을 25시간 받아야 한다. 선임 변호인들은 팀리더 훈련과 선임 변호인을 위한 3시간 훈련에 참여해야 한다. 이전 학년도에 팀리더로서 일했던 학생의 지원이 권장된다. 선임 변호인은 개별 로스쿨로부터 독립연구나 작업연구를 겸할 수 있다.

(3) 훈련수행

선임 변호인들은 9월 말이나 10월 초에 12시간의 초기훈련을 마쳐야 한다. 그런 다음, 10월부터 11월 동안 격주로 2시간씩 진행훈련을

---

336) http://www.dvi.new.edu/ers/med_doc/mdbcdvp.htm(2007년 7월 30일 검색).

미국 임상법학 교육방법 이론과 실제

받으며, 10월부터 이듬해 4월까지 매주 한 시간 반 동안 개별감독을 한다. 따라서 한 쿼터 동안 총 47시간 내지 50시간의 훈련을 수행하며, 한 학기 동안의 총 훈련시간은 94시간 내지 100시간이 된다.

(4) 서비스수행

선임 변호인들은 매주 5시간씩 현장 서비스를 제공한다. 따라서 한 쿼터 동안의 총서비스 시간은 100시간 내지 110시간이고, 한 학기 총서비스 시간은 200시간 내지 220시간이다. 총 훈련수행 시간을 합하면 한 쿼터 동안의 총 업무수행 시간은 147시간 내지 160시간, 한 학기 총 업무수행 시간은 294시간 내지 320시간이다.

(5) 평가사항

선임 변호인은 ① 초기 훈련과 진행훈련 참여, ② 행정기술, ③ 면담 / 변호 기술, ④ 의뢰인 중심 / 의뢰인 역량강화 접근방법을 사용하는 서비스 제공 능력, ⑤ 사건 서류 관리, ⑥ 사건 후속조치, ⑦ 지역사회 자원에 대한 작업지식, ⑧ 응급 부서 직원과 서비스를 조정하는 능력, ⑨ 피드백에 대한 반응도를 평가받는다.

제3절 2·3학년 학생의 임상교육 및 훈련

노스이스턴 로스쿨은 2학년과 3학년 학생 중 관심 있는 학생들을 위한 다양한 가정폭력 선택과목들을 개설하고 있다. 진지하게 권익 옹호 훈련을 받기 원하는 2학년과 3학년 학생들은 가정폭력 클리닉(Domestic Violence Clinic)을 선택할 수 있다. 가정폭력 클리닉은 6학점의 한 쿼터 강의로서 1년에 3번 개설된다. 6명 내지 8명의 학생이 수강할 수 있다. 가정폭력 클리닉은 로이스 캔터(Lois Kanter)가 지도하며 부(副)임상 감독변호사들이 협력하여 지원하고 있다.[337] 로이스 캔터는 임상 교수이며 가정폭력연구소의 임상 책임자이다. 학생들은 지방법원 클리닉뿐만 아니라 매사추세츠 검인 재판소 및 가정법원(Massachusetts Probate and Family Courts)에 소 제기된 가족법 사건을 맡아 임상 기술들을 개발할 수 있다.[338]

1. 「가정폭력과 법」

상급생 수준의 「가정폭력과 법(Domestic Violence and the Law)」은 쿼터당 3학점 수업으로서 1996년부터 클래르 댈톤(Clare Dalton) 교수가 가르치고 있다. 이 수업은 법학뿐만 아니라 역사학, 인류학,

---

337) http://www.dvi.neu.edu/(2007년 7월 24일 검색).
338) Kanter, Enos, & Dalton(2001), 389면.

사회학, 심리학이 연계된 간학문 수업이다. 강의는 토의 세미나 형식으로 되어 있으며 모든 수업 참가자들의 적극적 참여가 강조된다. 역할극은 때때로 토의 쟁점을 강조하기 위해 사용된다. 경험 많은 강사가 초청되어 수업에 참여하기도 한다. 제시된 자료들은 관련 영화 장면과 함께 보충된다.[339] 이 강의를 통해 댈톤 교수는 가정폭력 커리큘럼을 개발하여 「매 맞는 여성과 법」이라는 사례집을 발간하였다.[340]

수업 초기에는 친밀한 관계에서 발생하는 폭력의 역학과 폭력관계가 깊게 각인된 문화적 맥락에 초점을 둔다. 이후의 수업들은 파트너의 폭력으로부터 자신을 보호하거나 폭력관계를 종식시키고자 하는 여성과 가장 밀접한 관련성이 있는 법제도들을 조사한다. 특히 가족법, 대안적 분쟁해결, 학대방지법률, 형법 및 형사정책제도, 불법행위법에 나타난 최근의 상황, 여성에 대한 폭력에 관한 새로운 연방법, 국제 인권 침해로서의 여성에 대한 폭력을 공부한다.[341] 학생들은 법제도와 가정폭력의 피해자들 사이의 모든 주요한 교차영역들 - 보호명령, 형사 소추 및 변호, 가족법, 아동보호, 불법행위, 시민권 및 국제인권 - 을 연구한다. 또한 학생들은 이민, 주거, 교육, 의료보험, 고용, 복지 및 관련 수당 프로그램이나 고용에 대한 피해자의 접근이나 지위에 미치는 가정폭력의 영향력을 연구한다.[342] 학기말에는 변호사가 매 맞는 여성을 위해 일하면서 직면하는 특수한 문제점들

---

339) http://www.dvi.neu.edu/(2007년 7월 24일 검색).
340) Clare Dalton & Elizabeth Schneider(2001). *Battered Women and the Law*(New York: Foundation Press). 이 책은 2007년에 재판되었다.
341) http://www.dvi.neu.edu/(2007년 7월 24일 검색).
342) Kanter, Enos, & Dalton(2001), 395면.

과 공·사 기관과 조직이 매 맞는 여성의 필요에 대응하기 위해 마련한 혁신 프로그램을 다룬다.[343]

학생들은 이 강의에서 기말시험을 치를지, 교수의 감독하에 연구서를 제출할지, 혹은 지역사회에 기반을 둔 프로젝트에 참가할지를 선택한다. 학생들은 학교 중심의 십대 데이트 폭력 프로그램의 평가에 참가하거나, 감독하에 진행되는 접견 센터의 운영에 대한 프로토콜을 준비한다. 구타자가 수감 중인 여성에게 미치는 영향력을 평가하기 위해 소송 전(前) 구금 지침서를 분석하거나, 후견인 실무를 조사하고 매 맞는 여성 및 그 자녀들을 보호하기 위한 개혁안을 제시한다. 이 수업을 수강했던 학생들은 정통 유태인 지역사회에서의 가정폭력 기획이나, 특별법원인 가정폭력법원과 법원 명령에 따른 부모 교육 프로그램에 관한 연구를 조사하기도 하였다.[344]

2. 「가정폭력 클리닉」

1) 개 관

노스이스턴 로스쿨의 「가정폭력 클리닉」은 로스쿨에서 가정폭력에 대한 의식향상을 목표로 하는 하나의 커다란 프로젝트이다. 이 클리닉은 돌체스터 지방 법원(Dorchester District Court)을 중심으로 진행

---

343) http://www.dvi.neu.edu/(2007년 7월 24일 검색).
344) Kanter, Enos, & Dalton(2001), 395면.

된다. 학생 변호사들은 의뢰인이 안전계획을 세우도록 돕고 사건을 준비하기 위해 의뢰인들과 협력한다. 그들은 의뢰인이 주(州)가 규정한 보호 명령 법률에 따라 광범위한 구제를 받도록 돕는다.[345]

돌체스터 지방법원은 주로 형사 관할 법원이다. 보호명령을 구하러 오는 많은 여성들은 그들이 형사입건을 원하는지, 그리고 만약 형사입건에 관심이 있다면 지방검사 사무실과의 협력을 바라는지 결정해야 한다. 형사절차를 협상하고 있는 여성들, 특히 그들의 구타자들의 기소에 기꺼이 참여하지 않거나 그럴 수 없다고 결정한 사람들이 돌체스터 지방법원에 있는 노스이스턴 로스쿨 변호사들의 도움을 받는다. 노스이스턴 로스쿨 변호사들은 학대자에 의해 범죄행위로 기소된 여성들을 지원한다. 학대자들은 복수(復讐)의 수단으로 형사 절차를 악용하곤 한다.

노스이스턴 로스쿨은 거의 십여 년 동안 법원에서 민사변호 서비스만을 제공한 후, 돌체스터에 있는 가정폭력 법원 모델을 개발할 (여성 폭력 사무국에서 재정 지원한) 수백만 달러의 연방 시범 프로젝트의 파트너가 되었다. 이 프로젝트를 통해 노스이스턴 로스쿨 교수진과 학생들은 더욱 광범위한 피해자 옹호 프로그램을 법원에 도

---

345) 여성을 위한 문제는 폭력적 남자친구가 그녀의 아파트와 직장으로부터 멀리 있도록 하기 위한 단순한 것일 수도 있다. 또는 폭력적 남편이 가정으로부터 퇴거될 필요가 있으며 자녀양육권을 구하는 것일 수도 있다. 母가 쉼터에 있을 수 있으나 스토킹하는 남자가 언제나 그녀로부터 300피트(91.44m) 멀리 떨어져 있어야 하고 소지한 총을 양도해야 한다는 명령이 필요한 경우도 있다. 점차 구타자들은 그들 자신이 피해자인 것처럼 가장하면서 법원에 오고 있으므로, 법원이 폭력의 주된 가해자가 누구인지를 확인하도록 돕는 것이 여성을 대리하는 변호에 포함되고 있다. 앞의 글, 390면.

입할 수 있었다. 국가 시범 프로젝트에 참여하는 경험은 다른 로스
쿨 학생들에게는 없는 교육 기회다. 이것은 노스이스턴 로스쿨이 보
스턴의 매 맞는 여성 서비스 공동체에서 확고한 지위를 차지하고 있
음을 반영한다.[346]

   2) 내용 및 구성[347]

   임상학생들은 강의의 첫 2주 동안 25시간 집중 훈련 프로그램에
참석한다. 나머지 10주 동안에 학생들은 민사 학대예방 명령을 구하
는 가족 폭력 피해자들을 위해 권익옹호를 하면서 지방법원에서 일
주일에 12시간 내지 16시간 동안 실습한다. 전체 임상 배치를 통해
학생들은 매주 2시간 수업에 참석하며 임상교수나 공익 펠로우로부
터 1시간 반 동안 개별감독을 받는다. 클리닉은 일 년 내내 지방법
원에서 굉장한 비율의 가정폭력 민사 권익옹호를 제공한다. 그래서
교수진은 교직원외에 상근하는 펠로우 2명을 추가하였다. 2명의 펠
로우들은 법원에서 학생들을 지원하고 클리닉이 없는 경우에 직접적
권익옹호 서비스를 제공한다. 그들은 임상교수와 함께 강의를 공동
으로 가르친다. 학생들은 또한 특별 수업이나 훈련 과정뿐만 아니라
필요한 경우 부가적으로 감독수업에 참석할 수 있다.
   커리큘럼은 하나의 지방법원 클리닉 과정을 위한 집중 훈련 프로
그램과 주간 수업으로 구성된다. 1단계는 커리큘럼에 대한 개관, 기

---

346) http://www.dvi.neu.edu/(2007년 7월 24일 검색).
347) ABA Commission on Domestic Violence(2003), Appendix A-40 이하.

본 교과서 및 학생들이 이용 가능한 온라인 자료의 인용, 학생들에게 배포하여 돌려받은 소개 자료로 구성된다. 처음 1시간의 소개 수업에서 개인 소개와 함께 이러한 문제들에 대한 검토가 이루어진다. 2단계에서는 최근에 지방법원 클리닉 과정의 처음 2주 동안 계획된 집중 훈련 프로그램을 구성하는 12주 교수 모듈을 진행한다. 한 시간 내지 세 시간 동안 진행되는 이 모듈들은 지방법원에서 학생들이 지도교수의 감독하에 실무를 시작하기 전에 필요한 실질적, 절차적, 행정적 기본 지식을 다룬다. 3단계는 항상 정규 주간 수업들처럼 5개의 실체법 수업들을 위한 커리큘럼을 포함한다. 이 중에 네 개의 수업들은 학생들의 임상작업 시작 시에 하며, 나머지 한 개의 수업은 마지막 수업으로서 수업이 끝날 즈음에 진행된다. 3단계는 또한 9개의 선택 수업을 위한 주제들을 목록으로 열거한다. 교수진들은 항상 4개 내지 5개의 주제만을 제공할 시간을 갖는다. 정기주간 수업들의 대다수는 초기 훈련동안에 제시된 주제들을 심도 있게 다룬다.

⑴ 준비단계

㈎ 학생 등록

클리닉에 등록하려는 학생들은 "등록 전 설문지(Pre－registration Questionnaire)"를 제출한다. 이것은 학생에 대한 배경 지식과 이 수업을 듣게 된 학생들의 관심을 내용으로 한다. 이 설문에 반드시 응해야 하는 것은 아니다. 강사들은 설문지상의 정보들을 보충하기 위해 각 신청인들에게 이력서를 제출하도록 권할 수 있다.

(나) 등록 전(前) 면담

수업 첫 주나 수업 전에 초기 면담을 한다. 개별 면담에서 제시되는 쟁점들은 학생의 특수한 기대나 관심, 또는 수업시간에 질문하지 못할 문제들이다. 학생들의 개인적 및 학술적 배경에 대한 논의와 (강사들이 등록 전 설문지에 언급한) 수업을 택한 이유들을 내용으로 한다.

(다) 수업 설명 · 주교재 · 웹사이트

수업 첫 시간에는 클리닉의 목적, 클리닉 구성, 훈련 스케줄, 수업 교재 및 읽기자료를 개관하는 '초기 수업 메모(Initial Class Memo)'가 배포된다. 지방법원 클리닉을 위한 기본 교재는 수업 강사에 의해 준비되며 해마다 정기적으로 개정된다. 현 버전은 로이스 캔터(Lois H. Kanter)와 푸알라니 에노스(V. Pualani Enos)가 편집한 (500면 이상의) 『가정폭력 매뉴얼: 2000』로서 이것은 두 권으로 구성되어 있다. 이것은 돌체스터 지역사회 원탁을 위해 캔터 교수가 새롭게 만든 지침서인 『The HELP Book: 2000』에 의해 보충된다.[348]

(라) 첫 수업

첫 수업은 강사와 학생의 자기소개, 질문 시간, 커리큘럼 검토, 초기 훈련 프로그램을 위한 스케줄로 구성된다. 모든 학생들이 참여할 수 있는 시간에 첫 25시간의 훈련 시간표를 짠다. 8일 내지 10일 내에 이

---

348) 이 책들의 복사본들은 캔터 교수에게 연락하여 주문할 수 있으며 DVI@nunet.neu.edu에 인증받은 사람들은 DVI의 웹사이트를 통해 이용할 수 있다. 앞의 글, Appendix A－41.

훈련을 완수하도록 노력한다. 첫 수업에서는 집중훈련 모듈과 수업 비롯하여 『커리큘럼 개관(Overview of the Curriculum)』이 배포된다.

(2) 집중훈련

훈련 커리큘럼은 12개의 모듈과 10개의 후속 주간 수업들로 나누어져 있다. 각 모듈들은 1시간에서 3시간까지 진행되며 훈련 세션들을 보충하기 위해 (연속적으로) 진행될 수 있다. 도입단계 수업에서 교수진과 학생들은 상호 이용가능한 시간에 따라 훈련 스케줄을 잡는다. 그런 다음, 합의된 훈련 스케줄에 따라 각 모듈들이 준비된다. 이후의 주간 수업들은 2시간 동안 진행되며 처음 30분은 실무 쟁점에 대한 토의에 전념하고, 이후 1시간 30분 동안에는 수업 발표를 한다.

모듈과 수업들의 대다수는 ("가정폭력매뉴얼, 2001"에 있는) 읽기 과제들이며 학생들은 언제든지 수업 전에 읽어 와야 한다. 집중훈련 모듈을 위한 모든 읽기 과제들은 법원에서의 첫 수업 일정이 잡힌 날 이전에 완수되어야 한다. 읽기자료들은 초기 훈련 기간 이후에 진행되는 수업들을 위해 추가될 수 있다.

집중훈련의 내용을 표로 정리하면 다음과 같다.

모듈	주제 및 내용	읽기 과제
1	**가정폭력 개관(1시간 30분)** 1. 수업 토의를 위한 기본 규칙 2. 가정폭력 역학의 개관	매뉴얼, 제1집 제1장 제A절(가정폭력의 정의), 제D절(Larder, Kirsten의 스토킹)
2	**가정폭력 역학의 의해(2시간)** 1. 영화: *Defending Our Lives* 2. 영화에 대한 피드백 / 소감 3. 가정폭력에 관한 이론들에 대한 토의	매뉴얼, 제1집, 제1장, 제B.1, 제B.2절(가정폭력에 관한 이론) <u>수업자료</u>: 영화 *Defending Our Lives*
3	**구타자 및 그들의 행태 (1시간 30분)** 1. 친밀한 파트너들이 지닌 행태, 동기, 심리 2. 타인이 보는 구타자에 대한 인식 3. 유형, 다양성(문화 등등) 4. 적절한 개입	매뉴얼 제1집 제1장 제B.3절(Johnson & Campbell, 임상유형학)과 제C절(구타자 및 그들의 행태)
4	**성인 피해자에게 미치는 가정폭력의 영향력(1시간)** 1. 신체적, 인지적, 감정적, 사회적 효과 3. 법률 절차 / 개입과의 관련성	매뉴얼 제1집 제2장(가정폭력의 다양한 효과) 제A절(폭력순환이론), 제B절(피해자의 반응에 대한 이론), 제C절(구조요청 피해자의 행태에 미치는 영향)
5	**아동에게 미치는 가정폭력의 영향(1시간)** 1. 통계 검토 2. 영화 발췌: *Once They Were Warriors* 3. 특수한 영향 4. 아동 서비스를 위한 의뢰	매뉴얼 제1집 제2장 제D절(아동에게 미치는 가정폭력의 영향) <u>수업자료</u>: 영화 발췌 *Once They Were Warriors*
6	**면담 및 상담 소개(1시간 30분)** 1. 변호사의 역할 2. 의뢰인의 역량을 강화하는 권익옹호 3. 면담 기술 4. 젠더·인종·계급·성적 취향에 관한 쟁점들	매뉴얼 제1집 제3장(변론 기술) 제A절(개관), 제B절(의뢰인이 정의하는 변호 및 의뢰인 역량강화), 제C절(의뢰인 중심 면담), 제D절(치사율조사 및 안전계획),제E절(다양성 문제 인식)

모듈	주제 및 내용	읽기 과제
7	치사율 평가 및 안전계획(2시간) 1. 치사율 평가방법 및 안전계획 수립 방법 2. 역할극: 치사율 평가·안전 계획의 전개 3. 법원 일정에 대한 초기 논의	매뉴얼 제1집 제3장 제D절(치사율 평가 및 안전계획수립), 195면 – 216면.
8	법원참관(3시간, 감독자와 함께 2명 내지 3명의 학생) 1. 감독자의 부가 설명과 함께 법정 둘러보기 및 소개 2. 가정폭력 접근금지명령과 형사 절차 참관	(8과·9과를 위해 법원 참관 이전에 읽을 것) 돌체스터 지방법원 매뉴얼, 매뉴얼 제2집 제1장 제A절(매사추세츠 주(州) 학대법률) 및 제2장 제A절(소개),제B절(서류양식개관),제3절(의뢰인과 소송절차개시)
9	학대방지명령: 실체법과 절차법(2시간) 1. 법원제도 개관 2. 제209A조 규정(요건과 구제) 3. 구제를 위한 절차	위의 모듈 8 참조.
10	접근금지명령 변론: 의뢰인과 질자개시 1. 영화: *Up to Standard: You Decide* 2 변호사의 역할, 다른 법원인사와의 관계 3. 문서작업의 완성, 일방 명령 4. 10일 심리를 위한 서비스와 준비 5. 10일 심리와 의뢰	위의 모듈 8 참조.
11	감독하에 면담 역할극(30분 준비, 2시간 역할극) 1. 준비: 학생을 3개의 팀으로 나눈다. 2명의 학생이 피해자 "사실 기록"을 외운다. 2. 역할극: 팀과 강사가 편한 시간에 일정을 잡는다. 3. 역할극에서 제209A조 청원을 완성한다.	수업시간에 제시된 모든 과제물을 읽고 숙지할 것.
12	(비정규수업) 법원에서의 작업에 대한 필수 쟁점들 1. 직업 책임: 비밀유지 및 충돌 2. 사무국의 절차 및 규정 3. 기록 보존 4. 사무국간의 관계 5. 서비스를 위한 의뢰: 『Help Book』 사용	

모듈	주제 및 내용	읽기 과제
13	요약정리(1시간 내지 1시간 30분) 1. 권익옹호에 미치는 변호사의 영향력: 2차 스트레스 증후군과 자가 치료 2. 근심 완화: 지도·감독 및 지원 3. 마지막 질문과 답, 법원 과제를 위한 마지막 일정 잡기	

(3) 주간수업

집중훈련 프로그램 이후 첫 번째 정규 주간수업은 지방법원 클리닉의 3번째 주에 시작하며 보통 2시간 동안 진행된다. 처음의 네 개의 주제들은 법원 변호사의 일상 과제들과 매우 관련되기 때문에 (발표순서가 바뀔 수 있다고 하더라도) 수업 처음 시간대에 일정이 잡혀져야 한다. (항상 5개인) 나머지 수업들은 선택 강의로서 초청강사에 의해 진행된다. 이 커리큘럼은 많은 변호사들이 경험하는 외상, 회복 및 이와 관련된 2차 스트레스 징후로 마무리된다.

주간 수업의 내용을 표로 정리하면 다음과 같다.

수업	내용	읽기 과제
수업1	가정폭력 사건에 관한 형법과 형사 소송	매뉴얼 제2집 제3장(형사절차에서 의뢰인 조력)
수업2	209A조의 요건, 구제, 절차 검토	매뉴얼 제2집 제1장과 제2장 (209A조의 요건, 구제, 절차)
수업3	학대예방 209A 조치에서 아동 지원 및 양육	매뉴얼 제2집 제4장 제A절(임시 지원 명령)
수업4	가족법과 검인재판소 실무: 209A 명령과 양육 및 접견 소송의 검토	매뉴얼 제2집 제4장 제B절(검인 재판소 실무)

수업	내용	읽기 과제
마지막 수업	증상과 회복: 매 맞는 여성과 변호사에 대한 쟁점들	매뉴얼 제1집 제2장 제B.2절 (Herman, 외상 및 회복),제6장(2차 증상 및 자가 치료)
선택 강의	1. 고급 형법 문제: 중범죄 소추 2. 강간 및 성폭력 3. 폭력을 목격한 아동들 4. 차이의 문제: 인종·민족·성적 취향에 대한 다양성 문제 5. 범죄자 책임 / 구타자의 취급 6. 연방법상 가정폭력예방: VAWA, 연방법상의 소추(지역사회 협조대응도 포함 가능) 7. 아동복지와 주(州)개입(수업 4에서 다루어지지 않은 경우)	

3. 「가정폭력 가족법 소송(검인 소송)」세미나

폭력적 파트너와 이혼하기 원하고 그의 접견요구를 반대하거나 혹
은 양육과 부양 문제를 좀 더 영구적으로 해결하기 원하는 여성은
검인 재판소에 가야 한다.[349] 검인 재판소는 특수화된 '높은 단계의'
법원으로서 만약 아동양육이나 부양에 관한 판결이라면 '낮은 단계
의' 매사추세츠 지방법원(Massachusetts District Court) 결정을 파기
할 수 있다.[350] 검인 재판소는 형사 문제를 전혀 취급하지 않으며
폭력문제를 다루지 않는다. 동시에 검인 재판소는 전통적으로 지방
법원보다 변론을 적게 사용한다. 또한 검인재판소는 가정폭력에 대

---

349) http://www.dvi.neu.edu/(2007년 7월 26일 검색).
350) Kanter, Enos, & Dalton(2001), 391면.

한 경험이 많은 변호사를 필요로 하지 않는다.351)

노스이스턴 로스쿨은 다른 클리닉 모델과 함께 실험을 한 결과,
검인 재판소의 중점을 바꿀 필요가 있다고 결정하였다.352) 목표는 3
개의 개별 교육기회를 학생들에게 제공하는 것이었다. 이것은 학생
들이 가족법에서 경력을 쌓기 위해 필요한 실질적 전문기술을 습득
하고 직업 준비를 할 수 있게 하기 위함이다. 그중에 하나가 임상
훈련기회와 코업(co-op)353) 채용과 연관된 학술 강의이다.354) 다른

---

351) http://www.dvi.neu.edu/(2007년 7월 26일 검색).

352) 노스이스턴 로스쿨 프로그램은 여성들이 검인재판소 관련 영역을 협
상하는 데 이바지하였다. 그러나 현실적으로 임상교육 프로그램의 구
조는 주어진 쿼터 내에 단지 10주 내지 11주 동안 전통적 검인 사건
을 다루기에는 적합하지 않으며 학생들의 수도 상대적으로 적었다. 검
인 사건들은 오랜 시간을 거쳐 확대되는 경향이 있다. 의뢰인에게 3
개월마다 학생 변호사와 새로운 관계를 맺으라고 요구하는 것은 하나
의 희망사항일 뿐이다. 감독자들 스스로 현재 진행 중인 사건에 대한
책임을 너무나 많이 부담하고 있었다. 게다가 학생들이 할 수 있는
적은 수의 사건들은 법원 내의 서비스 제공자 공동체에게 거의 아무
런 영향력을 미치지 못하였다. http://www.dvi.neu.edu/(2007년 7월 26
일 검색).

353) 협력법학교육(Cooperative Legal Education)은 법조에서 직업을 얻도록
학생들을 훈련시키는 노스이스턴 로스쿨만의 독특한 접근방법이다. 이
프로그램에서 학생들은 1학년 때 전통적 학술연구를 완수한 다음, 나
머지 2년 동안에는 3개월 동안 법률 인턴으로서 상근으로 일하거나 3
개월 동안 상근으로 수업에 참여하면서 매 3개월을 번갈아가면서 학
습한다. 모든 학생들은 4개의 협력 작업 쿼터를 성공적으로 완수해야
졸업을 할 수 있다. 하나의 작업 기간을 "co-op('코업')"이라고 하며
평균적으로 200명의 학생들이 (모든 크기의) 민간 로펌, 법률서비스,
공익변호 연합, (주 및 연방, 1심 및 항소)법원 서기, 정부기관, 회사
법무팀, 조합 및 특별한 이익 권익옹호 조직을 비롯하여 다양한 법률
실무를 하면서 매 쿼터마다 채용된다. 코업(co-op) 학생들은 변호사
협회 회원이나 재판관의 직접적 감독하에 실질적 법률 작업을 배당받

두 개는 가정폭력 변호사로서 이미 훈련받은 학생들을 특별 검인 실무에 코업(co-op)의 유급직(有給職)으로 배치시키는 것이다.[355]

그리하여 노이스턴 노스쿨은 소로스 재단(Soros Foundation)이 지원하는 새로운 기금으로 1998 / 1999학년도에 「가정폭력 가족법 소송 (The Domestic Violence Family Law Litigation, 이하 'DVFLL')」을 로스쿨 커리큘럼에 추가로 개설하였다.[356] 가정폭력 전문기술을 갖춘 3명의 가족법 선임 실무자, 3명 내지 6명의 하급 실무자, 3명의 상급학생이 수업에 관여한다. 이 실무 중심의 세미나는 수업은 가정폭력 권익옹호 및 가족법 대리를 다룬다. 수업은 소규모로 혹은 단독으로 개업한 변호사의 관점으로 3시간 동안 진행된다.[357]

는다. 현재 30여 개 주(州)의 700개 이상의 사용자들이 대보스턴 지역의 대다수의 코업(co-op) 채용과 함께 이 프로그램에 적극적으로 참여하고 있다. Roger I. Abrams(Spring 2001). Co-op Program. 15 *St. John's J. L. Commentary* 295.

354) http://www.dvi.neu.edu/(2007년 7월 26일 검색).

355) Kanter, Enos, & Dalton(2001), 392면.

356) 기본적으로 가정폭력의 역동성과 자신과 그 자녀들을 학대로부터 보호하려는 여성들이 직면한 문제들에 친숙한 학생들을 위한 고급 세미나이다. DVFLL 세미나는 여성변호사협회 프로보로 프로젝트(Women's Bar Association Pro Bono Project) 중 가족법 프로젝트 출신의 실무가(경험 많은 변호사와 신참 변호사)들 및 가정폭력연구소 교수진과 학생들로 이루어진다. 이들은 가족법 소송에 직면한 가정폭력 생존자들의 특수한 필요를 함께 연구하기 위해 결합하였다.
http://www.dvi.neu.edu/ers/2nd/cirriculum.htm(2007년 7월 26일 검색).

357) DVFLL 세미나는 가정폭력연구소의 임상교수인 에노스(V. Pualani Enos)에 의해 운영되고 지도되었다. 현재 에노스(V. Pualani Enos) 교수는 장기 휴가 중이다. DVFLL 강의는 멜톤 교수와 마가렛 드류(Margaret Drew) 변호사가 공동으로 가르쳐왔으나 최근에는 드류 변호사가 가르치고 있다.
http://www.dvi.neu.edu/ers/2nd/cirriculum.htm(2007년 7월 26일 검색).

4. 서폭(Suffolk) 검인 재판소 및 가정법원 협력법학교육

노스이스턴 로스쿨은 대(大)보스턴 법률서비스(Great Boston Legal Services, 이하 'GBLS')와 보스턴에서 가장 큰 쉼터 조직인 CMV와 제휴하여 보스턴의 써폭(Suffolk) 카운티의 가정폭력 피해자들에게 광범위한 민사 법률 서비스를 제공한다. GBLS는 서퍽 검인 재판소 및 가정 법원(Suffolk Probate and Family Court)에 법률 사무소를 개설하였다. 이것은 학대관련 가족법 문제로 도움을 청하거나 학대자에 의해 법원에 기소된 가정폭력 피해자들의 필요에 이바지한다.

이 법률 사무소에서 노스이스턴 협력법학교육(co-op) 학생들은 경험이 풍부한 법률 서비스 변호사 및 변호사 보조원들과 함께 일할 수 있다. 학생들은 여성들이 법원에 온 당일에 그들에게 기본적 법률상담과 서비스를 제공한다. 학생들은 의뢰인에게 충분한 송무대리와 여타 필요한 서비스를 제공하기 위해 의뢰인을 다른 기관에 연결시킬 수 있다. 법원에서 학생들은 어떻게 진행할 것인지를 결정하기 위해 여성들을 면담하고 상담할 수 있다. 학생들은 구타자의 범죄기록과 경찰기록이나 재무제표 등 법원에 제출해야 할 서류들을 신청하거나 준비한다. 학생들은 당일 법원에 의해 심리된 문제에 대하여 피해자를 대리하기 위해 제한된 범위에서 법정에 출석할 수 있다. 장기화된 법률 사건으로서 필요한 경우, 학생들은 완전한 송무 대리인을 찾기 위해 '의뢰 네트워크'를 이용한다.358)

---

http://www.dvi.neu.edu/ers/2nd/faculty.htm(2007년 7월 26일 검색).
358) http://www.dvi.neu.edu/ers/2nd/3rd/overview/ov5.htm(2007년 7월 26일 검색).

5. 「보스턴 메디컬 센터 법정후견인 프로젝트」

BMC는 변호사 및 정신건강 실무자와 협력하여 가정폭력에 의해 영향을 받은 아동들을 재정 지원하기 위하여 노력하고 있다. 노스이스턴 로스쿨은 이러한 BMC의 노력을 지지하고 간학문 팀을 구성하였다. 이들은 소년 법원 및 가정 법원 절차에서 학대가정에서 살고 있는 아동들을 위해 법정 후견인(guardians ad litem, 이하 'GALs')으로서 봉사한다.[359]

이 모델은 가족 권익옹호 프로젝트(the Family Advocacy Project, 이하 'FAP')와 폭력에 대한 아동 증인 프로젝트(Child Witness to Violence Project, 이하 'CWVP')의 지원을 받는다. FAP는 병원 환자인 부모와 아동들에게 광범위한 법률 지원을 제공하고 있다. CWVP는 지역사회 구제 및 교육, 그리고 클리닉 서비스에서 가정폭력에 영향을 받은 아동들만을 특별히 돌본다. 노스이스턴 협력법학교육 프로그램(co-op) 학생들은 검인 재판소 실무에서 훈련을 받을 뿐만 아니라 법정후견인(GALs)의 특수한 역할을 담당하면서 프로젝트의 인턴으로 봉사한다.[360]

---

359) 국가사회복지사연합의 매사추세츠 지회(The Massachusetts Chapter of the National Association of Social Workers)는 최근에 가정폭력 전문기술과 함께 GALs에 대한 필요를 강조해 왔다. Kanter, Enos, & Dalton(2001), 394면.
360) http://www.dvi.neu.edu/ers/2nd/3rd/overview/ov5.htm(2007년 7월 26일 검색).

제4절 가정폭력 클리닉 프로그램의 법학교육방법론 분석

1. 의식향상

1) 의뢰인 역량강화

노스이스턴 로스쿨의 임상교수진·교직원·학생들은 의뢰인의 역량강화를 제일의 목표로 설정하며 의뢰인과 학생의 의식향상을 도모하고 있다. 임상학생들은 법제도가 매 맞는 여성의 권익을 옹호하기에 불충분하며, 법원의 선례 구속원칙·피의자 무죄추정 원칙·피고인의 권리·경찰의 위기통제력·범죄행위에 대한 실체법의 정의(定義) 등이 피해자의 안전보다 우선함을 임상을 통해 경험하였다. 이로 인해 노스이스턴 로스쿨 임상교수진은 의뢰인 역량강화를 위해 법집행과 법원이 피해자의 안전을 보장해야 한다고 결정하였다.361)

노스이스턴 로스쿨의 「가정폭력 클리닉」에서는 학생들이 자신의 고정관념으로 미리 판단하지 않도록 수업환경을 조성하였다. 이를 통해 학생들은 이해하기 어렵거나 논쟁의 여지가 있는 쟁점들을 자유롭게 토의할 수 있게 되었다. 학생들이 가정폭력의 복잡성 및 제한된 지식을 깨달을 수 있도록 임상교수진은 가정폭력의 역동성을 이해하는 데 도움이 되는 광의의 맥락을 학생들에게 제공한다. 학생들은 가정폭력을 형성할 수 있는 다양한 행태들을 학습한다. 학생들은 지금까지 너무나 사적(私的)이고, 상처 깊고, 혹은 극단적 학대행

---

361) Kanter, Enos, & Dalton(2001), 366-367면.

태이기 때문에 공개적으로 토의할 수 없다고 생각해 온 것들을 평안하게 토의하며 그것들을 명명(命名)한다. 뿐만 아니라, 학생들은 수업 진행을 위한 수칙을 정하고 의식향상을 위한 수업환경을 조성한다.[362]

2) 리더십 공유

(1) 임상감독자로서의 팀리더 변호인

법여성학방법론에 따르면 교수(감독자)와 학생은 전통적 위계를 탈피하여 의식향상을 위한 협력적이며 탐구적 관계를 조성한다. 노스이스턴의 임상교육의 특징 중에 하나는 이러한 협력관계를 위해 동료학생인 팀리더 변호인이 임상 감독자의 역할을 담당하는 데 있다.

교수진들은 팀리더 훈련을 통해 효과적인 교수 및 감독에 대한 원리와 기법들을 팀리더들에게 교육시킨다. 교수진은 학생 중심의 학습[363]을 팀리더들에게 시범으로 보이며 학생들과 협력관계를 조성하는 데 가치를 둔다.[364] 임상 교수진은 학생 면담인들과 직접적으

---

362) 노스이스턴 로스쿨의 「가정폭력 클리닉」 학생들이 정한 수업행동수칙은 다음과 같다. 1. 어떤 규칙이 수업 토의를 보장하기 위해 준수되어야 하는지를 질문함으로써 수업을 시작한다. 학생 토의에서 이 기본 규칙들을 준수한다. 2. 수업토의는 여전히 사적인 것이다. 학생들은 강의에 등록하지 않은 학생들과 누가 무엇을 말했는지를 토의하지 않는다. 3. 학생 자신의 개인적 학대경험을 폭로하는 것은 학생들의 자유로운 결정 사항이다. 그러나 그러한 개인적 폭로 이후의 언급은 반드시 관련된 당사자만 해야 한다. 4. 학생들은 동료의 견해를 존중하고 조롱하지 않으며, 동료의 이야기에 부끄러워하거나 노여움으로 반응하지 않는다.
363) 학생들로부터 정보를 도출하고, 학생들의 반응을 경청하며, 학생들이 이미 지식 및 기술의 토대가 되는 학습을 말한다.
364) 노스이스턴 로스쿨의 「가정폭력 클리닉」에서는 학생등록 시부터 수업

로 상호작용을 거의 하지 않는다. 대부분의 교육 과제에 관하여 교수진은 팀리더들과 작업하고 팀리더들은 교수의 시범을 모델로 하여 학생 면담인들과 작업한다.365)

팀리더들의 임상감독에 있어서 신입생들은 동료 학생이 자신들을 감독하는 것에 저항하기도 한다. 팀리더들은 스스로를 교사로서 부족하다고 생각하거나 임상 감독자로서의 역할과 서비스 제공자로서의 역할 사이에서 시간을 배분하는 것에 어려움을 겪곤 한다. 또한 해결하기 어려운 의뢰인의 상황을 만나기도 한다. 임상교수진들은 팀리더들이 이러한 장애물들을 확인하고 극복할 수 있도록 훈련시킨다. 학생에 대한 평가 및 프로그램에 대한 평가가 각 학년도 중간과 마지막에 실시될 때,366) 부정적 평가로 인해 평가자와 피평가자가 모두 당

강사들과 학생들 사이의 결속력 있는 감독 및 멘토링 관계를 설정하는 것을 성공적 임상의 척도로 삼는다. 등록 전(前) 학생과 면담할 때에 강사와 학생들은 서로를 좀 더 잘 알도록 학생들로 하여금 수업참여의 중요한 특징인 개별 감독과 멘토링 관계를 준비하게 한다. 「가정폭력 가족법소송(검인소송) 세미나」에서는 프로 보노 가정폭력 양육사건을 다룰 때 선임 실무자가 멘토가 되는 것을 조건으로 하급 실무자가 세미나에 참여한다. 선임 변호사는 한 명 내지 두 명의 하급 동료의 멘토가 되어 가족법 소송 세미나를 가르치는 대신에 노스이스턴 로스쿨 학생들의 조력을 받는다. 학생들은 선임 변호사의 감독하에 임상 인턴으로 일한 다음, 협력법학교육 학생으로서 상근한다. http://www.dvi.neu.edu/ers/2nd/cirriculum.htm(2007년 7월 26일 검색).

365) 이러한 모델은 보다 적은 교수 자원들을 활용하면서 더 큰 규모의 학생집단을 교육할 수 있다.

366) 교수진의 학생에 대한 평가와 학생의 프로그램에 대한 평가는 그 학년도 중간인 1월과 프로그램의 마지막인 4월에 한다. 교수진은 그 절차를 논의하고 각 학생들에게 제공한 서사 피드백 및 각 학생들에 대한 교대근무 보고서를 검토한다. 또한 교수진은 팀리더의 행정 서류작업을 검토하면서 11월부터는 학년 중간평가를 위해 팀리더들을 준비

황하게 되더라도 팀리더들은 이를 의미 있는 도약의 기회로 삼고, 보다 더 독립적으로 학년말 평가를 대비하며 수행 기술을 연마한다.

팀리더 변호인이 학생 면담인의 임상을 감독하지만 그 관계는 위계적이지 않다. 훈련이 진행됨에 따라 상당한 수의 면담을 완수한 학생 면담인들은 팀리더가 응급 권익옹호 서비스 제공을 위해 호출될 때 팀리더를 관찰하거나 보조할 수 있다.367) 훈련기간 동안 집단 전략 및 토의를 통하여 학생 면담인들은 서비스 사건을 경험함으로써 점차 서비스 사건을 다룰 수 있도록 준비된다. 가정폭력의 직접적 서비스 작업 경험이 있는 학생 면담인은 이듬해에 팀리더 변호인 지위와 선임 변호인 지위 중에 택일한다.

(2) 리더십 훈련

팀리더들은 면담인 훈련의 첫날부터 새로운 팀을 이끌어 서비스 및 면담과 관련된 훈련 요소를 발표함으로써 지도자로서의 역할을 담당한다. 자신의 팀이 발표하지 않을 때 팀리더들은 구성원들 옆에서 훈련에 참여하여 학생 면담인들과 상호작용한다. 이러한 공동훈련을 통해 팀리더들은 임상의 구조·기능·직원배치에 정통하게 되

시킨다. 팀리더는 각 학생들의 작업, 개발 영역, 개선을 위한 영역의 개요를 준비한다. 그런 다음, 팀리더들은 그 개요에 포함된 것 이외에 그들의 수행과 프로그램에 대한 학생들의 피드백을 경청하기 위해 필요한 것을 준비한다. 평가는 교대근무 동안에 팀리더와 각 팀구성원 사이의 개별 모임을 통해 수행된다. 각 팀리더와 교수진은 이러한 모임을 중심으로 후속 감독을 한다.
367) 통상적으로 학생 면담인의 역할은 의뢰인 면담 및 안전계획수립에 제한된다. 여기에는 다른 서비스 제공자들과의 상호작용 및 제공된 서비스를 문서화하는 작업이 포함될 수 있다.

며 팀리더 기술을 연마한다.

격주마다 모이는 팀리더 모임에서 팀리더들은 돌아가면서 사건검토를 발표한다. 임상교수진이 개발한 필수 교수기법 형식을 따르면서 논의될 쟁점들을 확인하기 위해 지도 교수와 함께 작업한다. 효과적 토의에 필요한 피드백을 얻기 위해 다른 팀리더들에게 어떤 정보를 전달하는 것이 가장 중요한지, 팀리더들 자신이 발표하기 원하는 것이 무엇인지, 그 토의가 그들 자신 및 그들의 경청자들에게 도움이 되기 위해 어떻게 전개되어야 할지를 고려한다. 팀리더 학생들은 작업 발표를 통해 동료로부터 새로운 견해를 얻고 이를 발전시킨다. 발표하지 않고 있는 팀리더들은 다른 팀리더의 발표를 경청한다.[368]

(3) 임상교수와 학생 면담인의 직접적인 의사소통

만약 학생 면담인들과의 모든 접촉들이 팀리더들을 통해서만 걸러지게 된다면 틀림없이 위험과 손실이 있을 것이기 때문에, 노스이스턴 로스쿨은 교수진과 학생 면담인들 사이의 직접적 의사소통이 가능하도록

---

[368] 사건검토 발표 자체는 6개의 단계와 관련되어 있으며 각 단계들은 시간적으로 엄격히 제한된다. 사건 발표자는 1) 논의될 쟁점을 명백하게 말하기, 2) 사건·환경·그 쟁점을 언급할 때 고려된 의뢰인의 견해를 제시하기, 3) 사건에 대한 접근방법을 설명하기, 4) 사건 해결을 위한 사고과정 및 결정에 대하여 성찰하기를 첫 네 단계에서 발표한다. 발표하는 학생들은 네 번째 단계에서 그들의 성찰을 공유할 기회를 갖는다. 다섯 번째 단계에서 팀리더들은 발표자들에게 왜 발표자가 그런 결론에 이르게 되었는지, 혹은 무엇이 그녀의 견해를 형성하였는지와 같은 질문들을 할 수 있다. 마지막 단계에서는 팀리더들이 긍정적 피드백을 발표자에게 주며 대안적 접근 방법을 제시한다. 팀리더들은 발표자의 결정이나 조치들을 비판하지 못한다. 팀리더들은 대안적 조치로 유도할 대안적 견해, 통찰력 내지 생각들을 제시할 수 있다. Enos & Kanter(2002), 128면, 각주 111).

팀리더들을 관여시키지 않고서 두 개의 별개의 프로그램을 운영한다.

첫째, 교수진은 학생 면담인이 작성한 서사를 심사하고 피드백은 주며, 각 학생 면담인에 관한 파일을 만든다.369) 학생 면담인들이 의뢰인과의 면담을 작성한 초기의 서사에서 임상교수진은 무엇이 놓쳐지고 있는지 혹은 무엇이 모호한지를 파악한다. 대부분의 학생들은 그러한 문서화 작업 및 환자가 말한 것을 자신의 견해나 그에 대한 성찰과 어떻게 구별해야 하는지를 모른다. 시간이 지남에 따라 교수진은 서투른 문서화 기술을 면담과 구별하기 시작하며 적절한 피드백을 제공할 수 있다. 팀리더의 보고와 함께 교수진의 초기 피드백은 학생들에게 면담에서 무엇이 행해졌으며 그 환자에게 미치는 영향력이 무엇인지를 다시 성찰케 하는 데 초점을 둔다. 학생들의 문서화 기술들이 개선되고 교수진이 수많은 면담 서사를 읽음으로써 학생들과 친숙해진다. 점차 교수진은 학생들의 선입관과 근심하거나 혼돈하고 있는 것들을 더 잘 식별할 수 있다. 문서로 된 피드백에서 교수진들은 대안을 제시할 수 있다.

임상 교수진이 만든 각 학생에 대한 파일은 피드백을 제공하기 위한 혁신적 관리 제도이다. 피드백을 제공하는 사람이 누구든지 학생 파일을 통해 이전의 언급을 다시 볼 수 있다. 그동안 교수진은 실무 및 실수에 대한 공통 목록을 만들어 사용해 왔다. 검토 목록에 관한 어떤 쟁점들은 환자를 간섭하는 학생, 대화를 주도하는 학생,

---

369) 학생에 관한 파일은 병원에서 사용하는 환자에 관한 파일과 유사하다. 교수들은 학생들이 클리닉 프로그램에서 실습한 내용이나 교수가 그 학생에게 준 피드백의 내용 등 학생에 대한 모든 정보를 기록으로 남겨 파일로 보관한다.

혹은 환자의 진술을 경청하거나 이에 반응하지 않는 학생을 포함한다.370) 그리하여 동일한 쟁점에 대한 사려 깊은 반응들이 그 목록에서 삭제되거나 첨가될 수 있다. 교수진은 그해 임상과정에서 동일한 언급을 여러 번 다시 쓰지 않아도 된다. 각 학생들이 그 학년도 동안 적어도 한 번 그 목록에 있는 모든 쟁점에 관한 피드백을 받고 있는지를 확인하기 위해 이 목록이 사용된다.

둘째, 교수진은 학생 면담인들이 매년 두 번씩 제출하는 프로그램에 대한 평가를 심사할 때 학생 면담인들과 직접 접촉한다. 이때 학생 면담인들은 프로그램에서의 경험을 말한다. 학생 면담인들은 임상 감독의 장점과 단점을 언급하며 특정 감독자와의 어려움을 포함하여 그들이 경험하고 있는 특별한 어려움을 교수진에게 전달할 수 있다. 평가는 학생들에게 교수진과 의사소통할 기회이고, 교수진이 어느 적합한 문제들을 다룰 수 있는 기회이다. 나아가, 교수진은 평가를 통해 프로그램의 면담 요소에 관심이 있음을 학생들에게 전달한다. 교수진은 학생 면담인들의 활동 및 교육 경험에 주의를 기울이며 그들의 견해를 높게 평가한다.

2. 이야기나누기

노스이스턴의 임상경험은 면담의 초점을 말하기에서 듣기로 이

---

370) 이 검토 목록은 팀리더 매뉴얼에 포함된 기술 및 기법들과 권익옹호와 팀리더 훈련에서 다루어진 기술들 및 기법들을 포함한다. Enos & Kanter(2002), 120면, 각주 98).

동시킴으로써 법여성학방법론을 실현하고 있다. 학생 면담인은 일련의 질문을 하기보다 면담을 통해 환자의 경험·이해·관점을 알기 위해 친밀한 파트너와 관련된 논의로 면담을 시작한다. 학생들은 의뢰인을 경청하고 덜 직접적인 방식으로 의뢰인에게 반응함으로써 문제 및 잠재적 해결과 관련된 더 정확하고 관련된 정보를 얻는다.[371] 정확하고 빈틈없는 비(非)지시적 경청기술은 의뢰인의 경험, 필요, 우선순위를 학습하는 핵심이 된다. 또한 경청기술은 의뢰인의 능력·자원·한계를 확인하고 이해하는 구심점이다. 경청기술은 어떤 의뢰인의 필요가 법률구제를 통해 다루어질지, 그리고 어떤 필요가 심리학이나 사회복지학 등 다른 학과의 구제를 통해 더 잘 충족될지를 결정하는 데 필수적이다. 경청은 고학년 수준의 클리닉에서 개발되는 다른 모든 기술들의 토대가 된다.[372]

노스이스턴 로스쿨의 학생 면담인들은 자발적이고 비밀이 보장되는 환경에서 가정폭력에 대한 여성들의 이야기와 견해를 수집하기

---

371) 심지어 전통적·위계적 법률 접근의 맥락에서조차 경청기술 없이는 효과적 면담 및 상담 기법을 개발하는 것이 불가능하다. 그러나 경청은 의뢰인 중심의, 의뢰인의 역량을 강화하는, 간학문적 법률 권익옹호를 제공할 때 훨씬 더 중요하다.

372) 면담인으로서 학생들을 준비시키기 위한 훈련은 첫째, 학생들은 그들의 경청기술을 향상시키고 개발하는 것, 비(非)지시적이며 제한 없는 문제제기를 활용하는 것, 그들 자신의 관찰 및 의뢰인이 제공하는 언어적 및 비언어적 실마리를 후속 문제제기의 개발에 통합시키는 것을 배우는 데에 집중해야 한다. 또한 학생들은 상호협력관계(rapport)를 형성할 기술을 특별히 훈련받는다. 둘째, 학생들은 프로그램의 중심 원리인 권익옹호에 대한 의뢰인 중심 및 의뢰인 역량강화 접근 및 문제해결에 대한 다중적 접근을 면담에 적용한다. V. Pualani Enos, Karin Raye, & K. Leigh Taylor([년도미상]). *BMC / DVP Advocate Training Curriculum 2002.*

위하여 응급실의 모든 여성들을 면담한다. 의뢰인 중심의 접근방법을 사용하면서 학생들은 자유롭게 면담을 배운다. 학생들은 의뢰인의 이야기에 감정을 이입하며 개인적 판단을 피한다. 학생들은 의뢰인의 이야기를 경청하면서 그들을 지지한다. 학생들은 여성들의 생각·의견·경험을 경청함으로써 가정폭력에 대한 이해, 피해자가 추구하는 안전과 장애물에 대한 이해, 의뢰인 역량강화 모델의 장점과 한계에 대한 이해를 증진한다. 이러한 개인 대 개인 접촉을 통한 비(非)법률 서비스는 도움이 필요한 여성들을 가정폭력 서비스로 유인하는 첫 번째 단계이다.

학생 면담인들은 훈련을 통해 면담의 의미를 확장시킨다. 학생들은 준비된 질문을 하거나 대답을 받아쓰는 것이 아니라 비(非)지시적이고 제한 없는 문제제기를 한다. 이를 통해 학생 면담인들은 말하여진 것뿐만 아니라 말하여지지 않는 것을 경청할 수 있게 된다. 이것은 매 맞는 여성의 메타-메시지를 읽는 면담 훈련이다. 학생들은 의뢰인이 공유하는 정보 이면에 있는 의미를 인식할 수 있게 된다. 학생들은 운율, 표현, 억양을 관찰하고 각 의뢰인의 면담 스타일을 존중한다. 학생들은 연속적 질문이나 진술을 형성하기 위해 이러한 정보를 사용하는 법을 배운다. 이것은 학생들로 하여금 의뢰인을 정확하게 이해할 수 있게 한다.

면담경험 없는 학생들이 면담 중에 필기를 하다보면 의뢰인의 신체 언어, 표정, 눈 마주침 등을 놓치게 된다. 노스이스턴 로스쿨은 학생들이 의뢰인에게 집중할 수 없기 때문에 면담하는 동안 필기를 제한한다. 일단 의뢰인과의 면담이 종결되면 학생 면담인들은 즉시 그 면담에 대한 서사를 문서로 작성해야 한다.373) 학생들은 의뢰인의 언어를 사용하면서 그들이 면담에서 기억할 수 있는 한, 많은 것을 적는다. 의뢰인의 진술 이외에 학생들은 그들이 받은 인상을 기록해야 한다. 학생들이 들었던 것을 글로 쓰는 행위는 학생들로 하여금 그들이 면담 종결 시 얼마나 많은 것을 보유하고 있는지를 깨닫는 데 도움을 준다. 이것은 그들이 왜 다른 것들은 잊어버리면서 어떤 것들은 기억하는지에 대하여 성찰하도록 돕는다. 이러한 성찰과정을 통해 청자(聽者)인 학생 면담인은 화자(話者)인 의뢰인의 이야기를 경청하는 데 장애물이 된 자신의 고정관념이나 견해의 편파성 내지 제한된 경험을 발견하고 의식향상으로까지 나아가게 된다.

3. 배제문제제기

임상과정에서 내재된 일반적 가치들에 대한 문제를 제기하고 이를 탐구함으로써 학생들은 경험과 이론 사이의 관계성을 계속 재구성한다. 노스이스턴 로스쿨은 피드백을 통해 비판적 성찰을 함으로써 여성문제제기를 다루고 있다.

면담을 한 후에 면담인들은 각각의 여성과의 대화에 대하여 그들의 팀리더에게 보고한다.374) 팀리더들은 학생들이 그들의 면담 기술

---

373) 필기를 원하는 학생들은 팀리더와 함께 필기전략을 의론하고 면담 시의 필기가 문서화에 미치는 영향력에 대하여 보고하며 후속 감독에서 그 쟁점을 논의해야 한다. Enos & Kanter(2002), 114면.
374) 이를 소위 '보고(報告) 세션'이라고 한다. 이 세션에서 팀리더는 문서

을 향상시키고 스트레스를 많이 받거나 혼란스런 면담 부분을 확인한다. 이야기들을 좀 더 깊이 파고들 방식들에 대한 전략을 짜고 좀 더 효과적인 질문을 구성한다. 그런 다음, 학생들은 그 면담의 문제, 대응, 그들의 생각을 자세히 다루면서 이야기 형식으로 그들의 면담을 문서로 작성한다. 임상교수진은 각각의 이야기들을 읽고 학생들의 질문, 면담 내용, 면담 증거서류, 면담에 대한 면담인들의 인상이나 대응에 대하여 피드백을 준다.[375] 학생들은 후속 교대근무 시작 전에 이 피드백을 읽음으로써 현실적 경험으로부터 거리를 두고서 성찰할 수 있게 된다. 결과보고와 면담 피드백 과정 모두 면담인이 가정폭력에 대한 이해와 그들의 면담 기술을 향상시키도록 돕는다. 피드백으로부터 학생들은 자신의 견해와 인식들이 면담 동안에 어떻게 그들의 행동 및 그들이 성취한 결과에 영향을 미치는지를 이해할 수 있게 된다. 학생들은 이제 이러한 유형의 피드백을 평가라고 보기보다는 하나의 정보로 여긴다. 면담 과정에서 만들어진 의뢰인과의 신뢰는 의뢰인이 현재의 폭력을 폭로하고 더 나은 원조를 구할 수 있게 하는 토대가 된다.

화된 면담을 통해 학생과 함께 면담을 분석하고 전략을 수립한다. 협력 관계에서 학생들은 감독자인 팀리더로부터 피드백과 건설적 비평을 받는다. 면담 중에 무엇이 행해졌으며 왜 그런지를 확인하면서 팀리더와 학생은 그 수행을 평가한다.

375) 교수진은 개별 서사에 대한 피드백을 문서로 제공한다. 교수진의 피드백은 (1) 긍정적 언급 3개 (2) 제안 1개 (3) 학생이 기록한 인상에 관한 언급 1개로 반응하도록 제한된다.

4. 맥락추론

노스이스턴 로스쿨은 의뢰인 중심의 접근 및 문제 해결에 대한 다중적 접근을 중심 원리로 하고 경험·성찰·분석·전략이라는 구조화된 순환학습을 통해 매 맞는 여성의 맥락을 통합시킨다.

1) 의뢰인 중심 로여링

노스이스턴 로스쿨은 무엇보다도 학생들이 의뢰인과 관련된 맥락을 이해하도록 교육시킨다. 학생 면담인을 위한 교실 훈련 중 초기의 많은 훈련들에서는 폭력 관계의 역학, 구조 요청의 장애, 고통을 겪는 사람들 및 학대를 목격하는 사람들에게 미치는 학대이 영향력을 비롯하여 가정폭력의 사회적 맥락을 다룬다.[376) 이러한 실질적 훈련은 학생들이 의뢰인들로부터 듣게 될 것을 미리 준비시키고 그것을 더 잘 이해하고 맥락화하도록 돕기 위해 기획된다. 학생들은 사회적 학대 이미지를 생존자들의 경험 및 변호사의 경험과 대조함으로써 매 맞는 여성에 대한 신화를 의도적으로 비판한다. 면담인은 가정폭력, 매 맞는 여성의 자원에의 접근 가능성과 그 효율성, 그 지역사회 여성으로부터의 직접적 가정폭력 효과에 대하여 배울 소중한 기회를 갖는다. 면담을 통해 학생들은 그들이 만난 여성들의 강인함과 생존 능력 및 회복력을 높이 평가하게 된다.

의뢰인 중심의 학생 변호인들은 전통적인 매 맞는 여성 서비스나

---

376) Enos & Kanter(2002), 111면, 각주 83).

법원의 구제책과는 매우 다른 환경에서 가정폭력 피해자들을 돕는다. 대부분의 폭력 피해자들이 병원치료를 위해 응급실에 오기 때문에 처음에는 가정폭력 법률 서비스를 기대하지 못한다. 그러나 의료환경은 학대 예방 개입을 위한 독특한 기회를 제공한다. 응급실의 빠른 진찰과 치료로 인해 폭력 피해자들은 종종 위험에 노출되고 권한이 위축되거나 격리된 느낌을 받는다. 적절하게 훈련받은 가정폭력 권익옹호인들은 계속되는 노출이나 판단을 두려워하지 않도록 피해자들을 도우면서 피해자들의 이야기, 관심, 감정들을 공유하며 비밀이 보장되는 기회를 그들에게 제공할 수 있다.

학생 변호인들은 다른 선택의 발생 가능한 결과를 예견하기 위해 피해자와 공조하면서 피해자에게 선택사항과 선택의 범위를 제시한다. 학생 변호인들은 피해자가 모든 선택사항과 그 결과들을 고려하면서 피해자 스스로 결정을 내리도록 돕는다. 가정폭력 변호인들은 피해자들과 그녀의 상황을 토의하고 정보를 공유한다. 그들은 피해자들이 안전한 장소나 쉼터를 찾도록 도우며 효과적인 경찰 대응을 평가한다. 또한 변호인들은 의뢰인이 적절하다고 여기는 서비스를 위해 다른 서비스 기관에게 의뢰인을 연결시킨다. 변호인들은 필요한 경우 의사소통과 조치를 원활하게 하도록 조력하면서 병원 직원과 피해자 사이의 연락자로서 봉사한다.[377)]

---

377) 참가자들과 건강관리 직원도 기꺼이 협력을 위해 소통하고 타협하며 협동하고자 한다. 협동적 상호작용은 서비스 제공을 향상시킬 뿐만 아니라 서비스 제공자들을 교육하기 위해 이바지한다. 이것은 전형적 사건검토회의 훈련세션 동안 행해질 수 있는 교육과는 질적으로 다른 방식이다. 위급한 상태의 여성이 상담, 접근금지 명령, 형사 조치, 이혼, 쉼터 등과 같은 장기 서비스를 준비하는 경우, 이들 사이의 간격

피해자와의 응급실 개입 이후에 변호인들은 사건의 상태를 조사하고 선택사항들을 토의한다. 다른 기관에 의뢰하고 안전계획수립과 계속적인 원조를 제공하면서 변호인들은 피해자에게 후속조치를 취한다. 후속접촉은 위기와 행동 사이의 간격을 메우는 데 도움이 된다. 이때 여성들은 폭력 관계에 대한 장기(長期) 해결책을 선택하게 된다. 가정폭력 대응에 있어서 응급부서 변호인들은 매 맞는 여성들을 위해 상담, 법률 지원, 이민 원조, 로스쿨 내 법률 서비스를 제공하거나 생존자와 그 자녀를 위해 다른 서비스 단체에게 도움을 청한다.

때때로 학대 생존자들은 자녀에게 의식주를 제공해야 하는 과제를 직면하게 될 때 이를 실현할 수 없다고 포기하곤 한다. 더 극단적인 폭력의 경우에 이들은 만약 학대를 폭로하거나 그 관계를 종결하려고 시도한다면, 결과적으로 학대자가 더욱 더 심각한 위험을 야기할 수 있다고 예단하고 현재의 학대 수준에 순응하기로 결정한다. 학생 변호인들은 확실히 의뢰인이 이러한 맥락에서 결정을 내리지 않기를 바란다. 그러나 의뢰인이 의뢰인이나 그 자녀들을 더욱 위험하게 만드는 결정을 내리더라도 학생 변호인은 의뢰인의 추론을 이해함으로써 그

___

을 채우면서 피해자와 상대적으로 단기간 일한다. 학생들은 건강관리 제공자들과 협력적으로 일한다. 건강관리 제공자들은 전체 개입을 제공하고 초기 서비스 제공자(응급 의료 서비스)와 병원 밖에 만들어진 의뢰 기관들(서비스 조직, 법집행, 법원중심의 권익옹호 프로젝트)과의 연계를 유지한다. 이 프로그램은 안전계획수립, 교통, 안전 거주, 학대 예방명령, 형사법원의 대안적 지원, 아동관련 쟁점들에의 지원 그리고 법률·비법률적 여타 서비스 제공자에의 의뢰를 포함한 권익옹호 서비스를 제공한다. 의뢰인에의 서비스는 의뢰인 자신이 확인한 필요에 따라 제공된다. 그것은 주로 정보공유, 안전계획수립, 지역사회 파트너들과의 지속적인 접촉이다.

결정들을 받아들인다. 의뢰인 중심의 로여링은 변호사로 하여금 자신의 통제력 및 책임에 대한 부적합한 추정을 포기할 수 있게 한다.[378]

2) 경험·성찰·분석·전략수립의 순환학습

노스이스턴 로스쿨은 경험·성찰·분석·전략 수립이라는 순환학습을 사용함으로써 책임 있는 로여링을 가르치고 있다. 학생 면담인의 현장 훈련과 감독에서 각 신입생들은 경험·성찰·분석·전략이라는 순환학습의 반복을 지속적으로 경험한다. 이 순환은 각각 교대로 반복되며 학생들의 기술이 전체 임상과정을 통해 발전함에 따라 점점 정교해진다. 학생들을 위한 경험은 면담 그 자체이다. 성찰은 학생들이 서술 형태의 문서로 면담을 문서화하고 분석 및 전략수립을 따라 계속할 때, 팀리더가 그 학생과의 면담을 '보고할' 때, 그런 다음 임상교수진이 그 서술에 대하여 문서로 피드백을 줄 때 시작된다. 수행·성찰·전략수립이라는 순환의 반복을 통해 학생들은 그들의 실수를 기술 개발의 과정의 일부로 여기며, 새로운 학습에 개방된다. 학생 면담인들은 1년의 임상과정 동안 교대근무를 하면서 환자들을 면담하고 경험·성찰·분석·전략수립의 순환을 반복한다.

현장훈련 중 팀리더들이 임상교수진에게 자문을 구할 때에도 경험·성찰·분석·전략의 구조화된 순환학습은 반복된다. 팀리더는 교수진에게 전화하기 전에 쟁점, 관련 사실, 질문 및 그 질문의 해

---

378) 이는 곧 변호사는 의뢰인의 구원자가 아니라는 의뢰인 역량강화 로여링과도 연결된다.

답에 대한 대안적 접근을 확인해야 한다. 팀리더들은 학생 면담인들을 이 과정에 관여시킬 수 있다. 교수진은 해당 상황에 대하여 팀리더 스스로 분석을 도출하도록 지원한다. 교수진은 어떠한 언급을 하거나 제시하기 전에 그것을 다룰 만한 가능한 전략을 제시하라고 팀리더에게 질문한다.[379]

팀리더와의 상담에서도 지도교수는 경험·성찰·분석·전략이라는 순환을 사용하여 팀리더를 지도한다. 지도교수는 학생 면담인들의 임상 감독이나 의뢰인들에게 권익옹호 서비스 제공과 관련된 문제 해결을 위해 이 순환을 사용한다. 임상 감독자로서의 팀리더의 유일한 경험은 임상교육이라는 맥락에서 병원에서 근무한 것이다. 성찰은 학생 면담 경험을 포함하여 교대근무 활동들을 문서화하는 팀리더의 책임으로부터 시작하여 교대근무 및 특정 학생과의 작업에 대한 논의에서 계속된다. 이후 성찰은 팀리더가 경험한 도전, 성취, 문제분석으로 연결된다. 팀리더와 지도교수는 특정 문제를 다루는 방법이나 각 학생들의 교육 경험을 풍부하게 하는 진행방법에 관한 전략을 짠다. 따라서 임상교수와의 개별 모임을 통해 동료 교육자이자 법률 변호사로서 팀리더는 임상교수로부터 현실에서 필요한 임상 감독을 제공받는다. 나아가 팀리더는 이러한 임상 감독 모델이 어떻게 작용하는지에 관한 시범도 배운다.[380]

---

379) 임상교수진은 감독자-학생 및 변호사-의뢰인 관계에 사용되어야 하는 문제 해결 과정을 모형화하고 있다. 일반적으로 팀리더가 이러한 모델을 사용하면서 유도된 논의를 통해 문제를 해결함에 따라 지도교수들이 특정한 조치를 권고할 필요가 거의 없게 된다. 팀리더들은 문제해결에 대한 이러한 접근의 가치를 개인적으로 경험한다.

380) 어떤 상황들은 전화, 이메일 내지 추가적인 개별감독을 요구하지만 일

3) 간학문적 학습

노스이스턴 로스쿨은 다른 학과 출신의 전문가들이 함께 작업하는 "교차 훈련(cross-training)"을 임상교육의 교육적 특징 중에 하나로 삼고 있다. 임상학생들은 병원 응급 부서가 어떻게 운용되는지, 환자에 대한 책임이 어떻게 할당되는지 그리고 의료 기록들이 어떻게 전개되는지를 배운다. 이 모든 것이 나중에 변호사들이 한 번 이상 구타 상처로 병원에 입원한 의뢰인에게 직접적인 서비스 책임을 질 때 소중한 정보가 된다. 한편, 병원 직원들은 변호인들과 함께 작업하면서 매 맞는 여성들에게 가능한 법률 자원들이 무엇인지를 더 많이 보고 배운다. 병원은 변호인들로부터 배운 내용들을 그동안 병원에서 실시해 온 가정폭력 훈련에 포함시킨다. 병원 직원들은 보고되거나 혐의가 있는 학대를 후속 법률 절차를 위해 병원기록에 어떻게 유용한 방식으로 작성할지를 배운다. 다른 프로그램 출신의 대학원 학생들은 팀에서 함께 작업함에 따라 그들에게 비판적인 다른 전문가 '문화'를 이해하고 이를 존중하게 된다.381)

반적으로 훈련 커리큘럼 및 개별 감독을 통해 팀리더들은 교수진으로부터 필요한 지원을 제공받는다. 교수진은 그룹 훈련 및 감독 모임을 도입하고 임상 시초부터 지도자적 참여를 요구함으로써 팀리더들로 하여금 팀을 구성케 한다. 그리하여 팀리더들은 교수진에게만 의존하기보다는 상호간에 지원 및 지침을 구하곤 한다. 대부분의 감독기술이 신속하게 발전하여 팀리더들은 한 학년도 중간이 되면 학생들에 대한 임상 감독자로서의 역할에 익숙해진다. 반면에, 일관성 있는 전체 피드백은 모두에게 하나의 도전 과제로 남는다. 이 영역에서의 발전을 주의 깊게 관찰하기 위해 교수진은 팀리더들을 감독·지원하기 위한 다양한 전략들을 실험한다.

381) 「가정폭력 클리닉」에서도 다양한 분야의 관계인들과 접촉한다. 변호인

가정폭력연구소 교수진들은 학생 면담인을 위한 교실 예비 훈련 중 초기 훈련에 법집행, 사회서비스 및 쉼터 출신의 서비스 제공자들뿐만 아니라 린덴 박사와 여타 병원 직원들을 초대한다. 그리하여 학생들은 제공되는 서비스에 익숙해 질 뿐만 아니라 그것들을 제공하는 사람들에 대해서도 익숙해진다.[382] 약물 남용, 가정폭력, 정신건강 쟁점이 동시에 발생할 때 많은 서비스 제공자들은 잘못된 결론을 내리게 된다. 그들은 정신건강이나 약물 남용 쟁점을 가진 여성들이 폭력 관계에 들어가기 쉽다거나, 한 문제가 또 다른 문제를 다루지 않고 처리될 수 있다고 생각한다. 이러한 쟁점들의 중첩이 피해자에게 더욱 해롭고 서비스와 자원에 대한 접근을 제한하기 때문에 훈련에서는 약물 복용 및 정신건강 서비스에 특정한 주의를 기울인다.[383]

매사추세츠 주(州) 보스턴 대학의 상담교육학 조교수인 캐더린 웡 (Catherine Wong)이 1999년부터 2년 동안 초기훈련을 실시하고 있다.[384] 그녀는 (언어·인종·경제적 지위·종교·섹슈얼리티를 포함하여 광범위하게 정의되는) 가정폭력의 상호작용, 지역사회 대응, 문

들은 재판관에서부터 접근금지명령 공무원에 이르기까지, 경찰관에서부터 검사에 이르기까지, 그리고 아동사회복지사로부터 보호관찰공무원에 이르기까지 법률 보호를 위해 여성들이 의지하는 많은 개인들과 기관들을 법원 밖에서 매일 만난다. 한편, DVFLL 세미나에서는 ① 주거 및 주거 지원금, ② 복지혜택과 규율, ③ 장애인 권리와 구제, ④ 이민법과 그 절차, ⑤ 약물남용의 원인 및 자원, ⑥ 아동보호 서비스, ⑦ 관련 형사소송에서의 민사 변호, ⑧ 인종의 다양성과 차별, ⑨ 언어 장벽, ⑩ 동성애 가정폭력 같은 사항들을 다룸으로써 간학문적 학습을 도모한다.

382) Enos & Kanter(2002), 112면, 각주 85).
383) 앞의 글, 112면, 각주 86).
384) 앞의 글, 112면, 각주 87).

화적 자격(competency)을 집중적으로 다루고 있다. 초기 훈련을 통해 학생들은 다양한 의뢰인에게 반응하도록 훈련을 받는다. 학생들은 환자가 필요로 하거나 원하는 서비스가 무엇인지, 환자의 문화적 정체성이 그녀가 이용 가능한 서비스에 어떻게 영향을 미치는지, 그리고 그녀가 어떠한 주어진 제도에 의해 어떻게 처우받는지 혹은 어떻게 잘못 처우받는지를 이해할 수 있게 된다.

병원의 응급실에서 간학문 클리닉을 하는 임상교수진들은 팀리더들이 운영 및 행정실무를 더욱 잘 다루도록 팀리더 변호인을 훈련시킨다. 팀리더들은 병원 현장에서 면담 팀에 대한 감독과 운영에 주된 책임이 있다. 팀리더들은 학생 면담인들을 응급실에 적응시켜야 하며 학생들이 특정 환경에서 겪는 어려움들에 대처해야 한다. 통상적으로 임상교수진들이 야간에 병원에서 작업하지 않기 때문에 팀리더들이 주로 야간 교대근무 중에 프로그램과 병원 직원들과의 중간 역할을 한다. 또한 팀리더들은 병원 직원들이 제기한 문제들을 처리하고 가정폭력 클리닉 프로그램을 설명하는 데 책임이 있다.[385]

---

385) 병원 직원과 임상학생 사이에 마찰이 발생할 수 있다. 팀리더들은 이러한 상황을 다루는 데 준비되어야 한다. 현재 직면하는 가장 공통된 문제들은 특히 약물 남용 문제를 지닌 매 맞는 여성들, 응급실을 반복적으로 드나드는 여성들, 혹은 매 맞는 여성들이 자녀들을 제대로 보호하지 못한다고 인식하고 이 여성들에 대한 특정한 반감을 가진 병원 인사와 관련된다. 서비스 제공자들은 종종 면담인들과 팀리더들 사이의 차이점을 이해하지 못한다. 학생 면담인은 자신이 사건을 다룰 수 없고 팀리더가 다른 환자와 작업하느라 바쁠 때 좌절한다. 또한 임상 참여 학생들 중에는 종종 병원 직원에게 거만하거나 무례하게 보이는 방식으로 그들의 근심이나 불안정을 표현하는 학생들도 있다.

제6장 결 론

제6장 결 론

2009년 설립을 앞두고 법학전문대학원은 이론과 실무를 겸비한 법조인 양성이라는 교육목표에 따라 미국 로스쿨의 임상법학교육에 관심을 기울이고 있다. 이에 발맞추어 법여성학이론을 법률실무와 결합하여 효과적으로 법여성학을 가르칠 수 있는 방법론이 요구된다. 본 연구에서는 미국 로스쿨의 가정폭력 클리닉을 중심으로 법여성학교육의 방법론을 분석함으로써 비교자료를 제공하고, 향후 우리나라 법여성학교육의 방법을 연구하는 데 이바지하고자 하였다.

변호사처럼 생각하도록 가르치는 미국 로스쿨의 소위 소크라테스식 법학방법론은 상급법원의 판례를 기준으로 법학교수가 제시하는 가설에 근거한 교육방법이다. 미국의 임상가와 법여성학자는 이를 비판하면서 독자적으로 방법론을 개발하여 왔다. 임상가는 이론 중심의 법학교육을 비판하고 실무교육을 주장하였다. 임상가들 사이에도 임상법학교육이 실무에서 유능한 변호사가 되도록 기술을 가르치는 것인가, 아니면 사회정의를 위한 변호사의 역할에 중심을 두는 가치지향 교육인가에 대하여 대립이 있다. 실천자체가 인식에 의해서 향도되며 인식이야말로 법실무 역동성 또는 사회 변혁과 관련됨으로써 법에 대한 비판적 견해를 형성하기 때문에 임상법학교육은 거시적 차원에서 이해되어야 한다. 거시 임상이론은 경험, 비판적 성찰, 책임윤리, 간학문적 학습을 임상법학교육방법론으로 채택한다. 이에 따라 학생은 가난한 사람과 소외된 사람을 돕는 로여링 경험을 토대로 이를 비판적으로 성찰하면서 변호사로서 법제도 속에서 어떠한 역할을 담당해야 하는지를 배운다. 학생은 다른 학문 분야의 연구 및 협력을 통해 법과 정책에 대한 통찰력을 키우고 로여링에서 발생하는 윤리 문제들을 성찰하면서 사회정의에 공헌하는 책임 있는 변호사로서 성장한다.

법여성학은 여성의 경험, 특히 법제도의 경험을 통해 중립적이며 객관적이라고 하는 범주들이 남성의 관점만을 중시하고 다른 많은 관점들을 배제하고 있음을 비판하였다. 성찰을 통해 여성의 경험을 인식의 근거로 포용하는 여성주의 입장론(Feminist Standpoints)은 남성권력으로부터 여성의 경험을 어떻게 해방시킬 수 있는지 그리고 특권 남성의 이미지에 고착된 여성의 경험을 어떻게 다루어야 하는지를 설명하면서 개념적 왜곡을 폭로하였다. 그리하여 1970년대 말, 맥키논을 선두로 법여성학자들은 의식향상을 지식생산의 유일한 방법론으로 사용하면서 권력과 억압의 문제가 남성지배구조에서 비롯된 것임을 전제로 새로운 인식론적 가능성을 탐구하여 왔다. 특히, 의식향상은 매 맞는 여성 운동의 확고한 방법론으로 자리잡았다.

의식향상을 토대로 법여성학방법론은 이야기나누기, 여성문제제기, 여성주의 실천적 추론으로 발전하였다. 의식향상은 여성의 경험을 인식론의 근거로 삼으면서 여성들이 자신의 경험을 다른 사람과 서로 공유하는 집단적 방법이다. 이를 통해 여성들은 자신이 처한 상황과 사회구조 문제를 이해할 수 있게 된다. 듣는 사람은 말하는 사람의 이야기를 경청하면서 말하는 사람의 이야기에 공감하고 타인의 경험을 통해 지식을 생산하게 된다. 의식향상집단은 개인적이고 구체적 경험으로부터 출발하여 그 경험을 이론으로 통합한 후, 경험에 근거한 이론과 이론에 근거한 경험을 효과적으로 재구성한다. 이러한 과정을 통해 사적인 것이 정치적인 것이 되며, 참여자들은 사회구조 속에서 권력과 억압에 대한 여성문제를 제기한다. 의식향상, 이야기나누기, 여성문제제기를 통해 여성이 처한 맥락이 드러나고 그 맥락 속에서 여성주의 실천적 추론이 가능하게 된다. 여성주의 실천적 추론은 아리스토텔레스의 실천적 인식과 현대 사상가들이 주장하는 다중적 관점을 고려하면서, 맥락을 강조한다. 이것은 맥락을 통해 법적 관련성을 확장시키며 여성의 경험을 합리성의 요소로서 인식하는 과정이다. 여성주의 실천적 추론은 새로운 의미의 합리성을 주장하면서 지속적인 인식의 확장을 주장한다.

이처럼 임상법학교육과 법여성학은 독자적으로 방법론을 개발하였고 그 형식과 내용에 차이가 있다. 그러나 양자 모두 비판적 협력연구를 통해 정의로운 사회를 구현하고자 하기 때문에 경험의 사용, 감정의 역할, 개인 상호간의 역동성, 위계질서 완화와 협력, 간학문적 학습, 맥락추론, 비판적 성찰, 도덕 판단에 있어서 방법론상 유사하다. 또한 임상법학교육은 이론과 실천이 대등한 입장에서 상호 관련 맺기를 선호하며, 이론이 실천과 다르다고 여기지 않는다. 법여성학도 이론은 실천을 살찌우고 실천은 이론을 살찌운다고 하여, 이론과 실천은 분리해서 이해될 수 없다고 한다. 따라서 양자는 방법론상 결합이 가능하며 그 결합은 이론과 실천의 연계를 위해 필요하다. 이러한 취지로 미국 로스쿨은 여성의 경험을 로여링에 반영한 법여성학교육을 실시하고자 노력하였고, 가정폭력 쟁점을 로스쿨 커리큘럼에 통합시켰다. 그 대표적인 예가 가정폭력 클리닉이다. 미국 로스쿨의 가정폭력 클리닉은 이론과 실천의 시너지 효과를 배가시킨다. 가정폭력 클리닉은 법여성학방법론을 통해 법여성학이론을 법률실무에 결합하면서 무엇을 가르칠 것인가(내용)와 어떻게 가르칠 것인가(방법)를 접목시켰다.

미국 로스쿨의 가정폭력 클리닉 프로그램은 1992년 맥크레이트 보고서 및 1994년 VAWA 제정 이후 더욱 다양화되었다. 노스웨스턴 로스쿨의 「매 맞는 여성을 위한 일리노이 사면 프로젝트」와 덴버 로스쿨의 「매 맞는 여성의 사면을 위한 클리닉」과 같이 구타자를 살해한 혐의로 수감 중인 매 맞는 여성들을 위한 사면청원뿐만 아니라, 법학과 심리학을 결합한 조지 워싱턴 로스쿨의 「가정폭력 권익옹호 프로젝트」, 법학과 사회사업학을 결합한 텍사스 로스쿨의 「가정폭력 클리닉」과 덴버 로스쿨의 「가정폭력 민사 재판 프로젝트」와 같이 간학문적 학습을 도입하고 있다. 또한 이미 클리닉 프로그램을 운영하고 있었던 로스쿨에서도 이 시기에 새로운 모습으로 개혁을 시도하였다. 그 대표적인 예가 1978년에 개설된 가톨릭 로스쿨의 「가족학대 프로젝트」와 1984년에 개설된 아메리칸 로스쿨의 「여성과 법 클리닉」이다. 가톨릭 로스쿨은 송무상의 문제와 행정 문제를 해결하기 위해 1993년 가을에 기존의 클리닉을 「일반 실무 클리닉」과

「가족과 법 클리닉」으로 이분하였다. 아메리칸 로스쿨의 「여성과 법 클리닉」은 1984년에 「여성과 법 프로젝트」로서 설립되었다가 2000년도에 「가정폭력 클리닉」을 새로 개설하며 모의훈련 사례를 통해 클리닉에 비판이론을 새로운 방법론으로 도입하여 학생들의 의식향상에 주력하고 있다. 모의훈련은 아메리칸 로스쿨뿐만 아니라 가톨릭 로스쿨, 노스이스턴 로스쿨을 비롯하여 오늘날 미국의 많은 로스쿨이 시행하고 있는 임상법학교육이다. 모의훈련을 통해 학생들은 실제 의뢰인을 만나기에 앞서 교실에서 면담·상담 등 법률실무를 연습한다. 이러한 가정폭력 클리닉 프로그램들은 법여성학방법론을 통해 법여성학교육의 실천적 면모를 강화해 왔다. 의식향상, 이야기나누기, 여성문제제기, 맥락추론을 통한 일련의 로여링은 의뢰인의 역량강화뿐만 아니라 학생들의 의식향상을 목표로 한다. 변호사와 의뢰인 사이의 위계관계를 완화하고 학생 변호사와 의뢰인은 서로 협력하면서 상호작용한다. 학생들은 매 맞는 여성 의뢰인의 이야기를 경청하고 의뢰인의 경험을 공유한다. 그들은 상담과 면담을 통해 자신들이 가지고 있던 편견과 사법제도에 만연한 매 맞는 여성에 대한 고정관념을 인식한다. 이를 통해 학생들은 의뢰인 삶의 맥락 속에서 감수성을 가지고 여성문제를 제기할 수 있게 된다. 나아가 학생들은 사건을 해결하기 위해 맥락추론을 통해 의뢰인 스스로 의사결정을 할 수 있도록 도우며 의뢰인이 내린 결정을 존중한다.

의뢰인의 이야기를 경청하면서 면담으로부터 사건이론을 형성하고 소송전략을 짜며 의뢰인을 대리하는 일련의 로여링은 결국 의식향상을 교육의 목적이자 수단으로 하면서 이야기나누기와 여성문제제기

그리고 맥락추론을 로스쿨 임상교육에서 교육방법론으로 실현하는 과정이다. 이야기나누기 내지 서사를 포함한 의식향상, 여성문제제기, 여성주의 실천적 추론은 임상법학교육 현장에서 의뢰인의 이야기를 통한 학생들의 경험적 로여링, 서사를 통한 피드백, 여성문제제기와 맥락 추론을 통한 사건이론, 교사와 학생 및 변호사와 의뢰인 사이의 권력 관계 내지 위계 완화, 의뢰인 중심의 로여링에 의해 합의를 도출하는 의사결정과정, 간학문적 협력학습에 의한 맥락의 확장 등을 통해 실현되어 왔다. 임상교수들은 의식향상을 위해 비판이론을 도입하거나 학생들로 하여금 차이 내지 다양성에 관한 법여성학자들의 저술을 읽고 성찰하게 하였다. 학생들은 평등에 관한 이론 및 자신이 맡은 사건들을 수업토의 시간에 비판적으로 조명하였다. 법여성학방법론을 통해 교수와 학생은 수평적이고 협력적 학습 분위기를 함께 조성하면서 법여성학교육의 실천적 양상을 내실화하였다.

특히, 노스이스턴 로스쿨의 가정폭력 클리닉 프로그램은 우리나라의 법제도가 대륙법계일지라도 미국의 가정폭력 클리닉이 우리나라에서 도입될 수 있음을 보여준다. 노스이스턴 로스쿨은 ─ 우리나라 법과대학생처럼 ─ 법원에서 송무할 자격이 없는 1학년 로스쿨 학생들을 대상으로 임상교육을 실시하고 있다. 1학년 학생들은 면담인으로서 의뢰인을 면담하고 2·3학년 학생들은 팀리더 변호인으로서 학생 면담인들의 임상을 감독한다. 그러나 그 관계는 위계적이지 않으며 서로 리더십을 공유하여 의식향상을 위한 협력 관계를 조성한다. 임상교수는 팀리더들을 위해 효과적인 교수 및 감독에 대한 원리와 기법들을 가르치고, 학생 면담인들을 위해 면담에 대한 피드백을 문서로 제공하며 매년 두 번씩 학생 면담인들을 직접 만나 그들의 이야기를 듣는다. 경험ㆍ성찰ㆍ분석ㆍ전략수립의 순환학습을 통해 면담인들과 팀리더들은 학대 생존자들의 맥락을 이해하고 책임 있는 로여링을 배운다. 또한 노스이스턴 로스쿨은 전담기구로서 「가정폭력연구소」를 설치하여 가정폭력 클리닉 프로그램이 효과적으로 실시되도록 제도적ㆍ재정적으로 지원하고 있다. 또한 지역사회와 긴밀한 관계를 유지하면서 매 맞는 여성을 위한 법률 서비스를 지역사회와 유기적으로 제공하고 있다.

역사가인 린다 고든(Linda Gordon)이 지적한 대로 여성주의는 "여성 종속을 변화시킬 방법을 찾아내는 것을 목적으로 하는 여성종속에 대한 분석"이다. 하나의 학문 분야로서 법여성학은 남성이 지배하는 사법제도의 변형과 여성의 역량강화를 추구하면서 의식향상을 통해 여성의 경험을 법여성학 이론의 기초로 삼았다. 그러나 여성의 경험을 기존의 커리큘럼에 가져오는 것만으로는 충분하지 않으며 관점의 변화를 꾀하기 어렵다. 법여성학교육에서 무엇을 가르치는가뿐만 아니라 어떻게 가르치는가도 중요하기 때문에, 로스쿨 커리큘럼상의 법여성학 관련 수업을 확대함과 더불어 법제도 내에 존재하는 구조적 장애물을 인식해야 한다. 이를 통해 법학방법과 관련된 개념의 장애물을 정직하게 직면하는 새로운 교육방법을 찾아야 할 것이다. 임상교육을 통해 법여성학 이론과 법률실무의 변증법적 역동성을 구현하고 있는 법여성학방법론의 도입은 실천적 의미의 합리성을 법률실무에 적용함으로써 우리나라 법여성학 교육의 발전에 기여할 것이다.

참고문헌

■ 국내문헌

□ 단행본

박은정 외 공저(2003). 『법학입문』, 제2판. 서울: 법문사.
서울여성의전화(2005). 『왜 여성주의 상담인가』, 서울: 한울아카데미.
유현옥(2004). 『페미니즘 교육사상』, 서울: 학지사.
정영기(1996). 『과학적 설명과 비단조 논리』, 서울: 엘맨출판사.

□ 논 문

김선욱(2001). 법학에서의 Gender 연구의 의의와 과제. 이화여자대학교
    『법학논총』제6권 제1호, 370－389면.
김은주(1991). 여성을 위한 의식향상훈련이 양성성과 자기존중감에 미치
    는 효과. 계명대학교 교육학과 석사학위논문, 미간행.
박상기(2004). 로스쿨 도입과 법학교육. 『한국법학교육과 법조실무의 국
    제경쟁력: 도전과 대응』, 한국법학교수회(편). 서울: 법우사.
박순진(2000). 폭력범죄에 있어서 흉기의 사용에 대한 고찰. 『형사정책
    연구』통권 제41호 봄호, 141－168면.
원숙연(2004). 여성주의적 조직연구: 지향과 쟁점. 『한국행정학보』제38권
    제6호, 287－304면.
유현옥(1996). 지식탐구의 '객관적 타당성' 원칙에 나타난 감정의 소외
    와 남성중심주의. 『교육학연구』제34집 제3호, 87－1104면.

유현옥(1999). 여성학적 교육이론이 가능성과 그 의미. 『교육철학』제20
  집, 81-94면.

이현미(1999). 실천적 추론 가정과 수업이 여고생들의 창의성에 미치는
  효과: "인간발달과 가족관계" 영역을 중심으로. 이화여자대학교
  교육대학원 석사학위논문, 미간행.

임현식(1998). 분석적 교육철학의 가치중립성 검토. 『교육철학』제20집,
  19-36면.

장필화(2001). 여성주의 이론과 실천. 『여성학연구』제11권 제1호, 149-
  161면.

진미숙(2003). 교육의 중요가치로서 여성적 관점의 의의. 『교육철학』제
  23집, 259-278면.

  ■ 외국문헌

  □ 단행본

Bartlett, Katharine T, Angela P.Harris, & Deborah L. Rhode(2002).
  Gender and Law, 3rd edition. New York: Aspen Law & Business.

Becker, Mary, Cynthia Grant Bowman, & Morrison Torrey(2001).
  Feminist Jurisprudence: Taking Women Seriously, 2nd edition. St.
  Paul: West Group.

Chamallas, Martha(2003). *Introduction to Feminist Legal Theory*. New
  York: Aspen Publishers.

Dalton, Clare & Elizabeth M. Schneider(2007). *Battered Women and the
  Law*, 2nd edition. New York: Foundation Press.

Gilligan, Carol(1982). *In a Different Voice*. Cambridge: Harvard University
  Press.

Harding, Sandra(1991). *Whose Science Whose Knowledge?*. Ithaca: Cornell University Press.

Kay, Herma Hill & Martha S. West(1996). *Sex－Based Discrimination.* St. Paul: West Publishing Company.

Mackinnon, Catharine A.(1989). *Toward a Feminist Theory of the State.* Cambridge: Harvard University Press.

Mackinnon, Catharine A.(1989) (2005). *Women's Lives Men's Laws.* Cambridge: Harvard University Press.

Ptacek, James(1999). *Battered Women in the Courtroom the Power of Judicial Responses.* Boston: Northeastern University Press.

Schechter, Susan(1983). *Women & Male Violence: The Visions and Strategies of the Battered Women's Movement.* Cambridge: South End Press.

Schneider, Elizabeth M.(2002). *Battered Women and Feminist Lawmaking.* New Haven: Yale University Press.

Statt, David A.(1998). 『심리학용어사전』, 정태연(역). 서울: 끌리오, 1999.

Tong, Rosemarie Putnam(1998). *Feminist Thought*, 2nd Edition. Colorado: Westview Press.

Weisberg, D. Kelly(1996). *Applications of Feminist Legal Theory to Women's Lives.* Philadelphia: Temple University Press.

□ 논 문

Abrams, Roger I.(2001). Co－op Program. 15 *St. John's J. L. Commentary* 295.

Aiken, Jane & Stephen Wizner(2003). Law As Social Work. 11 *Wash. U. J. L. & Pol'y* 63.

Amsterdam, Anthony(1974). Perspectives on the Fourth Amendment. 58

Minn. L. Rev. 349.

Barry, Margaret Martin(1994). A Question of Mission: Catholic Law School's Domestic Violence Clinic. 38 *How. L.J.* 135.

Barry, Margaret Martin(1994). (1995). Clinical Supervision: Walking that Fine Line. 2 *Clinical L. Rev.* 137.

Barry, Margaret Martin, Jon C. Dubin, & Peter A. Joy(2000). Clinical Education for This Millennium: The Third Wave. 7 *Clinical L. Rev.* 1.

Bartlett, Katharine T.(1987). Story Telling. 1987 *Duke L.J.* 760.

Bartlett, Katharine T.(1987). (1990). Feminist Legal Methods. 103 *Harv. L. Rev.* 829.

Bergman, Paul(1978). A Practical Approach to Cross—Examination: Safety First. 25 *UCLA L. Rev.* 547.

Blaustone, Beryl(1992). Training the Modern Lawyer: Incorporating the Study of Mediation into Required Law School Courses. 21 *Sw. U. L. Rev.* 1317.

Bowman, Cynthia Grant & Elizabeth M. Schneider(1998). Feminist Legal Theory, Feminist Lawmaking, and the Legal Profession. 67 *Fordham L. Rev.* 249.

Bowman, Cynthia Grant & Eden Kusmiersky(1999). Praxis and Pedagogy: Domestic Violence. 32 *Loy. L.A. L. Rev.* 719.

Brooks, Susan L.(2005). Practicing(and Teaching) Therapeutic Jurisprudence: Importing Social Work Principles and Techniques into Clinical Legal Education. 17 *St. Thomas L. Rev.* 513.

Brown, Gary, Karin A. Keitel, & Sandra E. Lundy(1987). Starting a TRO Project: Student Representation of Battered Women. 96 *Yale L.J.* 1985.

Bryant, Susan & Maria Arias(1992). Case Study, A Battered Women's Rights Clinic: Designing a Clinical Program Which Encourages a Problem−Solving Vision of Lawyering That Empowers Clients and Community. 42 *Wash. U. J. Urb. & Contemp.L.* 207.

Bryant, Susan & Elliott S. Milstein(2003). Reflections upon the 25th Anniversary of The Lawyering Process: An Introduction to the Symposium. 10 *Clinical L. Rev.* 1.

Buel, Sarah M.(2003*a*). Effective Assistance of Counsel for Battered Women Defendants: A Normative Construct. 26 *Harv.* Women's L.J. 217.

Buel, Sarah M.(2003*a*). (2003*b*). The Pedagogy of Domestic Violence Law: Situating Domestic Violence Work in Law Schools, Adding the Lenses of Race and Class. 11 *Am. U. J. Gender So*c. Pol'y & L. 309.

Cain, Patricia A.(1988). Teaching Feminist Legal Theory at Texas: Listening to Difference and Exploring Connections. 38 *J. Legal Educ.* 165.

Condlin, Robert(1981). Socrates' New Clothes: Substituting Persuasion for Learning in Clinical Practice Instruction. 40 *Md. L. Rev.* 223.

Condlin, Robert(1981). (1986). "Tastes Great, Less Filling": The Law School Clinic and Political Critique. 36 *J. Legal Educ.* 45.

Copps, Carolyn Hartley & Carrie J. Petrucci(2004). Practicing Culturally Competent Therapeutic Jurisprudence: A Collaboration Between Social Work and Law. 14 *Wash. U. J.L. & Pol'y* 133.

Dinerstein, Robert D.(1990). Client−Centered Counseling: Reappraisal and Refinement. 32 *Ariz. L. Rev.* 501.

Dinerstein, Robert D.(1990). (1992). Clinical Texts and Contexts. 39

UCLA L. Rev. 697.

Ellmann, Stephen(1987*a*). Lawyers and Clients. 34 UCLA L. Rev. 717.

Ellmann, Stephen(1987*a*). (1987*b*). Manipulation by Client and Context: a Response to Professor Morris. 34 UCLA L. Rev. 781.

Ellmann, Stephen(1987*a*). (1990). Lawyering for Justice in a Flawed Democracy. 90 *Colum. L. Rev.* 116.

Enos, V. Pualani & Lois H. Kanter(2002). Who's Listening? Introducing Students to Client─Centered, Client─Empowering, and Multidisciplinary Proble-mSolving in a Clinical Setting. 9 *Clinical L. Rev.* 83.

Erickson, Nancy S.(1986). Legal Education: The Last Academic Bastion of Sex Bias?. 10 *Nova L.J.* 457.

Eyster, Mary Jo(1988). Analysis of Sexism in Legal Practice: A Clinical Approach. 38 *J. Legal Educ.* 183.

Freedman, Ann E.(1990). Feminist Legal Method in Action: Challenging Racism, Sexism and Homophobia in Law School. 24 *Ga. L. Rev* 849.

Fried, Charles(1976). The Lawyer as Friend: The Moral Foundations of the Lawyer─Client Relationship.85 *Yale L.J.* 1060.

Goldfarb, Phyllis(1991). A Theory─Practice Spiral: The Ethics of Feminism and Clinical Education. 75 *Minn. L. Rev.* 1599.

Goodmark, Leigh & Catherine F. Klein(2004). Deconstructing Teresa O'brien: A Role Play for Domestic Violence Clinics. 23 *St. Louis U. Pub. L. Rev.* 253.

Harris, Angela(1990). Race and Essentialism in Feminist Legal Theory. 42 *Stan. L. Rev.* 581.

Henderson, Lynne N.(1987). Legality and Empathy. 85 *Mich. L. Rev.* 1574.

Howard, Jennifer(1995). Learning to "Think like a Lawyer" through Experience. 2 *Clinical L. Rev.* 167.

Jaszi, Peter et al.(1999). Experience As Text: The History of Externship Pedagogy at the Washington College of Law, American University. 5 *Clinical. L. Rev.* 403.

Johnson, Margaret E.(2005). An Experiment in Integrating Critical Theory and Clinical Education. 13 *Am. U. J. Gender Soc. Pol'y & L.* 161.

Kanter, Lois H., V. Pualani Enos, & Clare Dalton(2001). Northeastern's Domestic Violence Institute: The Law School Clinic As An Integral Partner in a Coordinated Community Response to Domestic Violence. 47 *Loy. L. Rev.* 359.

Kennedy, Duncan(1982). Distributive and Paternalistic Motives in Contract and Tort Law, With Special Reference to Compulsory Terms and Unequal Bargaining Power. 41 *Md. L. Rev.* 563.

Lawson, Gary(1995). Feminist Legal Theories. 18 *Harv. J. L. & Pub. Pol'y* 325.

Loreen, Ingrid(2005). Therapeutic Jurisprudence and the Law School Asylum Clinic. 17 *St. Thomas L. Rev.* 835.

Luban, David(1990). Partisanship, Betrayal and Autonomy in the Lawyer-Client Relationship: a Reply to Stephen Ellmann. 90 *Colum. L. Rev.* 1004.

Mackinnon, Catharine(1985). Pornography, Civil Rights and Speech. 20 *Harv. C.R.-C.L. L. Rev.* 1.

Mahoney, Martha R.(1991). Legal Images of Battered Women: Redefining the Issue of Separation. 90 *Mich. L. Rev.* 1.

Matsuda, Mari J.(1987). Looking to th Bottom: Critical Legal Studies and Reparations. 22 *Harv. C.R.−C.L. L. Rev.* 323.

McConnell, Joyce E.(1991). A Feminist's Perspective on Liberal Reform of Legal Education. 14 *Harv. Women's L.J.* 77.

Meier, Joan S.(1993). Notes From the Underground: Integrating Psychological and Legal Perspectives on Domestic Violence in Theory and Practice. 21 *Hofstra L. Rev.* 1295.

Menkel−Meadow, Carrie(1980). The Legacy of Clinical Education: Theories About Lawyering. 29 *Clev. St. L. Rev.* 555.

Menkel−Meadow, Carrie(1980). (1985). Portia in a Different Voice: Speculations on a Women's Lawyering Process. 1 *Berkeley Women's L.J.* 39.

Menkel−Meadow, Carrie(1980). (1988). Feminist Legal Theory, Critical Legal Studies, and Legal Education or "The Fem−Crits Go to Law School", 38 *J. Legal Educ.* 61.

Merryman, Mithra(1993). A Survey of Domestic Violence Programs in Legal Education. 28 *New. Eng. L. Rev.* 383.

Milstein, Elliott S.(2001). Clinical Legal Education in the United States: In−House Clinics, Externships, and Simulations. 51 *J. Legal Educ.* 375.

Minow, Martha(1988). Feminist Reason: Getting It and Losing It. 38 *J. Legal Educ.* 47.

Morris, John K.(1987). Power and Responsibility Among Lawyers and Clients: Comment on Ellmann's "Lawyers and Clients", 34 *UCLA L. Rev.* 781.

Morton, Linda(1993). Creating a Classroom Component for Field Placement Programs: Enhancing Clinical Goals With Feminist Pedagogy. 45 *Me. L. Rev.* 19.

Mossman, Mary Jane(1987). Feminism and Legal Method: The Difference It Makes. 3 *Wis. Women's L.J.* 147.

Murphy, Jane C.(2003). Engaging with the State: The Growing Reliance on Lawyers and Judges to Protect Battered Women. 11 *Am. U. J. Gender Soc. Pol'y & L.* 499.

Nolan－Haley, Jacqueline M. & Maria R. Volpe(1989). Teaching Mediation As a Lawyering Role. 39 *J. Legal Educ.* 571.

O'Leary, Kimberly E.(1993). Creating Partnership: Using Feminist Techniques to Enhance the Attorney－Client Relationship.16 *Legal Stud. F.* 207.

Peters, Don & Martha M. Peters(1990). Maybe That's Why I Do That: Psychological Type Theory, the Myers－Briggs Type Indicator, and Learning Legal Interviewing. 35 *N.Y.L. Sch. L. Rev.* 169.

Rhode, Deborah L.(1988). The "Woman's Point of View", 38 *J. Legal Educ.* 39.

Rhode, Deborah L.(1988). (1993). Missing Questions: Feminist Perspectives on Legal Education. 45 *Stan. L. Rev.* 1547.

Rhode, Deborah L.(1988). (1997). Whistling Vivaldi: Legal Education and The Politics of Progress. 23 *N.Y.U. Rev. L. & Soc. Change* 217.

Rose, Henry(1988). Legal Externships: Can They Be Valuabel Clinical Experiences for Law Students?. 12 *Nova. L. Rev.* 95.

Scales, Ann C.(1986). The Emergence of Feminist Jurisprudence. 95 *Yale L.J.* 1371.

Scherr, Alexander(2002). Lawyers and Decisions: A Model of Practical Judgment. 47 *Vill. L. Rev.* 161.

Schneider, Elizabeth M.(1986). The Dialectic of Rights and Politics:

Perspectives From the Women's Movement. 61 *N.Y.U. L. Rev.* 589.

Schneider, Elizabeth M.(1986). (1987). Rethinking the Teaching of Civil Procedure. 37 *J. Legal Educ.* 41.

Schneider, Elizabeth M.(1986). (1989). Integration of Professional Skills into the Law School Curriculum: Where We're Been and Where We're Going. 19 *N.M. L. Rev.* 111.

Schneider, Elizabeth M.(1986). (1992*a*). Building Bridges Between Theory and Practice, Scholarship and Activism. 40 Clev. St. L. Rev. 493.

Schneider, Elizabeth M.(1986). (1992*b*). Violence Against Women and Legal Education: An Essay for Mary Joe Frug. 26 New. Eng. L. Rev. 843.

Schneider, Elizabeth M.(1986). (1993). Structuring Complexity, Disciplining Reality: The Challenge of Teaching Civil Procedure in a Time of Change. 59 *Brook. L. Rev.* 1191.

Seuffert, Nan(1996). Locating Lawyering. 18 *Sydney L. Rev.* 523.

Shalleck, Ann(1988). Report of the Woman and the Law Project: Gender Bias and the Law School Curriculum. 38 *J. Legal Educ.* 97.

Shalleck, Ann(1988). (1999). Feminist Theory and Feminist Method: Transforming the Experience of the Classroom. 7 *Am. U. J. Gender Soc. Pol'y & L.* 229.

Shalleck, Ann(1988). (2003). Pedagogical Subversion in Clinical Teaching: The Women & the Law Clinic and the Intellectual Property Clinic as Legal Archaeology. 13 *Tex. J. Women & L.* 113.

Simon, William H.(1980). Homo Psychologicus: Notes on a New Legal Formalism. 32 *Stan. L. Rev.* 487.

Simon, William H.(1980). (1988). Ethical Discretion in Lawyering. 101 *Harv. L. Rev.* 1983.

Simon, William H.(1980). (1991). Lawyer Advice and Client Autonomy: Mrs. Jones's Case. 50 *Md. L. Rev.* 213.

Smith, Linda F.(1999). Designing an Extern Clinical Program: Or As You Sow, So Shall You Reap.5 *Clinical. L. Rev.* 527.

Spiegel, Mark(1979). Lawyering and Client Decisionmaking: Informed Consent and the Legal Profession. 128 *U. Penn. L. Rev.* 41.

St. Joan, Jacqueline(2001). Building Bridges, Building Walls: Collaboration Between Lawyers and Social Workers in a Domestic Violence Clinic and Issues of Client Confidentiality. 7 *Clinical L. Rev.* 403.

St. Joan, Jacqueline & Nancy Ehrenreich(2001). Putting Theory into Practice: A Battered Women's Clemency Clinic. 8 *Clinical L. Rev.* 171.

St. Joan, Jacqueline & Stacy Salomonsen−Sautel(2001). The Clinic As Laboratory: Lessons from the First Year of Conducting Social Research in an Interdisciplinary Domestic Violence Clinic. 47 *Loy. L. Rev.* 317.

Thornton, Margaret(1996). "Liberty, Equality And?" Endowing Fraternity With Voice. 18 *Sydney L. Rev.* 533.

Torrey, Morrison, Jackie Casey, & Karin Olson(1990). Teaching Law in a Feminist Manner: A Commentary From Experience. 13 *Harv. Women's L.J.* 87.

Voyvodic, Rose(2001). Considerable Promise and Troublesome Aspects:

Theory and Methodology of Clinical Legal Education. 20 *Windsor Y.B. Access to Just.* 111.

Waits, Kathleen(2003). Feminist Lawmaking On−Line: The FIVERS Domestic Violence Listserve. 11 *Am. U. J. Gender Soc. Pol'y & L.* 877.

Wallach, Aleta(1972). Genesis of a "Women and the Law" Course: The Dawn of Consciousness at UCLA Law School. 24 *J. Legal Educ.* 309.

Weinstein, Janet(1990). Teaching Mediation in Law School: Training Lawyers to Be Wise. 35 *N.Y.L. Sch. L. Rev.* 199.

Williams, Susan H.(1993). Legal Education, Feminist Epistemology, and the Socratic Method. 45 *Stan. L. Rev.* 1571.

Zeldis, Nancy(1990). Breaking with Tradition after Tough Times. 76− Sep *A.B.A.J.* 60.

□ 소식지, 보고서 자료

The American Bar Association Commission on Domestic Violence(1997). *When Will They Ever Learn? Educating to End Domestic Violence, A Law School Report.*

The American Bar Association Commission on Women in the Profession (2001). *The Unfinished Agenda: A Report on the Status of Women in the Legal Profession 27.*

The American Bar Association Commission on Domestic Violence(2003). *Teach Your Students Well: Incorporating Domestic Violence into Law School Curricula: A Law School Report.*

Northeastern School of Law(2006). Winter 2006; Dean's Update. *Northeastern Law Magazine*, Vol.2 No.3(November / December 2005).

□ 인터넷 자료

▷ Arias, Maria, Alzabeth Newman, & Martha Garcia, CSW(2006년 5월 2
    일 발표). Teaching Community Lawyering Through Collaboration
    with Grass-roots Organizations: The CUNY School of Law,
    Battered Immigrant Women's Project(BIWP). The Association of
    American Law Schools 2006 Conference on Clinical Legal
    Education.
http://www.aals.org/documents/2006clinical/outlines/AriasGarciaNewmanoutli
    ne.pdf.

▷ Huimin, Guo([년도미상]). The Issue of Gender and Woman's Rights.
www.nuigalway.ie/sites/eu-china-humanrights/seminars/ns0409/guo%20
    huimin-eng.doc.

▷ The National Network to End Domestic Violence(2005). THE
    VIOLENCE AGAINST WOMEN ACT OF 2005, Summary of
    Provisions.
http://www.nnedv.org/vawa.php.

▷ The Association of American Law Schools.
http://www.aals.org/events_2006clinicalprogram.php.
http://www.aals.org/docments/statistics/20052006statisticsonlawfaculty.pdf.

▷ New York University of Law School
http://www.law.nyu.edu/depts/publicinterest/curriculum/index.html.

▷ Northeastern University School of Law.

http://www.slaw.neu.edu/clinics/publichealth.html.

http://www.dvi.neu.edu/ers/2nd/conference_reg_final.htm.

http://www.slaw.neu.edu/clinics/clinics.html.

http://www.slaw.neu.edu/general/welcome.htm.

http://www.slaw.neu.edu/coop/.

http://www.slaw.neu.edu/general/interest−coop.htm.

http://www.slaw.neu.edu/general/interest.htm.

http://www.slaw.neu.edu/general/interest−curric.htm.

http://www.slaw.neu.edu/course/ lssc.html.

http://www.slaw.neu.edu/clinics/dvi.html.

http://www.dvi.neu.edu/community/.

http://www.dvi.neu.edu/.

http://www.dvi.new.edu/ers/med_doc/mdbcdvp.htm.

http://www.dvi.neu.edu/ers/2nd/3rd/curriculum/dvdcc.htm.

http://www.dvi.neu.edu/ers/2nd/cirriculum.htm.

http://www.dvi.neu.edu/ers/2nd/faculty.htm.

http://www.dvi.neu.edu/ers/2nd/3rd/overview/ov4.htm.

http://www.dvi.neu.edu/ers/2nd/3rd/curriculum/dvfll.htm.

▷ Northeastern Law Magazine, Winter 2006.

http://www.slaw.new.edu/magazine/06winter/newsbriefs4.html.

American, 「여성과 법 클리닉」 및 「가정폭력 클리닉」[386]

1. 초기 클리닉 개요 및 내용

「여성과 법 클리닉(Women and the Law Clinic)」은 1984년에 앤 쉘렉(Ann Shalleck)이 지도하는 「여성과 법 프로젝트」[387]와 더불어

---

386) 자세한 내용은 다음 논문 참조. Nancy S. Erickson(1986). Legal Education: The Last Academic Bastion for Sex Bias?. 10 *Nova L.J.* 457; Ann Shalleck(1988). Report of the Woman and the Law Project: Gender Bias and the Law School Curriculum. 38 *J. Legal Educ.* 97; Ann Shalleck(1999). Feminist Theory and Feminist Method: Transforming the Experience of the Classroom. 7 Am. U. J. Gender Soc. Pol'y & L. 229; Ann Shalleck(2003). Pedagogical Subversion in Clinical Teaching: The Women & the Law Clinic and the Intellectual Property Clinic as Legal Archaeology. 13 Tex. J. Women & L. 113; Margaret E. Johnson(2005). An Experiment in Integrating Critical Theory and Clinical Education. 13 Am. U. J. Gender Soc. Pol'y & L. 161.

387) 법학교육가들이 공식 모임에서 로스쿨 커리큘럼에서 여성문제를 어떻게 다룰지를 마지막으로 언급한 지 12년이 되던 해인 1984년에, 쉘렉(Ann Shalleck) 교수의 주도로 아메리칸 로스쿨은 「여성과 법 프로젝트」를 처음으로 시작하였다. 이것은 대부분의 로스쿨들이 여성들의 입학을 거부하던 시기에 여타 여성들에게 접근 가능한 법학교육을 실시하려는 의도로 두 명의 여성에 의해 1896년에 설립된 아메리칸 로스쿨의 설립역사에 뿌리를 두고 있다. 1985년 이후 4년 동안 「여성과 법 프로젝트」에서는 성에 근거한 차별 과목을 가르치는 교사를 주로

설립된 클리닉 프로그램이다. 학생들은 가정폭력 피해자 여성을 위한 법률 서비스, 여성을 위한 학대방임에 대한 변론과 자녀 양육지원을 구하는 여성에게 법률서비스를 제공한다. 1학기당 6학점이며 수업인원은 6명이다. 이 중 2명은 로스쿨 외부에서 연수를 받는다. 매주 3시간의 세미나와 평균 20시간 내지 25시간의 클리닉을 한다. 학생들은 형사법무연구소(Criminal Justice Institute)와 함께하는 로여링 수업에 매주 2시간씩 참석한다. 여기서는 면담·상담에서의 변호사의 역할에 관한 문제와 이념·고정관념·사건이론·가치 등에 관한 문제를 다룬다. 학생들은 또한 모의훈련과 사례발표 수업에 참석한다.

한 주에 1시간 동안 진행되는 클리닉에서 학생들은 배당된 사건들에서 제기되는 로여링 문제들을 논의한다. 이 시간에 학생들은 사건에 관한 것뿐만 아니라 '여성' 변호사이기 때문에 발생하는 공통된 문제점들을 서로 이야기나눈다. 여성 의뢰인에 대한 법제도의 젠더에 대한 고정관념과 여성 변호사인 학생들의 경험이라는 점에서 젠더에 관한 쟁점들이 논의된다. 변호사의 역할, 변호사의 개방성, 변호사의 제약을 어떻게 구성할 것인가는 수업의 또 다른 주요 쟁점이다.

모든 학생들은 최소한 한 명의 매 맞는 여성을 의뢰인으로 맡는다. 이 경우에 학생은 의뢰인이 필요로 하는 구제를 받을 수 있도록 의뢰인을 돕는다. 여기에는 매 맞는 여성을 위한 민사보호명령을 구

지향하는 AALS의 연례회의와 협력하여 <로스쿨 커리큘럼에서의 여성 권리의 처우>에 관한 연례 워크숍을 개최하였다.

하는 것과 이전 명령으로부터 생긴 (법정)모독(contempt complaint)[388] 소송을 수행하는 것이 포함된다. 학생들은 의뢰인 여성을 위해 이혼 소송을 수행하거나, 퇴거명령에 대한 이의를 제기하는 변론이나, 수당 거절을 항소할 수 있다. 학생들은 면담, 소장 작성, 소 제기, 협상, 변론 등 임상의 모든 것을 배운다. 또한 쉘렉 교수의 감독하에 2명의 학생이 로스쿨 외부에서 연수를 받는다. 이들은 지방 변호사와 함께 학대 · 방임에 관한 사건을 다룬다.

2. 클리닉 개편 및 내용

2000학년도에 「여성과 법 클리닉」은 「가정폭력 클리닉(Domestic Violence Clinic)」과 함께 새로운 모습을 하게 되었다. 두 개의 별개의 클리닉은 1년 동안 진행되는 주간 세미나를 함께 운영한다. 가을 학기 세미나 수업은 면담, 사건이론, 사실조사, 전략적인 계획 수립, 상담, 협상과 같은 소송 전 로여링 기술들을 다룸으로써 변호사-의뢰인 관계에 집중한다. 연이어 봄 학기 세미나 수업에서는 변론개시, 직접신문과 반대신문, 변론종결과 같은 소송기술을 다룸으로써 변호사와 의뢰인 외에 재판관, 상대당사자, 상대 변호사, 전문가, 일반 증인과의 관계처럼 변호사와 다른 사람과의 관계에 집중한다. 두 학

---

388) 법원의 명령을 준수하지 않는 것을 (법정)모독(contempt complaint)이라고 한다. 가령, 가정폭력 사건에서 접근금지명령을 받은 구타자가 이 명령을 어기고 매 맞는 여성이 거주하는 곳에 접근하였다면 매 맞는 여성 측은 구타자의 행위에 대하여 (법정)모독죄를 제기할 수 있다.

기 전반에 걸쳐 세미나는 의뢰인 중심 로여링, 맥락화, 사건이론과 의뢰인이론, 성찰을 집중적으로 다루면서 임상이론을 강조한다. 세미나 외에 각각의 클리닉은 의뢰인이나 사건에서 발생한 동료 임상 학생들의 문제를 학생들이 토의하기 위하여 매주 "사건순회"모임을 갖는다. 그리고 임상 전부를 반영하는 체계적이고 이론적인 광범위한 주제에 대하여 이야기나눈다. 끝으로, 학생들은 지도 교수와 적어도 매주 한 번씩 만나 그들이 맡은 사건과 의뢰인과 관련된 문제들을 토의한다. 교사와 학생들은 사건순회, 지도교수와의 만남, 세미나를 통해 법여성학이론, 비판인종이론, 빈곤법에서의 중요한 문제들을 제기한다.

프로그램 개편과 더불어 임상교수진은 법여성학이론과 여타 비판이론들과 관련된 새로운 모의 훈련을 실시하였다. 이러한 새로운 모의훈련은 비판이론을 도출하고 면담, 상담, 사건이론 전개, 의뢰인 중심의 로여링, 맥락화를 가르치는 데 도움이 되고 있다. 모의훈련에서 임상교수진은 학생들에게 청원서 1장을 제시한다. 이 청원서에 제시된 유일한 정보는 지나 제프리스(Jenna Jeffries)라는 새로운 의뢰인이 딸을 학대했다는 주장이다. 또한 모의훈련에서는 지나 제프리스의 역할을 맡은 지원자를 위해 지나에 관한 정보와 지시사항을 제시하였다. 그러나 학생 변호사에게는 이 정보를 제공하지 않는다.

Boalt Hall, 「가정폭력법 세미나」 및 「가정폭력 클리닉」[389]

1. 개 요

볼트 홀 로스쿨(Boalt Hall School of Law, University of California-Berkely)의 「가정폭력법(Domestic Violence Law)」과 「가정폭력 클리닉(Domestic Violence Clinic)」은 학생들의 노력에 의해 개설되었다. 학생들은 실질적으로 가정폭력에 대한 수업을 받고 싶어 했고 그래서 자신들이 스스로 교수를 섭외하고 인터뷰하여 낸시 레몬(Nancy Lemon)을 로스쿨에 추천하였다. 로스쿨은 낸시 레몬을 채용하였고, 그녀는 1988년 가을학기부터 볼트 홀 로스쿨에서 가정폭력 세미나를 가르친다. 이 세미나는 미국 로스쿨에서 가정폭력만을 집중적으로 다룬 최초의 것이다. 레몬 교수는 또한 매 학기마다 2명 내지 4명의 학생을 위한 클리닉을 별도로 가르친다. 18명에서 32명의 학생들이 꾸준히 가정폭력 세미나에 등록하고 있다.

---

389) 자세한 내용은 다음 논문 참조. Mithra Merryman(1993). A Survey of Domestic Violence Programs in Legal Education. 28 *New. Eng. L. Rev.* 383.

2. 내 용

「가정폭력법 세미나」에서 르몬 교수는 불법행위법, 임시 접근금지 명령, 양육 문제, 중재, 면접교섭권 분쟁을 포함한 민사 소송 쟁점과 기소 방침, 증거법 쟁점, 매 맞는 여성 피고인, 부부강간을 포함한 형사소송과 이민법과 같은 행정적이고 연방적인 쟁점을 가르친다. 실체법의 광범위한 내용에 따라 가정폭력에 대한 법적 대응을 다룬다.

수업은 가정폭력에 관한 실질적 내용을 다루며 크게 네 단계로 구분된다. 첫 단계는 구타문제 일반에 대한 소개이다. 가정폭력의 심리학적 측면과 정치적 측면, 역사적·교차문화적 문제, 동성애자의 구타, 부부강간을 내용으로 한다. 둘째 단계는 매 맞는 여성의 민사 대리에서 발생하는 문제를 다룬다. 불법행위와 부부간의 면제, 임시 접근금지명령, 각 주(州) 사이의 후견 문제, 아동 약취·유인, 후견과 면접교섭 분쟁에 관한 중재와 양육 문제로서의 가정폭력을 내용으로 한다. 셋째 단계는 매 맞는 여성의 형사 대리에 관한 문제들을 다룬다. 경찰, 지방검사와 재판관의 가정폭력에 대한 반응, 피고인인 매 맞는 여성과 형사상의 가정폭력 사건에서의 증거법 문제를 내용으로 한다. 마지막 단계에서는 행정과 연방법상의 문제, 특히 사회복지와 이민법을 다룬다.

임상수업은 레몬 교수의 지도로 매주 1시간 동안 외부연수로 진행된다. 학생들은 가족폭력법 센터(Family Violence Law Center), 통합적인 접근금지명령 클리닉(Cooperative Restraining Order Clinic), 남(南) 알라메다 카운티 가정폭력법 센터(Southern Alameda Country

Domestic Violence Law Center)에 배치되어, 매 맞는 여성이 접근금지명령을 받도록 대리한다. 학생들은 일주일에 평균 8시간 내지 10시간 동안 과제를 수행한다. 그중 5시간은 면담, 소장 쓰기, 사건 준비를 위해 사용되고, 나머지 5시간은 법원 심리 준비를 위해 사용된다.

Catholic, 「가족학대 프로젝트」 및 「가족과 법 클리닉」[390]

1. 초기 클리닉 개요 및 내용

「가족학대 프로젝트(Family Abuse Project)」는 1978년에 개설되어 가정폭력에 대한 법률 서비스를 제공하는 데 중점을 두는 클리닉 중 미국에서 가장 오래된 임상법학교육이다. 「가족학대 프로젝트」는 주로 이혼사건에서의 매 맞는 여성을 대리함으로써 학대받는 여성과 아동들을 구조하는 데 집중하였다. 「가족학대 프로젝트」는 콜럼버스 지역사회 법률 서비스(Columbus Community Legal Services, 이하 'CCLS')인 가톨릭 대학 콜럼버스 로스쿨의 「송무 클리닉(litigation clinic)」의 일부이다. 여기에는 주로 주택, 수당, 가족법의 세 분야에서 일하는 4명의 변호사가 있었다. 20명 내지 25명의 학생들이 일주

---

390) 자세한 내용은 다음 논문 참조. Margaret Martin Barry(1994). A Question of Mission: Catholic Law School's Domestic Violence Clinic. 38 *How. L.J.* 135; Margaret Martin Barry(1995). Clinical Supervision: Walking that Fine Line. 2 Clinical L. Rev. 137; Jennifer Howard(1995). Learning to "Think like a Lawyer" through Experience. 2 *Clinical L. Rev.* 167; Leigh Goodmark & Catherine F. Klein(2004). Deconstructing Teresa O'brien: A Role Play for Domestic Violence Clinics. 23 St. Louis U. Pub. L. Rev. 253.

일에 4시간씩 교실수업을 하면서 평균 16시간씩 임상을 한다. 수업은 「송무 클리닉」에 속한 변호사들이 공동으로 가르친다. 교수들은 주로 로여링 기법, 소송절차, 변호사 윤리와 책임에 치중하였다. 교수들은 약간의 실체법을 교실수업에서 가르치기도 하였지만 소송 절차를 주로 다루었다. 클리닉에서 학생들은 특정한 부서나 감독자에게 배정되지는 않고, 대신에 여러 종류의 사건을 맡게 되었다. 모든 학생들이 적어도 한 명의 매 맞는 여성을 의뢰인으로 담당하게 되었다. 대체로 클리닉의 3분의 1 내지 2분의 1이 가정폭력 사건이었다. 가정폭력 사건에서 학생들은 의뢰인이 원하는 구제 수단을 얻도록 조력하며 매 맞는 여성을 위한 민사보호명령이나 이전의 명령으로부터 제기된 (법정)모독 청원을 수행하였다. 그 밖에도 학생들은 매 맞는 여성을 위한 이혼, 양육이나 아동 후원을 위해 일하는 등 면담 및 소제기에서부터 협상·사건 진행까지 모든 클리닉을 다루었다.

2. 클리닉 개편 및 내용

위와 같은 구조의 CCLS는 하나의 일반 민사 실무 클리닉으로서 소속 임상가들이 강의와 감독 책임을 공유하였으며 송무상의 여러 문제와 실질 영역에서의 행정 문제를 가지고 있었다.[391] 1993년 가

---

391) CCLS는 너무나 적은 시간에 너무나 많은 것을 가르치려고 하였다. 교수진은 실체법에 대한 충분한 배경 설명과 더불어 학생들에게 필요한 기술을 가르치기 위해 늘 긴장하였다. 왜냐하면 대부분의 학생들이 가정폭력에서 발생하는 법률쟁점들을 다른 어느 교실 강의에서도 배우

을, 이러한 문제점을 인식한 마가렛 마틴 배리(Margaret Martin Barry) 교수와 동료 2명이 CCLS와 연계된 특별한 가족학대와 가족 법 클리닉인 「가족과 법 클리닉(Families and the Law Clinic, 이하 'FALC')」을 개설하였다. 개편 이후 CCLS 주간 프로그램은 2명의 교수가 담당하는 「일반 실무 클리닉(General Practice Clinic)」과 3명의 교수가 담당하는 「가족과 법 클리닉(FALC)」으로 분류된다.

클리닉의 중요한 과제는 학생들이 학대 받아온 여성들을 위한 훈련된 대리인이 되게 하면서 가정폭력 피해자들이 직면하는 법적·사회적·정서적 쟁점들에 대한 감수성을 키우는 데 있다. 클리닉의 교실수업은 학생들이 의뢰인을 효과적으로 대리하는 데 필요한 기술과 실체법을 알기 위해 기획된다. FALC는 일주일에 한 번씩 세 시간 동안 세미나를 한다. 이는 순환 강의와 소그룹 토의로 구성된다. FALC 세미나는 가정폭력이라는 사회적이고 정신분석학적 배경 소개로 시작한 후 법률 구제와 송무, 그리고 권익옹호 기술을 강의한다. 학생들은 세 개 내지 네 개의 사건을 맡는다. 이에는 긴급하게 보호가 필요한 새로운 인테이크와 이혼·양육·부양과 같은 가정문제를 가진 장기적인 의뢰인 사건이 포함된다.

FALC 세미나의 강의는 역할극을 위주로 진행된다. 1주차에는 가정폭력의 역동성, 권력과 통제, 폭력 순환, 폭력을 감추고 자책하는 매 맞는 여성, 떠나기 어려운 관계, 가정폭력법, 변호사─의뢰인 관계, 의뢰인 중심 등 이론적인 접근을 다루며 2주차에 가서야 최초

지 못하였기 때문이다. 또한 CCLS는 학생들에게 2명 내지 3명의 교수를 배당하였는데 교수의 수에 비하여 학생 수가 너무 많아 어려움을 겪었다.

면담을 한다. 3주차에 교수진은 최초 면담을 요약하고 학생들에게 모범 메모랜덤을 제공한 후 민사 보호명령(CPO)에 관한 법률 문서를 작성케 한다. 4주차부터는 상담을 실시하며 6주차에는 협상에 관하여, 7주와 8주차에 학생들은 증인 준비, 메모랜덤, 법원, 법원 소송, 사건이론, 서사, 신문, 변론개시, 반대신문을 배운다. 모든 수업은 가상의 의뢰인을 설정하여 학생들이 사건 당사자들의 역할을 맡아 토의함으로써 진행한다.

FALC에서의 가장 중요한 혁신은 지역사회 프로젝트이다. 학생들은 학기 첫 달에 지역사회 프로젝트를 선택하여 3분의 2는 클리닉 사건작업을 위해, 그리고 나머지 3분의 1은 지역사회 프로젝트를 위해 일한다. 이 수업들은 지역사회 조직과 입법적 권익옹호와 관련된 기술에 이바지한다. FALC는 다음과 같이 콜럼비아 특별행정구의 프로젝트 6개를 개발하여 왔다. ☞ FALC 학생들은 의뢰인 지원 그룹을 조직하고 이를 운영한다. ☞ 학생들은 재판관, 법원인사, 검사, 경찰, 보호관찰 공무원, 변호사 및 기타 가정폭력 영역에 있는 활동가로 조직된 '가정폭력 협조 위원회(Domestic Violence Coordinating Council)'와 일한다. ☞ 학생들은 가정폭력에 대한 교육을 위해 지역학교 아동들을 가르친다. ☞ 학생들은 가정폭력에 대한 '콜럼비아 특별행정구 연맹(District of Colubia Coalition Against Domestic Violence)'에서 시행하는 2개의 프로젝트를 위해 일한다. ☞ 학생들은 콜럼비아 특별행정구 변호사 협회 가족 실무작업반(District of Columbia Bar Family Task Force)의 본인 소송 클리닉(pro se clinics)을 위해 협력한다. ☞ 학생들은 콜럼비아 특별행정구 고등법원의 가족관계 지원 규율을 심사하는 콜럼비아 특별행정구 변호사 가족부의 규율 위원회(District of Columbia Bar Family Section's Rules Committee)의 프로젝트를 위해 일한다.

CUNY, 「매 맞는 여성의 권리 클리닉」

1. 개 요

CUNY는 공익변호사를 훈련시키려는 특별한 과업을 위해 혁신 커리큘럼을 기획하면서 공공 서비스 및 공익법을 특히 강조한다. 이론과 실무가 분리될 수 없고 추상적 지식이 실무기술과 분리될 수 없으며, 직업 역할에 대한 이해가 직업 행동의 경험과 분리될 수 없다는 것을 전체 프로그램의 기본 전제로 한다. 학생들을 선발할 때에도 공공서비스에 대한 헌신과 공익 실무에서 경력을 쌓으려는 학생들을 뽑기 때문에 약 60% 이상의 졸업생들이 정부와 공익직에서 일한다. 학생들은 처음 2년 동안 모의훈련을 통해 면담·상담·협상·구두변론·서면 변론의 기본을 공부한 후, 3학년이 되어 실제 의뢰

---

392) 자세한 내용은 다음 논문 참조. Nancy Zeldis(1990). Breaking with Tradition after Tough Times. 76−Sep *A.B.A.J.* 60; Joyce E. McConnell(1991). A Feminist Perspective on Liberal Reform of Legal Education. 14 Harv. Wome*n's L.J.* 77; Susan Bryant & Maria Arias (1992). Case Study, A Battered Women's Rights Clinic: Designing A Clinical Program Which Encourages a Problem−Solving Vision of Lawyering that Empowers Clients and Community. 42 Wash. U. J. Urb. & Contemp.L. 208.

인 클리닉에서 작업할 때까지 로여링 기본기술을 습득하며 벨로우와 뮬톤(Bellow & Moulton), 빈더와 버그만(Binder & Bergman), 그리고 모엣(Mouet)의 로여링 저술들을 숙지한다. 처음 2년 동안의 모의훈련 수업 이외에 학생들은 3학년 때 인-하우스 클리닉이나 현장 배치 클리닉을 반드시 이수해야 한다.

「매 맞는 여성들의 권리 클리닉(Battered Women's Rights Clinic)」은 CUNY가 운영하는 네 가지 클리닉 프로그램 중에 하나이다. 메인가(街) 법률 서비스(Main Street Legal Services)에 합류하여 1990년 9월에 개설된 「매 맞는 여성들의 권리 클리닉」에서는 학생들이 보호명령과 여타 가족법상의 구제를 구하는 가정폭력 피해자들을 대리하며 입법 옹호와 지역사회교육과 같은 여타 프로젝트에 가담한다. 그중에서도 특히 학생들이 지역사회 조직과 잠재적 의뢰인 인구 조사를 하고, 이를 근거로 클리닉에서 제공하는 서비스의 범위와 내용을 개발한 것은 가장 독특한 점이다.

2. 내 용

「매 맞는 여성들의 권리 클리닉」은 1년 동안 진행되며 1학기당 8학점이다. 12명의 학생들이 한 학기동안 매주 4시간씩 교실수업을 받고 1주일에 평균 20시간 내지 25시간씩 클리닉을 한다. 「매 맞는 여성들의 권리 클리닉」에서 사용된 교수 방식은 세미나와 사건회의 이외에, 당시에 다른 클리닉에서는 거의 사용하지 않았던 프로젝트로 이루어졌다. 클리닉 수업에서 학생들은 4개 내지 5개의 사건과 하나의 프로젝트를 맡게 된다. 이 클리닉의 역할이 저소득층의 가정 폭력 피해자를 돕는 것이기 때문에 의뢰인은 사건의 형태에 의해 결정되는 것이 아니라 가정폭력을 당하는 여성이라는 그녀의 지위에 의해 결정된다. 따라서 학생들은 의뢰인이 원하는 구제수단이 무엇이든 이를 위해 일한다. 종종 이러한 작업은 민사상의 보호명령을 얻는 것, 이전 명령으로 인한 (법정)모독죄를 청구하는 것, 매 맞는 여성의 자녀를 위한 양육과 아동 후원을 구하는 것, 수당이나 주거 사건을 다루는 것을 내용으로 한다. 학생들이 뉴욕에서의 실무에 제한되기 때문에 이혼 문제는 거의 다루지 못한다. 학생들은 면담, 소장 작성, 소제기, 협상, 사건 진행 등 모든 임상기법을 배운다.

1) 세미나

교실수업은 가정폭력에 관한 이론과 로여링 기법이 혼합되어 있다. 학생들은 모의훈련과 사례발표를 한다. 학생들은 교수강의, 수업토의, 모의훈련의 사용, 학생들이 발표하고 그 사건들에 대한 토의를 하는 사건순회를 포함하는 2시간 세미나에 일주일에 두 번씩 참여한다. 그들은 다양한 방식으로 실체법, 실무기술, 법에 대한 이론, 매 맞는 여성들을 대리하기 위해 필요한 로여링을 배운다. 교수가 수업을 가르치는 것 이외에 변호사, 일반 권익옹호인, 여타 매 맞는 여성들을 위해 현장에서 일하는 학자들도 강의를 한다. 이를 통해 학생들은 가정폭력에 대한 폭넓은 견해를 배우게 되고 변호사의 관점과 변호사가 아닌 사람의 관점을 알게 된다. 학생들은 또한 가족법과 가정폭력 변호사들을 훈련시키기 위해 기획된 보수교육393)에도 참석한다. 학생들은 의뢰인을 대리할 때 그리고 그들의 로여링 경험을 성찰할 때, 그들이 배운 법에 대한 비판적 견해, 그 도입, 매 맞는 여성과 그 가족들에게 미치는 법의 영향들을 고려한다. 교수진은 학생들의 역할극과 세미나 세션을 비디오로 녹화함으로써 로여링 기술에 대한 이해와 적용을 강화시킨다.

2) 사건회의

사건회의는 학생들이 세미나에서 배운 실질 자료들을 현재 진행 중인 의뢰인 대리와 프로젝트에 통합시키도록 돕는 교육방법이다. 사건토의에서 학생들은 그들이 배운 것들을 통합하며 좀 더 정교한 기술을 고려하고 의뢰인에 대한 이해를 적용할 수 있는 법률지식을 개발한다. 필요하다면 보통 2주일에 한 번씩 교수와 만나며 사건심리나 재판이 가까울수록 더 자주 만난다. CUNY 학생들은 3년 동안 로스쿨에 재학하면서 "계획하기, 행동하기, 성찰하기"라는 학습모델을 사용한다. 이것은 학생들로 하여금 특정한 경험과 관련 기술들을 습득하면서 경험을 통한 학습방법을 증진시킨다.

3) 프로젝트

학생들은 또한 매년마다 하나의 법률개정 내지 지역사회 프로젝트

---

393) "continuing legal education"을 번역한 용어로서 미국 변호사들이 규정에 따라 매 분기별로 반드시 참여해야 하는 법학교육을 말한다.

에 참가한다. 학생들은 의뢰인의 문제들을 하나의 집단으로 연구하는 일련의 방법들을 학습한다. 학생들이 수행했던 프로젝트들에는 지역 쉼터에서 여성의 법적 기본권리를 훈련시키는 것과 입법 로비 활동을 위한 의제를 전개시키는 데 조력하기 위해 히스패닉 여성과 아동을 위한 위원회와 함께 작업하는 것이 있다. 1991년~1992년에는 뉴욕의 사면 사건들을 위한 매뉴얼을 만들었을 뿐만 아니라 사면 청구를 위해 수감 중인 여성들과 함께 일했다.

학생들은 또한 메인가(街) 법률 서비스의 다른 프로젝트를 위해서도 협력하였다. 가령, 「매 맞는 여성들의 권리 클리닉」의 개설 이후로 쟈 넷 캘보(Janet Calvo) 교수가 지도하는 CUNY의 「이주민 권리 클리닉 (Immigrant's Rights Clinic)」에서는 수 개의 가정폭력 사건을 맡았고 매 맞는 이주 여성이라는 쟁점에 관한 수 개의 커다란 법률 개혁 프로젝트에 참여하였다. 가령, 학생들은 매 맞는 여성들에게 적용되는 이민신청 이전 과정의 법률을 연구하였고 법률안을 만들었다. 당시의 "매 맞는 배우자" 면제 규정은 이주 여성들의 배우자들이 이미 이주여성들을 위해 이민 신청을 청구한 경우에만 적용되었다. 학생들의 프로젝트는 입법의 범위를 확대하는 것이었다. 배우자가 신청서를 제출했지만 아직 승인받기 이전인 경우의 이주여성뿐만 아니라 이와 유사한 경우의 이주여성도 보호하고자 하였다. 학생들은 또한 구타자가 종종 학대의 형태로 신청 자체를 악용하거나 아내의 시민권을 신청하지 않음으로써 아내를 통제하려고 하는 사건을 해결하기 위해 방안을 강구하였다.

〈부록 5〉

Denver,
「매 맞는 여성의 사면 개혁 프로젝트」 및
「매 맞는 여성을 위한 클리닉」[394]

1. 개 요

덴버 로스쿨의 「매 맞는 여성의 사면 개혁 프로젝트(Battered Women's Clemency Reform Project)」는 낸시 에렌리히(Nancy Ehrenreich) 교수가 매릴랜드 로스쿨의 사면 프로젝트에 관한 글을 읽고서 학생지도를 위한 연구조사 프로젝트로서 시작되었다. 에렌리히 교수는 로스쿨 내에 있는 학생 법률 사무소의 학생 변호사들이 사면 사건을 다룰 수 있는지에 대하여 클리닉 프로그램의 책임자인 조안(Jacqueline St. Joan)과 이야기나누었다. 그녀는 1997년 가을, 당시 콜로라도 주지사가 1년 6개월 내에 직무를 마치기로 되어 있었기 때문에 그에게 사면 청구를 할 수 있는 절호의 기회라 여기고, 다른 교수진들과 함께 커리큘럼을 기획하고, 예상 의뢰인을 정해 상담하며 학생들을 선출하였다.

---

394) 자세한 내용은 다음 논문 참조. Jacqueline St. Joan & Nancy Ehrenreich (2001). Putting Theory into Practice: A Battered Women's Clemency Clinic. 8 *Clinical L. Rev.* 171.

1998년 봄과 여름 학기에 클리닉을 개설하고 학생 7명이 팀을 이루어 지도교수의 지도하에 사면 청구와 이와 관련된 문제를 위해 작업하였다. 1997년 9월에 계류 중이었던 3개의 사건에 대하여 1998년 6월에 학생들은 정책 비망록과 함께 청원서를 제출하였다. 주지사 사무국에서 추가적으로 5개의 사건을 더 제출할 것을 요구함에 따라 추가사건을 위해 변호사와 이 프로젝트에 자원한 심리학자가 4개의 팀을 구성하였다. 1998년 12월 초에 클리닉에서는 팀원들과 함께 훈련 세션을 2회 실시하였고, 1999년 1월 첫 주에 사면집행보좌이사회 (Executive Clemency Advisory Board, 이하 'ECAB')에 5개의 추가 청원서를 제출하였다. 1999년 1월 11일, 주지사가 직무를 마치는 날에 이 8개의 사면청구를 모두 심사하여 학대한 남편과 부(父)를 죽인 죄로 수감 중인 4명은 사면한 반면, 다른 4명의 매 맞는 여성의 사면 청구는 부인되었다.

2. 내 용

사면 프로젝트에서는 3일간의 오리엔테이션과 매주 한 번씩 세미나를 열었다. 이 세미나에는 사례연구와 감독이 포함되었다. 교수진은 사면의 내용에 대한 특별한 기술을 개발하고, 이와 관련된 실체법과 그 분석을 가르쳤다. 학생들은 윤리 문제가 무엇인지를 인지하였고, 정신분석학자, 교정국(Department of Correction, DOC) 공무원, 언론관련자와 전문적인 상호관계를 맺었다. 프로젝트 마지막에는 학생들이 의뢰인을 대신하여 ECAB에 청원서를 준비하고 제출하였다. 학생들은 프로 보노 변호사들을 돕고 프로젝트에 관심이 있는 언론 매체에 대응하여 언론기관과 인터뷰를 하였다.

첫 수업 시간에 교수진은 학생들에게 면담하는 법, 변호사-의뢰인 관계를 맺는 법, 사실조사하는 법을 소개하였다. 교수진은 학생들을 위해 사면 프로젝트 매뉴얼을 만들었으며, 학생들이 처음으로 감옥에 방문해서 의뢰인을 면담하는 것을 돕기 위해 교수진이 만든 면담 비디오테이프를 매주 초에 틀어주었다. 교수진과 학생들은 쟁점이 무엇인지, 의뢰인과 면담 시 발생하는 문제를 어떻게 다루어야 하는지를 비디오테이프를 멈춰가며 이야기나누었다. 학생들은 변론 변호사, 증인, 배심원, 판사, 검사, 의뢰인의 가족과 기타 관계자들을 개인적으로 만나든지, 전화로 상담을 하였다. 가능한 한, 학생들은 병원기록, 전과기록, 쉼터에서의 기록들을 수집하였다. 학생들은 학대에 대한 증인이나 배심원으로부터 준비서면을 받아 둠으로써 사실조사를 하였다.

법률개혁 작업을 하고 있는 학생들은 지속적으로 주지사 사무국과 교정국, 사면집행보좌이사회와 함께 협상하고 조사하였으며, 살인죄로 유죄판결을 받은 가정폭력 피해자들을 위해 사면규정을 개정함으로써 절차를 합리화하도록 설득하였다. 사면청원서는 일반적 형식을 따르지 않았다. ECAB 구성원들 대부분이 변호사가 아니기 때문에 학생들은 덜 형식적이며 더 설명적 문체를 사용하였고 의뢰인의 이야기에 감동되도록 법률 문장을 피하였다. 어떤 학생은 셰익스피어의 시를 인용하기도 하고 어떤 학생은 의뢰인과 그녀의 가족사진을 첨부하기도 하였다. 감면, 감형에 관한 사면규정이 정한 기준에 유의하면서 학생들은 가정폭력에 대한 기록이 충분히 검토되지 않았기 때문에 의뢰인의 권리가 보호되지 못했음을 강조하였다.

ECAB의 심리에 학생들뿐만 아니라 기소자들도 참석할 수 있었다. 그 결과 심리는 여러 시간 동안 비공식적으로 진행되었다. 학생들은 미리 모의 사면심리를 연습하였다. 모의 심리 후에 공공기관의 대변인들과 텔레비전 프로듀서가 비디오를 통해 학생들에게 직접 피드백을 주었다.

〈부록 6〉

Denver, 「가정폭력 민사재판 프로젝트」 및 「가정폭력 클리닉」³⁹⁵⁾

1. 개 요

「가정폭력 민사재판 프로젝트(Domestic Violence Civil Justice Project)」는 1999년 가을에 덴버 로스쿨 내 학생 법률 사무소에서 인-하우스 클리닉으로 시행되었다. 이는 여성에 대한 폭력금지법(VAWA)에 의해 재정적으로 지원받는 민사 법률지원 프로젝트이다. 클리닉 담당자들은 변호사와 사회복지사로 구성되었다. 이들은 두 학기 동안 사회복지대학원 학생들과 로스쿨 학생들을 지도하였다. 그 외 사회연구평가 프로그램의 대학원 학생들은 프로그램 평가를 위해 「가정폭력 민사재판 프로젝트」 책임자와 협력하였다.

첫해에 총 59명의 의뢰인이 「가정폭력 클리닉(Domestic Violence Clinic)」에서 서비스를 제공받았다. 첫 학기 동안 학생 변호사 9명과

---

395) 자세한 내용은 다음 논문 참조. Jacqueline St. Joan(2001). Building Bridges, Building Walls: Collaboration Between Lawyers and Social Workers in a Domestic Violence Clinic and Issues of Client Confidentiality. 7 *Clinical L. Rev.* 403; Jacqueline St. Joan & Stacy Salomonsen—Sautel(2001). The Clinic As Laboratory: Lessons from the First Year of Conducting Social Research in an Interdisciplinary Domestic Violence Clinic. 47 Loy. L. Rev. 317.

사회복지 인턴 2명이 사건의 복잡성과 다양성에 따라 각각 4개 내지 6개의 사건을 배당받았다. 대부분의 사건들은 가을 학기말에 개시되며 봄 학기까지 계속된다. 학생 변호사 4명은 클리닉을 등록하지 않고 (따라서 추가로 사건배당을 받지 않고) 봄 학기와 여름 학기말까지 가을 학기의 의뢰인을 계속 대리할 수 있다.[396] 또한 새로운 학생 변호사 2명과 사회복지대학원 학생은 봄 학기에 클리닉에 합류한다.

2. 내 용

1999년 가을학기부터 학생들은 5일간의 집중 오리엔테이션괴 두 번의 주간 세미나 그리고 사건심사 시 가정폭력과 간학문적 협력에 대한 특별 훈련을 받았다. 사건지도 외에 교수진은 사건을 준비하고 학생들과 법원에 동행하며 함께 수업 자료를 선택하고, 덴버 로스쿨과 지역사회 조직과의 관계를 설정하고 이를 확대하였다. 또한 당해 학년 중간에 학생, 교수진, 연구원, 교직원이 하루를 정하여 하루 종

---

396) 1993년 가을 학기 「가정폭력 클리닉」의 사건 중 84%가 접근금지명령, 법정 별거, 혼인해소, 양육, 접견, 자녀 부양, 또는 법령 이후의 문제들과 관련되었다. 16%가 주거, 공공 수당, SSI(Supplemental Security income, ≪美≫ 보족적(補足的) 소득 보장, 미국 정부가 가난한 노인·신체장애자에게 지급해 주는 소득) 재청, 기부금, 아동학대 등록 문제들을 포함한다. 1994년 봄 학기에 「가정폭력 클리닉」에 배당된 사건들 중 93%가 가족문제이고 그 밖의 사건은 주거 문제와 관련된다. 학기말까지 「가정폭력 클리닉」의 60개 사건 중 25개가 종결되었고 35개가 여름과 가을에 넘겨졌다.

일 프로젝트의 목표, 과정, 학습 목적을 성찰하면서 보냈다.

2000년 6월과 7월 동안 학생 변호사 8명, 사회복지 인턴 3명, 지도 변호사 1명, 지도 교수인 사회복지사 1명이 평균적으로 각각 한 시간 내지 한 시간 반 동안 개별 면담을 하였다. 학생들과 교수들은 어떻게 그 사건들에 관하여 협력했는지 그리고 그들이 협력 과정과 비밀 장벽에 대하여 어떻게 생각하는지에 대한 세부사항을 주로 다루었다.

교수진은 사회복지사가 학생 변호사를 대신하는 것이 아니라 후원하는 것을 클리닉의 목표로 삼았다. 로스쿨 학생들은 공동 면담 계획을 수립하기 위해 의뢰인과의 첫 면담 전에 만났으며 가능한 한, 많은 의뢰인 면담에 참석하였다. 사회복지사들은 첫 모임에 반드시 참석하였다. 이것은 나중에 학생 변호사를 위한 세세한 정보를 수집할 때 협력하기 위함이다. 학생 변호사들은 아동학대 · 아동방임 심사를 수행하고 의뢰인에게 리걸 클리닉에서의 사회복지사의 역할을 설명한다. 학생 변호사는 의뢰인이 사회 복지사와 공동으로 일하는 것의 장 · 단점을 고려하도록 사회복지사의 참석 없이 면담을 시작한다. 만약 의뢰인이 비밀 정보를 사회복지사와 변호사가 공유하는 데 동의한다면, 이후부터 사회복지사는 면담에 동참할 수 있었다. 학생들은 첫 면담 후 사건계획을 수립하기 위한 논의를 해야 한다. 학생들은 개별적으로 지도교수와 만나거나 그들의 경험과 계획을 심사하기 위해 지도교수 2명과 팀으로 만나곤 하였다. 개인적으로 서로 쪽지를 남기거나 이메일을 하거나 사건 서류함에 서로의 쪽지를 읽음으로써 학생들은 속한 팀에서의 의사소통 방법을 개발하였다. 사회복지사들은 의뢰인을 위해 광범위한 서비스를 제공할 뿐만 아니라 로스쿨 학생들을 위한 리걸 클리닉에서의 효과적 면담 및 상담 방식을 보여주었다. 그들은 사건업무에서 학생 변호사를 보조하며 지역사회 조직과 법제도에서의 정책업무를 통해 의뢰인 변호를 제공하였다.

변호사와 사회복지사의 협력 구상은 다음과 같은 단계를 거친다.

서비스 협력과제제공단계	서비스 제공 책임자	연구 협력과제 단계
법률 사무소와의 첫 접촉	접수원	연구원은 면담 패킷을 준비한다.
전화 상담	학생 변호사	
사건 배당	교수 / 클리닉 관리자	연구보조원은 평가 파일을 연다.
공동 면담 계획	학생 변호사 및 사회복지사	
비밀보장 심사	학생 변호사	'그림자 파일'은 비밀보장이 필요한 경우에 만들어진다.
첫 의뢰인 면담, 안전계획 설문지	학생 변호사 및 / 또는 사회복지사 (교수 한 명이 관찰한다)	학생들은 서류정리를 위해 설문지를 복사하고, 분석을 위해 원본을 클리닉 책임자에게 준다.
공동 보고와 사건 계획	교수와 학생	
의사소통 진행	교수와 학생 (사무실 접촉, 전화, 이메일, 사건 기록, 공동 지도)	두 번의 주간 클리닉모임; 사건 관리와 연구 프로젝트
6개월 후속 면담	연구 보조원	연구보조원은 통계 분석을 한다.

DePaul, 「법여성학」[397)

1. 개 요

  1989년 봄에 드폴 로스쿨(DePaul University College of Law)은 여성주의 교육방법을 모색하기 위한 기회로서 「법여성학(Feminist Jurisprudence)」세미나를 개설하였다. 모리슨 토레이(Morrison Torrey) 교수가 가르친 이 수업에는 10명의 학생이 등록하였다. 그중 남학생은 1명이었다. 수업의 형식은 연구와 작문 세미나이다. 6주 동안의 수업과 4주 동안의 연구, 그리고 나머지 4주는 구두발표로 구성되었다. 토레이 교수는 학생들에게 수업일지를 요구하지 않았다. 학생들은 최종 과제물과 구두발표에 집중하여 독립연구, 비판적 사고, 효과적 의사소통 기술, 그리고 독창성을 개발하였다.

---

397) 자세한 내용은 다음 논문 참조. Morrison Torrey, Jackie Casey, & Karin Olson(1990). Teaching Law in a Feminist Manner: A Commentary From Experience. 13 *Harv. Women's* L.J. 87.

2. 내 용

수업토의를 통해 학생들은 여성주의적 환경을 만들기 위해 다음과 같은 기본 행동원칙을 세웠다. 첫째, 토레이 교수는 권위적으로 학생들을 통제하지 아니한다. 둘째, 각 수업들은 비공식적 토의로 시작한다. 그룹리더로서 교수는 수업일정과 운영 등에 관한 공지를 위해 교실을 개방한다. 셋째, 리더십을 공유하기 위해 특정인을 지목하지 않고 말한다. 한 사람 이상 말하기 원한다면 마지막으로 말한 사람이 다음 사람을 지명한다. 넷째, 생산적인 열띤 논쟁을 위해 앞 사람이 말한 이야기를 다음 사람이 바꿔 말하도록 함으로써, 말한 사람이 자신의 이야기를 다른 사람들이 경청하고 있으며 자신의 역량이 강화되었음을 인식시킨다. 다섯째, 개인이 경험을 추상적 개념 분석으로 통합할 필요성과 가치를 강조한다. 여섯째, 학생들은 그 주(週)에 주어진 읽기과제에 대한 5개의 질문서를 매 수업시간에 가지고 와야 한다. 일곱째, 자기결정권이라는 여성주의 개념에 반대될지라도, 학생들은 수업에 필요한 출석요건을 충족시켜야 한다. 여덟째, 원하는 사람은 누구나 수업에 방문할 수 있다. 방문자들은 수업수칙을 제공받고 이를 준수해야 한다. 아홉째, 그룹리더와 학생들 사이의 관계는 분명하게 토의되어야 한다. 위계를 없애는 것이 여성주의 환경을 조성하는 것일지라도 그룹리더는 교사로서 학생들에게 적절한 해결책에 대한 그녀의 관점을 제시한다.

세미나의 목표는 여성주의 기본이론에 대한 지식을 생각하고자 의식향상, 인위적 이분법 파괴, 추상성 거부, 끊임없는 문제제기라는 여성주의에 대한 기본 정의와 방법론을 개발하는 것과 여성주의 이론을 법률 개념에 적용하는 것이다. 수업에서는 현대 미국 여성주의 이론에서 핵심적인 일반 논의를 다룬 아이젠슈타인(Hester Eisenstein)의 *Contemporary Feminist Thought*(현대여성주의 사상)를 주교재로 하였다. 학생들은 주교재를 통해 현대 여성주의 사상 및 방법론의 기본을 익힌 후에 이러한 여성주의 개념을 법에 적용하고 여성의 경험과 법을 조화시키고자 하였다. 모든 학생들이 헌법 수업을 수강했었기에 '평등'이라는 법학개념에 여성주의 이론을 적용하기로 하였다. 수정헌법 제14조의 평등보호조항에 대한 기존의 분석을 주제로 수업토의를 한 후, 평등에 관한 여성주의 대안이론을 다루었다. 평등이론에 대한 여성주의 대안을 토의한 후, 참여자들은 그룹리더가 선택한 쟁점인 육아, 포르노그라피, 강제적 이성애라는 쟁점을 통해 여성주의 이론의 적용을 모색하였다.

또한 학생들은 주제를 선택하여 구두발표와 과제물을 제출해야 하였다. 참여자들은 선택한 과제에 대한 작업을 시작하기 전에 과제물의 내용뿐만 아니라 글을 작성하는 과정에서 수업시간에 배운 것들을 적용하여야 하였다. 이것은 의식향상, 인위적 이분법 파괴, 추상성 거부, 끊임없는 문제제기가 모든 단계에서 통합되어야 함을 의미하였다.

George Washington, 「가정폭력 권익옹호 프로젝트」398)

1. 개 요

1993년에 조안 메이어(Joan Meier) 교수에 의해 시작된 「가정폭력 권익옹호 프로젝트(Domestic Violence Advocacy Project, 이하 'DVAP')」는 가정폭력 관련 사건을 다룰 실체법과 절차법 및 심리학의 통합이라는 관점에서 임상법학에서의 간학문적 접근의 모델이다. 이것은 가정폭력 문제에 특별히 중점을 두면서 사회변혁을 위한 로여링을 강조하는 클리닉 프로그램이다. 1년 내내 진행되는 이 클리닉은 평균 10명의 학생들이 매 학기마다 참여하며 4학점을 이수한다. 학생들은 매주 16시간 내지 20시간 동안 임상작업을 하는 것 외에 반드시 2시간의 세미나에 참석해야 한다.

임상작업을 위해 학생들은 민사보호명령(Civil Protection Order, 이하 'CPO')의 신청 및 (법정)모독죄 절차를 통해 민사보호명령의 집행을 청구하면서 법원 사건에서 매 맞는 여성을 대리한다. 이러한

---

398) 자세한 내용은 다음 논문 참조. Joan S. Meier(1993). Notes From the Underground: Integrating Psychological and Legal Perspectives on Domestic Violence in Theory and Practice. 21 *Hofstra L. Rev.* 1295.

사건들은 법원에 의해 신속하게 진행된다. 면담 및 상담·법률문제 해결·소송 기술을 비롯하여 학생들은 개별 의뢰인을 대리함으로써 임상 경험을 쌓는다. DVAP가 시작한 첫해 두 명의 학생들이 진행 중인 살인 사건에서 국선 변호사를 보조하였다. 이 사건은 구타자를 살해한 매 맞는 여성을 상대로 제기된 소송이었다.

2. 내 용

1) 세미나 및 프로젝트

학생들은 가정폭력에 대한 사법(司法)제도의 대응을 개혁하기 위한 커다란 프로젝트에 지속적으로 참여한다. 클리닉 첫해의 개혁 프로젝트에서는 수도 워싱턴 사법제도에서 형사 사건의 정당방위를 위한 전문가의 구타에 대한 증언, 즉 "매 맞는 여성의 신드롬"의 사용을 연구하였다. 학생들은 매 맞는 여성들이 그들의 구타자를 살해한 살인 사건을 조사하고, 그러한 증언의 허용 가능성에 관한 현행 법률의 적합성을 수도 워싱턴 의회에 건의하였다. 이 연구에 적극적으로 참여하지 않은 학생들은 다른 비(非)입법 프로젝트에 참여하였다. 그것은 '사회변혁' 프로젝트이다. 학생들은 보호명령절차에서 피해자들을 대리하며 경찰의 청원을 자료화하기 위한 제도를 개발하였다. 또한 학생들은 조지 워싱턴(George Washington) 대학병원 응급실에서 법률 권익옹호 프로그램을 개발하면서, 3개의 주(州) 영역에 있는 상담 기관원들의 주소록을 만들었다. 이러한 프로젝트들을 통해 학생들은 클리닉 사건들에서 발생하고 있는 제도적 문제들을 직접 경험하였다. 학생들은 가정폭력을 위해 일하는 지역사회 다른 기관들과 함께 수도 워싱턴 고등법원의 "가정폭력 조정위원회"에 참여하였다.

학생들은 구타자를 살해한 매 맞는 여성의 계속되는 소송에서 항변을 도우며 매 맞는 여성을 위한 민사와 형사 작업의 결합을 통해 기소와 항변 심의 역할을 모두 경험하였다. 이를 위해 그들은 가정폭력에 대한 법제도의 대응에 대한 풍부한 견해를 얻게 되었다. 개별 사건과 광범위한 제도 개혁 쟁점에 관한 모의작업을 하면서 학생들은 이론과 실천의 공통영역을 연구하고, 개인적으로 가정폭력 문제에 대한 감수성을 키웠다.

학생들은 클리닉 이외에도 가정폭력과 그 법에 관한 실체법, 심리학, 사회학, 송무 기술, 제도개혁 로여링 등 이론과 실천의 상호작용에 중점을 둔 2시간의 세미나에 참여한다. DVAP의 주간 세미나에서는 주로 학생들이 맡고 있는 사건들에 대한 "사례검토회의(grand rounds)"를 내용으로 한다. 여기서 학생들은 그들의 사건에서 발생한 쟁점들을 공유하고, 함께 전략을 짜며 문제를 해결한다. 동시에 학생들은 역할극, 가정폭력의 역동성에 대한 토의, 로여링 역할, 윤리적 쟁점들을 다룬다.

2) 심리학을 결합한 간학문적 학습

조지 워싱턴 로스쿨의 「가정폭력 권익옹호 프로젝트」의 가장 주목할 점은 매 맞는 여성에 대한 임상 심리학자와 전문가의 협력을 통하여 로스쿨 학생의 훈련과 매 맞는 여성을 위한 로여링에 간학문적 접근을 개척하고 있다는 것이다. 1993년 메이어 교수는 그녀가 가르치던 「가정폭력 리걸 클리닉(domestic violence legal clinic)」에서 심리학적 관점과 그 자료들을 통합하고자 가정폭력 사건의 전문가 증인으로 유명한 임상 심리학자인 매리 앤 듀톤(Mary Ann Dutton) 박사와 함께 공동강의를 하였다.

첫 학기에는 듀톤 박사가 가르치는 수업, 사회 심리학적 자료를 집중적으로 다루는 수업, 듀톤 박사의 개별상담을 클리닉의 구조 및 내용과 통합하였다. 협력 교수로서 듀톤 박사는 가정폭력에 대한 사회심리학적 견해 개발에 중점을 두면서 2개의 수업을 가르쳤다. 그 중에 하나는 듀톤 박사가 새롭게 만든 법률 사건에서의 매 맞는 여성들에 대한 심리학 평가기준에 대한 개요이다. 이것은 가정폭력의 본질, 피해자의 심리학적 반응, 폭력에 대처하는 전략, 여타 맥락적인 관련 정보 등 전문가 평가를 위한 네 개의 영역들로 구성되었다. 다른 하나는 듀톤 박사가 맡은 2개의 법률 사건에 대한 설명이다. 이 사건에서 듀톤 박사는 매 맞는 여성들을 평가하는 전문가로 선임되었다. 듀톤 박사는 2명의 매 맞는 여성들이 누구인지, 그들이 배심원에 의해 어떻게 인식되었는지에 대한 사회심리학적 측면을 강조하면서, 자신이 인터뷰한 2명의 매 맞는 여성들의 인물 소개에 집중한다. 학생들은 이 두 사건과 자신들이 현재 진행 중인 사건들과의 연관성을 찾는다.

이 외에도 듀톤 박사는 면담에 대한 수업을 함께 가르쳤다. 그녀는 대부분의 수업시간에 참여하여 자신의 경험, 통찰력, 수업 토의에의 질문 등을 하였다. 그녀는 학생 감독에서도 실질적인 역할을 하였다. 학생들의 면담 내용을 비디오로 녹화하여 분석을 하였으며 그에 대한 피드백과 학습을 위한 중요한 자료들을 제공하였다. 이러한 사회심리학적 견해들은 가정폭력에 대한 형사사법제도의 대응, 사건 이론의 개발, 양육 및 가정폭력 등 메이어 교수가 가르친 수많은 수업과 통합되었다.

DVAP 학생들은 정당방위를 제외하고 CPO 사건들 중에는 전문가 증인 내지 사회과학 연구의 사용에 다소 제한을 두었다.[399] 일반적으로 좀 더 수사(修辭)적인 단계에서만 사회과학 연구의 장단점, 그 영역에서 발생하는 충돌, 법률 사건에서 문제가 되는 방식들을 분석하였다. DVAP 각각의 초기 수업들에서는 매 맞는 여성 신드롬, 매 맞는 여성들 및 그 자녀들에게 나타나는 후기 외상 스트레스 질환, 구타자들의 심리 혹은 자녀들에게 미치는 가정폭력의 영향에 대한 전통적 개념과 현재 논의되고 있는 개념들에 초점을 두었다.

DVAP 세미나에서는 학생들이 짝을 이루게 한 다음, 보호명령을 구하는 매 맞는 여성 의뢰인(의 역할을 맡은 학생들)을 면담하는 역할극을 통해 면담 및 상담을 가르쳤다. 첫 학기 동안 학생들은 민사 보호명령을 구하는 여성들과 함께 작업하였다. 수업시간에 짝을 이룬 학생들이 그들이 준비하고 있는 사건의 직접신문을 역할극으로

---

399) 왜냐하면 매 맞는 여성이 구타자로부터 격리된다고 해도 왜 안전할 수 없는지를 변호사가 심리학 및 사회 과학을 통해 이해할 수 있으므로, 기본 단계에서는 전문가 증언이 없어도 변호사 스스로 매 맞는 여성이 구타자와의 관계를 지속한다고 해도 왜 그녀에게 법률 보호가 필요한지를 법원에 설명할 수 있기 때문이다.

하였다. 재판관의 입장에서 볼 때 성(性)학대에 대한 증언이 궁극적으로 의뢰인의 사건에 이익이 될 것인지 아닌지가 쟁점이 되기도 하였다. 학생들은 수업토의를 통해 성학대, 임신 및 가정폭력에 관한 사회심리학적 이해를 연구할 수 있었다. 두 번째 학기에는 교수진이 학생들의 의뢰인 면담을 녹화한 테이프를 재검토하여 학생들에게 피드백을 제공하였다. 메이어 교수는 변호사로서 사건이론 및 필요한 증거, 학생들이 얻은 정보의 결점, 이용가능하고 적용가능한 구제 수단에 관하여 의뢰인을 상담하는 학생들의 능력을 강조하였다. 반면에, 듀톤 박사는 심리학자로서 잘못된 의사소통, 말하여지지 않은 의미, 의도되지 않은 메시지, 학생들의 질문 모형의 장단점을 녹화 테이프를 통해 검토하면서 '메타-메시지(meta-message)'의 중요성을 강조하였다.

특히 심리학적 견해가 도움이 된 사례는 젠더 및 인종 차별화에 관한 것과 비법률적 권고와 의뢰를 비롯한 변호사 역할에 대한 정의 확장에 관한 것이다. 가령, 로여링 쟁점을 설명하는 '사건검토회의' 수업에서 흑인 의뢰인이 흑인 여학생은 '친구'로 대하고 백인 남학생은 '변호사'로 대우하는 것에 대한 논의가 쟁점이 되었다. 듀톤 박사의 자문을 통해 이러한 차이는 부분적으로 젠더와 인종에 의해 발생가능하며 학생들의 행동에 의해 조장되었을 수 있음을 알게 되었다. 그리하여 학생들은 의뢰인과의 고정관념을 피하기 위해 의식적으로 노력하며 미래 전략을 짰다. 또한 다른 사건에서는 듀톤 박사의 도움으로 성인 아들로부터 학대를 받는 매 맞는 여성이 그 아들의 감언이설과 압력에 넘어가지 않고 '아니'라고 말하는 법을 배우

도록 심리상담을 받았다. 뿐만 아니라, 학생들을 개별상담하면서 듀
톤 박사는 로여링 과정에서 나타나는 학생들의 감정을 변호사-의뢰
인 관계에서 작용하는 역전이의 문제로서 강조하였다.

Harvard, 「매 맞는 여성들을 위한 권익옹호 프로젝트」[400]

1. 개 요

다른 몇몇 로스쿨과 같이 하버드 로스쿨(Harvard Law School, 이하 'HLS')에도 매 맞는 여성들이 직면하는 문제들에 대한 법률 작업에 헌신하는 학생 집단이 있었다. 이 집단은 1988년에 「매 맞는 여성의 권익옹호 프로젝트(Battered Women's Advocacy Project, 이후 'BWAP')」를 설립하였고, 지역사회에 사는 학대 생존자들의 법률 필요를 충족시키고자 하였다. BWAP는 이미 다양하고 상이한 방식으로 매 맞는 여성들을 돕고, 그들을 옹호하기 위해 학생들을 적극적으로 훈련시켰다.

새라 뷰얼(Sarah M. Buel)은 로스쿨 입학 전부터 이미 10여 년 동안 매 맞는 여성을 위한 권익옹호를 위해 일해 왔다. 1988년에 지역 쉼터와 법원 관리들이 계속해서 도움을 요청함에 따라, 그녀는 매

---

400) Sarah M. Buel(2003*a*). Effective Assistance of Counsel for Battered Women Defendants: A Normative Construct. 26 *Harv. Women's L.J.* 217; Sarah M. Buel(2003b). The Pedagogy of Domestic Violence Law: Situating Domestic Violence Work in Law Schools, Adding the Lenses of Race and Class. 11 Am. U. J. Gender Soc. Pol'y & L. 309.

맞는 여성을 위한 법률 권익옹호에 관심이 있는 5명 내지 10명의 자원봉사자를 구하는 공지를 HLS 게시판에 올렸다. 미노(Martha Minow) 교수가 지도교수가 되는 데 동의하였다. HLS는 훈련 매뉴얼을 복사하도록 작은 사무실을 제공하고 재정지원을 하였다. 78명의 학생들이 BWAP 첫 모임에 참석하였으며 설립 첫해 연말까지 215명의 로스쿨 학생들이 동참하였다. 그들 중 30%가 남성이었다.

이 프로젝트에 적극적인 몇몇 학생들은 1989년과 1990년 겨울 동안 당시 하버드 로스쿨의 방문교수였던 엘리자베스 슈나이더(Elizabeth Schneider) 교수의 「젠더 차별」 수업을 수강하였다. 수업에 참여하였던 BWAP 학생들은 슈나이더(Schneider) 교수의 진취적이며 포용하는 교육 스타일에 크게 영향을 받아 BWAP에 이를 적용하였다. 슈나이더 교수는 이 수업에서 여성을 상대로 한 폭력에 대한 쟁점들을 가르쳤다.

2. 내 용

공동 창설자인 수잔 그로이서(Suzanne Groisser)와 새라 뷰얼은 BWAP 훈련 및 자원 매뉴얼을 작성했다. 그들은 기존의 쉼터와 권익옹호 프로그램의 자료를 이용해서 로스쿨 학생들이 사용할 수 있도록 매뉴얼을 편집하였다. 이후 BWAP는 확대되어 소위원회를 구성하였다. 이 소위원회에서는 법률, 쉼터의 필요, 법원 변호, 학대 피해자의 변호사를 위한 법률 연구, 지역사회교육을 다루었다. 학생들이 법원에서의 경험을 짧게 소개하는 비공식적 모임과 일련의 4시간 훈련 세션을 개설하였다. 법원이 학생들의 보호명령 절차 참여를 환영함에 따라 학생들은 10개로 구분된 문서를 자필로 작성하였다. 그것은 심리에서 반드시 고지되어야 하는 특정 사실들을 개략적으로 설명한 것이었다. 가령, 구타자가 피해자에게 자녀 양육권이 부여될 수 없다고 주장하는 경우에 일어날 수 있는 문제들을 제시하였다. 그것은 자녀의 면전에서 구타가 행해졌고 보호명령을 준수하지 않은 것에서부터 계속해서 괴롭히고 자녀 양육비를 지급하지 않은 것에 이르기까지 다양하였다.

Harvard, 「매 맞는 여성과 법」[400]

1. 개 요

가정폭력의 쟁점들에 초점을 맞추며 제한된 환경에서 이론을 실무에, 법학계를 실무계에 연결하고자 했던 「매 맞는 여성과 법(Battered Women and the Law)」수업은 당시 방문교수였던 엘리자베스 슈나이너 교수에 의해 1991년도 봄 학기에 개설되었다. 이 수업의 목표는 가정폭력이라는 쟁점에 초점을 두면서 제한된 환경에서 이론과 실무, 학계와 운동계를 연결하는 것이다. 정규 세미나 수업은 이러한 목표를 달성하는 데 불충분하기에 특별히 임상 요소를 수업에 가미하였다.

---

401) 자세한 내용은 다음 논문 참조. Elizabeth M. Schneider(1992a). Building Bridges Between Theory and Practice, Scholarship and Activism. 40 *Clev. St. L. Rev.* 493; Elizabeth M. Schneider(1992b). Violence Against Women and Legal Education: An Essay for Mary Joe Frug. 26 New. Eng. L. Rev. 843; Elizabeth M. Schneider(2002). *Battered Women and Feminist Lawmaking*(New Haven: Yale University Press); Susan M. Buel(2003b). The Pedagogy of Domestic Violence Law: Situating Domestic Violence Work in Law Schools, Adding the Lenses of Race and Class. 11 Am. U. J. Gender Soc. Pol'y & L. 309.

2. 내 용

「매 맞는 여성과 법」은 임상을 선택적 요소로 하는 1학점 세미나
이다. 수업은 (1) 교실수업요소, (2) 필수요건으로서의 연구보고서,
(3) 한정된 학생들을 위한 부가적 임상요소의 세 부분으로 구분된다.
1주일에 2시간 동안 진행되었고 전체 학생들을 위한 수업이 끝난
직후에 교실을 옮겨 다른 교실에서 클리닉을 하는 학생들을 위해 따
로 매주 추가 수업을 하였다. 모든 학생들은 출판 가능한 수준의 독
창적인 연구서와 3개의 '성찰쪽지'를 제출하여야 하였다. 강의안 및
수업을 위한 필독자료들은 여성주의 이론, 학술연구, 여성에 대한 폭
력을 주제로 한 저술(특히 사회과학에서), 활동가의 저술과 학대 받
아온 여성들의 경험 사이의 상호관계를 강조한 자료들이며, 법원사
건들과 법학잡지 논문을 포함하였다. 수업은 네 개의 상이한 단계로
구분되었다. 도입 단계에서는 매 맞는 여성이라는 주제에 대한 이론
개관, 즉 구타의 역사적 및 사회적 맥락을 다룬다. 구타에 대한 상
충하는 정의 및 해석, 구타의 역사적·사회적·교차문화적 쟁점, 게
이와 레즈비언 구타, 그리고 자녀 복리·아동학대·아동양육을 비롯
한 어머니로서의 매 맞는 여성과 같은 문제점들을 검토한다. 두 번
째 단계에서는 쉼터나 접근금지명령, 가정폭력과 불법행위에 대한
강제체포나 기소와 같이 대안적으로 채택될 수 있는 방안을 다뤘다.
이것은 시민권·중재·국제인권을 비롯하여 대안 소송이라고 불리는

영역이다. 그런 다음, 매 맞는 여성의 권익옹호, 송무 대리와 구타자 프로그램에 관한 쟁점들을 연구하였다. 세 번째 단계에서는 변호의 선택, 구타에 관한 전문가 증언, 재판관 및 배심원 교육을 강조하면서 방어 기제로써 가해자를 살해한 매 맞는 여성의 형사 권익옹호에 대한 문제를 다뤘다. 마지막 단계에서는 이론과 실무의 관계로 다시 돌아와 법여성학 이론, 법과 사회, 비판법학, 비판인종이론과 같이 상이한 법학이론작업과 딜레마에 초점을 두면서 공공 정책과 그 실현을 위한 작업의 함의를 검토하였다.

1) 교실수업

매주 2시간의 전체 교실수업에서는 매 맞는 여성들이 직면하는 문제들과 구타에 대한 법적·사회적 대응에 의해 야기된 이론적·실무적·전략적 딜레마를 비판적으로 분석하였다. 수업토의는 구타에 대한 적극적인 법률 대응과 사회변혁을 위한 도구로서 법이 어떻게 서로 연계하여 사용될 수 있는지에 중점을 두었다.

수업 첫날, 슈나이더 교수는 학생들에게 자신을 소개하고 학생들에게도 각자 그들 자신의 배경과 이 수업을 듣게 된 이유에 대해서 이야기하게 하였다. 「하버드 매 맞는 여성의 권익옹호 프로젝트」의 노력으로 수업에 참여한 많은 학생들이 이미 매 맞는 여성과 관련된 작업경험이 있었다. 그들은 대학교 및 고등교육기관에 있으면서 가정폭력에 대한 높은 관심을 갖고 있었고 단지 학생으로서가 아니라 활동가로서 다양한 역할들을 담당하고 있었다. 학생들은 「매 맞는 여성과 법」세미나를 통해 자신들의 이론적인 관심과 실무 경험이 서로 연결되기를 원했다. 또한 변호사, 법학교수, 가정폭력과 관련하여 일하는 보스턴 지역의 활동가 및 학자들이 정기적으로 「매 맞는 여성과 법」에 참여하여 자신들의 생각과 경험을 학생들과 공유하였다. 이를 통해 활발한 수업토의를 할 수 있었다.

슈나이더 교수는 학생들이 적극적으로 교실수업에 참여하게 하기 위해 무엇보다도 학생들 스스로 대화를 이끌어가도록 하였다. 그녀는 매주 그 주(週)의 토의 주제를 앞 시간과 다음 시간의 주제와 연결시키고 필독자료를 종합해서 정리하면서 주요한 주제를 확인하는 식으로 수업주제를 간략히 소개하였다. 또한 그 주의 읽기 자료 주제와 관련된 연구를 하거나 학기 중에 이와 관련 주제를 위해 특별히 연구서를 준비하는 학생이나, 아니면 그 주제에 대하여 경험이 있는 학생들을 두 명 내지 세 명을 선택하여 이들이 패널을 구성하여 수업시간에 짧게 발표하게 하였다. 이것은 학생들이 직접 수업에 관여하게 하였다. 그 주제 영역에 대한 경험이나 지식이 가장 많은 학생들이 수업 전에 해당 주제를 성찰한 후, 수업에서 그들의 지식과 경험을 수업참여자들과 공유하였다. 이를 통해 학생들은 서로에게서 배울 수 있었다.

2) 클리닉

몇몇 유색인을 포함하여 38명의 여학생과 2명의 남학생이 등록하였다. 총 40명의 학생 중에서 17명이 클리닉을 추가로 선택하였다.

클리닉 프로그램에 참여한 17명의 학생들은 수업시간 이외 시간에도
만났다. 이들은 일주일에 10시간에서 20시간에 해당하는 다양한 인
턴십을 수행하면서, 임상작업의 매 5시간을 임상 1학점으로 계산하
여 2학점 내지 4학점을 이수하였다.

슈나이더 교수는 매주 클리닉 수업에서 직전에 있었던 전체 수업 시
간에 배운 이론들이 학생들의 실제 임상경험에 직접적으로 어떻게 나
타났는지를 임상학생들이 토의케 함으로써 이론을 실무에 통합하는 것
에 초점을 두게 하였다. 또한 하버드의「매 맞는 여성의 권익옹호 프로
젝트(Battered Women's Advocacy Project)」를 공동 설립하고 하버드
로스쿨을 갓 졸업한 새라 뷰얼이 클리닉을 감독하였다.402) 슈나이더
교수와 새라 뷰얼은 광범위한 법률작업에서 가정폭력 쟁점을 다루고
있는 매사추세츠 州의 장점을 살려 학생들을 다양한 프로그램에 배치
시켰다. 그중 세 명은「매 맞는 여성 권익옹호 프로젝트」에서 일하면
서 여성들을 위한 접근금지명령에 대해 배웠다. 다른 세 명의 학생들
은 수감 중인 매 맞는 여성들의 사면요청을 위해 매사추세츠 매 맞는
여성 권익옹호 집단, 검사 사무실, 가족법을 실무하는 민간실무자들과
함께 작업하였다. 다른 세 명의 학생들은 지방 검사 보조원으로 일하면
서 지방 검사가 가해자가 범한 경범죄 수준의 폭행을 기소하는 것을 도
왔다. 한 학생은 대법원의 매사추세츠 젠더 편견 위원회(Massachusetts

---

402) 임상감독자로서 새라 뷰얼은 슈나이더 교수의 교육 스타일을 본받아
클리닉 학생들이 의미 있는 경험을 하도록 조력하였다. 당시 임상수업
에 참여한 학생들은 피해자 중심의 작업에 대한 복잡한 법적 · 사회적
역동성을 충분히 토의하였다. 이들은 졸업 후 가정폭력법과 관련된 직
장에 취직하였다.

Gender Bias Commission of the Supreme Judicial Court)를 도와 지방 법원의 매 맞는 여성을 위한 정보 센터를 설립하는 프로젝트에 참여하였다. 많은 학생들이 가정폭력 사건에 있어서 지역 법률 서비스 사무소의 가족법 분야에서 일했다. 구타를 포함하는 가족법 사건에 대한 하버드 법률 구조 사무소(Harvard Legal Aid Bureau), 법률 서비스 센터(Legal Services Center), 매사추세츠 법률개혁연구소(Massachusetts Law Reform Institute) 및 여타 법률 개혁 기관들과 함께 작업하였다. 이러한 다양한 배치를 통해 클리닉에 참여하는 학생들은 다른 영역에서의 활동적인 법률작업을 연계하여 학습할 수 있었으며, 다른 모든 환경에서 유래한 공통 주제와 쟁점들을 알 수 있었다.

3) 연구서

슈나이더 교수는 전국에 있는 매 맞는 여성들의 권익옹호의 필요에 응답하기 위해 학생들에게 실무가와 학자들에게 도움이 될 만한 독창적인 학술 연구서를 요구하였다. 슈나이더 교수와 새라 뷰얼은 매 맞는 여성들을 위한 작업에 깊게 관여해 오고 있었기에 다양한 직업을 가진 사람들과 전국적으로 연계를 맺고 있었다. 그리하여 슈나이너 교수와 뷰얼은 학생들의 법률적인 경험 연구에 도움을 주고자 이들과 접촉하였고, 이들로부터 얻은 실질적인 연구주제 목록을 작성하여 학기 초에 학생들에게 배포하였다. 모든 학생들이 이 목록에서 자신들의 연구주제를 선택하였다.

슈나이더 교수는 각각의 학생들과 정기적으로 만나 논문준비를 위해 이야기를 나누면서 많은 학생들의 연구 프로젝트가 중첩하며 상호관련 되었음을 알게 되었다. 그녀는 다른 학생들과 자료를 공유하거나 서로 만날 것을 권유하다가, 수업의 연구요소로서 협력을 좀 더 명확하게 하기 위해 학생들로 하여금 각자의 연구물을 수업시간에 가지고 오게 하였다. 학기 중간에 수업의 앞부분 절반이 진행 중인 연구 프로젝트의 토의를 위해 사용되었다. 학생들은 자신의 연구가 어떻게 진행되고 있는지 그리고 어떤 부분이 여전히 도움이 필요한지를 강조하면서 논문 주제를 간략히 발표하였다. 이를 통해 학생들은 자신의 연구의 중요성을 확인하였다. 학생들은 다른 학생들과 중첩하는 주제나 쟁점을 발견하고 서로 의견을 교환하면서 연구 의제를 형성하였다. 이들은 협력적인 학술 '두뇌집단(싱크 탱크, think-tank)'로서 서로를 진지하게 격려하였다.

연구 프로젝트 통해 학생들은 매 맞는 여성 운동에서 일하는 변호사, 권익옹호인, 학자로 구성된 광의의 네트워크와 연계할 수 있었다. 슈나이더 교수는 학생들과 논문을 논의하기 위해 만날 때마다 단순한 도서관 연구만이 아니라 실무가의 자문과 면담을 강조하면서 경험 연구를 위해 전국 네트워크를 추천하였다. 이들과의 적극적인 상호작용으로 인해 개별적인 프로젝트였던 학생들의 작업은 동료뿐만 아니라 실무가로 구성된 공동체와의 연계로 발전하였다.

몇몇 학생들의 논문은 출판되었고 다른 논문들은 광의의 프로젝트로 발전하였다. 그중에 이미 전국적인 영향력을 가진 한 사례는 세 명의 학생들이 만든 매뉴얼로서, 구타자로부터 자신을 방어한 매 맞는 여성의 사면 청구에 대한 전국적인 권익옹호를 위해 만들어졌다.

이 매뉴얼은 매 맞는 여성의 변호를 위한 전국 정보센터(National Clearinghouse for the Defense of Battered Women)에 의해 전국에 있는 권익옹호인들에게 배포되었다.

4) 성찰쪽지

슈나이더 교수는 학생들이 수업에서 연구하고 있는 쟁점들과 수업의 교육과정을 '성찰'케 하고자 학생들에게 학기 동안에 세 개의 '성찰쪽지'를 제출하라고 요구하였다. 이 쪽지들은 시, 수필, 자신들의 경험에 대한 서사, 필독과제에 관한 언급, 클리닉 작업 등 어떠한 형식과 내용이든 학생들이 원하는 대로 쓰였다. 이것은 학생들이 수업을 통해 무엇을 배우고 있는지, 수업의 역동성에 어떻게 반응하고 있는지, 그리고 수업이 그들에게 어떠한 영향을 미치고 있는지를 알수 있는 방식이었다. 학생들은 수업이 매 맞는 여성에 대한 그들의 인식에 미치는 영향, 매 맞는 여성들이 이용 가능한 기존의 구제수단에 대한 비판 이외에도 문제해결을 할 수 있는 권력, 변호사의 역할과 가정폭력 쟁점에서 사용되는 용어상의 어려움 등 광범위한 주제들을 언급하였다. 학생들이 기록한 성찰쪽지에 따르면, 학생들은 이론과 실무의 통합이라는 수업목표를 통해 지역사회에 대한 의미를 알게 되었다. 이들은 여성에 대한 폭력에 맞서 일하려는 자신들의 헌신이 정당함을 확인하게 되었다. 수업을 통해 변호사의 역할에 대한 학생 자신들의 견해가 확장되었을 뿐만 아니라, 학생들의 지적인 삶과 개인적인 삶의 통합을 이루게 되었다. 특히 이러한 통합은 교실수업과 더불어 클리닉을 함께 수강한 학생들에게 중점적으로 형성되고 있었다.

또한 연구서 내지 논문을 작성하면서 교실 내에서 학술 공동체를 창설하고 기존의 광의의 공동체와 작업한 것은 학생들로 하여금 매 맞는 여성을 위해 헌신된 변호사 및 활동가로서 역량을 강화하는 데 직접적으로 영향을 미쳤다. 공동체 경험은 학생들의 고립감을 제거하고 그들의 역량을 강화시켰다. 지식 공동체의 창설이 로스쿨에서는 흔하지 않은 경험이기 때문에 많은 학생들이 이러한 지식 공동체의 일부라는 소속감을 느낀 것은 새로운 경험이라고 성찰쪽지에 적고 있다. 많은 학생들이 폭력적인 가족 구성원이나 친구와의 경험을 폭로하였다. 개인적인 삶과 연결된 가정폭력이라는 주제가 이론과 실무를 통합하고자 하는 이 수업의 진정한 힘이며, 매 맞는 여성과 함께 한 작업은 '치료' 과정이었다.

Northwestern,
「매 맞는 여성을 위한 일리노이 사면 프로젝트」 및
「가정폭력법」[403)]

1. 개 요

「매 맞는 여성을 위한 일리노이 사면 프로젝트(Illinois Clemency Project for Battered Women)」는 마가렛 바이른(Margaret Byrne)이라는 시카고의 단독 실무가에 의해 시작되었다. 그녀는 수감된 여러 명의 여성들의 사면 청구를 대리하고 있었으며, 다른 많은 사람들이 캘리포니아, 메릴랜드, 오하이오 및 다른 여러 주에서 시행되고 있는 것과 비슷한 일반 대중 사면 프로젝트에 참여하기 원한다는 것을 알았다. 바이른은 변호사, 법학교수, 지역사회 운동가, 직접적 서비스 제공자, 학생들을 소집하여 모임을 주선하였다. 1993년 노스웨스턴 로스쿨의 바우만(Cynthia Grant Bowman) 교수도 이 모임에 참여하

---

403) 자세한 내용은 다음 논문 참조. Cynthia Grant Bowman & Eden Kusmiersky(1999). Praxis and Pedagogy: Domestic Violence. 32 *Loy. L.A. L. Rev.* 719; Mithra Merryman(1993). A Survey of Domestic Violence Programs in Legal Education. 28 New. Eng. L. Rev. 383.

였다. 모임에 참여한 그룹과 다양한 하부 그룹이 정규적으로 만나 '수감자 심사위원회(Prisoner Review Board)'와 일리노이 주지사에게 사면 청원을 준비하고 제출할 최선의 방법을 구상하며 전략을 짰다. 또한 이들은 사면 작업에 관심이 있는 학생들과 로스쿨과의 연계 방안을 기획하였다. 모임 참석자들은 로스쿨 학생들이 가정폭력에 대한 수업을 통해 이 여성들을 대리하고 그 작업에 대한 감독과 로스쿨 학점을 주는 프로젝트를 조직하는 데 동의하였다. 그들은 프로젝트의 제목을 「매 맞는 여성들을 위한 일리노이 사면 프로젝트」라고 명명하였다. 따라서 일리노이에 있는 많은 로스쿨들이 사면 청원서를 작성하는 작업을 하였다. 노스웨스턴 대학교와 시카고 대학교의 로스쿨은 가정폭력에 관한 수업을 개설하여 수업에 참여한 학생들이 사면 작업을 하였다. 드폴 로스쿨은 자원봉사 변호사들로부터 도움을 받아 커리큘럼 이외의 프로젝트를 구성하였다.

바우만(Cynthia Grant Bowman) 교수는 그해 여름 내내 배우자나 남자친구를 살해한 여성 중 살인과 연결된 가정폭력의 내력이 있는 의뢰인을 찾기 위해 감옥 소식지에 공고를 내거나 면담을 하거나 설문조사를 하기 위해 로스쿨 학생들과 감옥에서 지냈다. 그런 다음, 노스웨스턴 로스쿨로 돌아와 로스쿨 학장을 설득하여 클리닉 요소를 가진 가정폭력 수업을 개설하고자 하였다. 노스웨스턴 로스쿨의 「매 맞는 여성을 위한 일리노이 사면 프로젝트」는 바우만 교수의 노력으로 1993년 가을에 「가정폭력법(Domestic Violence Law)」이라는 제목으로 개설되었다. 이것은 사면 청원 중인 여성들을 현실적으로 대리하는, 가정폭력에 관한 세미나이다. 수업에 참여한 학생들은 학대자를 살해한 혐의로 일리노이 감옥에 수감된 여성들을 대리하여 사면 청원을 제기하였다. 가을 학기에 수강신청을 한 학생수는 여학생 10명과 남학생 2명으로 총 12명이었다. 이들은 3학점을 이수하면서 2시간 세미나에 참석하였다.

2. 내 용

바우만 교수는 학생들에게 가정폭력에 대해서만 가르친 것이 아니라 의뢰인 면담에 대해서도 가르쳤다. 특히, 살인을 저지른 가정폭력의 내력이 있는 의뢰인을 면담하는 법을 가르쳤다. 학생들은 증인, 자료, 경찰보고서, 오래된 병원 기록, 이와 유사한 것들을 통해 사건을 조사하는 법을 배웠다. 또한 다양한 초안과 편집을 통해 성공적인 법률 문서의 초안을 작성하는 법을 배웠다. 또한 학생들은 주지사에게 사면을 추천하고 보호관찰 심리에 책임이 있는 수감자 심사위원회 앞에서 사건을 논증하고 증인을 세우는 방식을 학습하였다.

1) 세미나

바우만 교수는 일반적으로 로스쿨 강의에서 하는 것처럼 교실수업에서는 필독자료를 선택하여 학생들에게 과제로 내어주며 그것들을 이해하도록 하였다. 세미나는 법제도의 대응과 이러한 대응의 불충분성에 특별한 주의를 기울이면서 가정폭력 연구로 시작하였다. 학생들은 가정폭력의 원인과 가정폭력에 대한 사회의 반응을 비판적으로 알고 생각하였다. 학생들은 이 거대한 사회문제를 해결하기 위해 사회과학과 법률 저술들로부터 지식을 습득하고, 사면 청원에서 제시할 논증의 논거나 의뢰인의 법률문제를 이해하기 위해 이 지식을 사용하였다. 따라서 사면청원은 일반적으로 로스쿨 세미나에서 요구되는 논술 조건을 충족하였다. 학생들은 법원에 가서 보호명령절차를 참관하였으며, 어떻게 가정폭력규정들이 개선되어야 하는지에 대한 제안서를 작성하였다. 수업의 대부분은 학대자를 살해한 여성에 집중되었고 임상실습을 위한 이론을 제공하였다.

2) 클리닉

동시에 12명의 학생들은 필요한 기술 습득, 사실조사, 문서작성, 구두변론을 통해 클리닉 학생으로서 훈련되었다. 사면 청원은 학대자를 살해 또는 상해를 가한 이유로 수감되어 있고 학대 유형이 인정된 여성을 대리하여 행해졌다. 바우만 교수는 5명의 의뢰인을 취하여 그들을 대리하기 위해 2명 내지 3명의 학생들을 한 팀으로 조직하였다. 의뢰인들의 모든 접촉은 학생들이 하였다. 학생들이 대리행위를 시작하기 전에 매 맞는 여성 전문 정신치료사가 초청되어 훈련세션을 지도하였다. 사면청원을 작성하기 위해 학생들은 교도소를 방문하고 여성들을 면담하였다. 뿐만 아니라 학생들은 가족, 친구, 증인들을 면담하고 진술서를 작성하며 범죄기록과 병원기록을 수집하여 청원서를 작성하였다. 각각의 학생들은 또한 사면심사위원회에서 20분 동안 그들의 사건을 발표하였다.

3) 사면 청원서 준비

학생들은 수집된 사실들을 중심으로 사면 사건에 제출된 성공 모델과 수감자 심사위원회가 설정한 지침서를 읽으면서 의뢰인을 위한 사면청원서 준비를 시작하였다. 사면 프로젝트 책임자인 마가렛 바이른(Margaret Byrne) 변호사는 수감자 심사위원회가 요구하는 것이 무엇인지, 그리하여 청원에 어떠한 사실과 논증이 포함되어야 하는지를 훈련세션에서 집중적으로 다루었다. 가정폭력의 내력이 재판에서 다루어지지 않았다는 사실이 사면청원이 수락될 수 있는 가장 중요한 근거였다. 죄책감 때문에, 가족들에게 더 이상 근심을 끼치지 않으려고, 잘못된 법률 조언 등으로 많은 여성들이 유죄답변거래를 선택하였기에, 프로젝트에서 채택한 많은 사건들은 재판에서 다루어진 적이 없는 사건들이었다. 그러나 재판에 회부된 사건들은 배심원 평결을 뒤엎을 만한 충분한 증거를 제시해야 하기 때문에 훨씬 더 어려웠다.

바우만 교수는 학생들이 제출한 의뢰인 면담과 그들이 발견한 사실들에 대한 메모들을 읽고 문제를 제기하기 위해 학생들을 만났다. 학생들은 청원서에 대한 첫 번째 안을 제출하기 위해 더욱 간결하고 명백하며 설득력 있게 논증을 하고자 몇 번씩 더 수정을 하였다. 한편, 학생들은 재선거를 위해 출마하려는 공화당 주지사에게 사면을 요구하는 편지를 썼다. 그의 상대는 일리노이 주지사로 출마한 첫 여성후보자였기 때문에 학생들은 그에게 여성 문제에 대한 감수성을 보여주기를 요구할 수 있었다. 바우만 교수 또한 한 달에 한 번씩 저녁에 사면 프로젝트 위원회의 다른 위원들을 만나 기금 모금을 하고, 청원 제기를 공론화하기 위해 기자 회견을 열며 이 캠페인을 지지할 저명한 종교지도자와 주의원들과 접촉하면서 의뢰인 지원을 위한 편지 및 청원들을 유포하였다.

4) 사면심리

1994년 1월 일리노이 수감자 심사위원회는 시카고에서 여러 날 동안 공개 심리를 열었다. 심리 일정이 잡힐 때까지 심사위원회는 10명 이하의 수감 여성들을 위한 캠페인을 알고 있었다. 가 사건들은 약 20분씩 배당되었다. 어떤 사건 심리에서는 주(州) 변호사가 청원에 반대하기 위해 나타나기도 하였으나 대부분 반대서면만을 제출할 뿐이었다. 이러한 반대 서면은 심리 기일 아침까지 학생들에게 제시될 수 없었기에 학생들은 더욱 긴장하였다. 또한 종종 남편 가족들이 나타나 수감 중인 여성이 석방되지 않도록 해달라며 감정에 호소하곤 하였다. 바우만 교수는 미리 학생들과 그들의 논증을 토의한 후 학생들과 함께 모든 심리에 참석하였지만, 학생들이 스스로 할 수 있음을 믿으면서 변호사 테이블에 함께 앉아 있지 않고 심리 내내 방청석에 앉아 있었다. 심리가 있은 지 몇 달이 지나도록 결과를 알 수 없었다. 20개 이상의 사건들 중에서 단지 3명의 여성만이 사면되었다. 그 여성들은 수업에 참여한 학생들이 맡은 의뢰인이 아니었다. 사면 프로젝트 위원회의 분석에 따르면, 사면을 받은 사건들은 모두가 민주당의 본거지인 쿡(Cook) 카운티의 사건이었다. 수업에서 다룬 사건들은 일리노이 주 남쪽의 것이었고, 사면에 반대하는 일리노이 주 남쪽의 변호사들은 지역 공화당의 저명인사들이었다. 재선에 출마하는 현 공화당 주지사는 사면을 인정하는 것을 매우 주저하였기에 이 같은 결과가 초래되었다고 사면프로젝트 위원회는 평가한다.

Rutgers, 「성차별」[403]

1. 개 요

심리학적 문제에 경험이 있고 개인 차원과 공동체 차원의 변화가 능성을 믿는 프리드만(Ann E. Freedman) 교수는 1990년 봄에 역량 강화의 중요한 구성요소로서 '치료'의 중요성을 강조하는 「성차별 (Sex Discrimination)」수업을 개설하였다. 수업에서는 흑인 여학생 1 명, 나이 많은 기혼 여학생 1명을 포함하여 이성애자이거나 레즈비 언인 여학생들이 성차별주의, 인종차별주의, 동성애혐오의 존재와 그 결과를 인식하고 이를 비판적으로 분석하는 토의를 진행하였다. 수 업을 통해 자기혐오에 의한 문제들을 치유한 학생들은 방과 후에도 개별적으로 만나 개인의 변화를 공동체의 변화로 연계시키고자 가능 한 한 많은 시간을 서로 논의할 기회를 가졌다. 학생들은 수업읽기 과제와 수업토의내용을 통해 학생 개인의 삶의 맥락에서는 얻기 어 려운 지적인 과정들을 개발하고, 비(非)교실수업을 근거로 하는 접근 방법들을 연구하였다. 그리하여 수업 프로젝트로서 1990년 가을, 「성

---

404) 자세한 내용은 다음 논문 참조. Ann E. Freedman(1990). Feminist Legal Method in Action: Challenging Racism, Sexism and Homophobia in Law School. 24 *Ga. L. Rev.* 849.

차별」수업에 참여한 학생들은 흑인 로스쿨 학생협회와 여성법조인총회와 협력하여 "법률 공동체의 변화하는 국면을 위한 소통기술: 성차별주의와 인종차별주의에 대한 토론회"를 개최하였다.

2. 내 용

프리드만 교수는 학생들로 하여금 무엇보다도 중요한 수업 지침으로서 개개인이 사랑할 만하며 아름답고 능력 있으며 강하다는 인식을 갖게 함으로써 수업에 참여한 각 사람들이 서로의 가치를 인정하게 하였다. 이것은 전통적인 의식향상과정에서의 대화와 유사하였다. 학생들은 성차별주의에 의해 영향을 받는 자신의 취약성을 자책하고 죄책감을 느끼기보다 고통, 두려움, 분노에 대한 느낌을 비롯하여 각 개인의 감정은 정당하며 경청되어야 함을 인식하였다. 학생들을 위해 이러한 과정에서 사용된 방식들은 다음과 같다. 1) 여성으로서 로스쿨에서 여학생이 경험한 고립을 깨닫기, 2) 「성차별」 수업 과정으로부터 고립의 가능한 연관성 찾기, 3) 성차별주의를 공통된 경험으로 인식하기, 4) 자신을 분명하게 표현하고 죄책감 없이 토대를 구축하는 능력을 키우기, 5) 자신과 다른 사람들(다른 배경을 가진 사람들을 포함하여)의 억압에의 여성 자신의 참여 등 문제의 만연성을 인정하기, 6) 이 깨달음을 통해 분노와 공포를 인정하고 다루기, 7) 법제도의 정당성에 문제를 제기하기, 8) "여성의 존재가 느껴지기 위해 세상을 바꾸려는" 작업에 공헌하기.

Texas, 「법여성학 이론」[404]

1. 개 요

　텍사스 로스쿨에서 12여 년 동안 세법(稅法)에 관한 교과목을 강의해 온 케인(Patricia A. Cain) 교수는 1986년 봄에 「법여성학 이론 (Feminist Legal Theory)」세미나를 개설하였다. 이것은 텍사스 로스쿨 역사상 처음 있는 일로서 「법여성학 이론」이 개설되기 이전까지 텍사스 로스쿨은 「여성과 법」 또는 「성에 근거한 차별」과 같은 수업을 커리큘럼의 정규과목으로 만들어 본 적이 없었다. 전형적으로 텍사스 로스쿨에서의 세미나는 12명 내지 13명의 학생들로 수강인원이 제한된다. 왜냐하면 이보다 더 많은 수의 등록은 소집단 경험의 질을 떨어뜨릴 뿐만 아니라, 사실상 교수가 참여 학생에게 작문과제에 대한 개별 피드백을 줄 수 없기 때문이다. 그러나 케인 교수는 많은 수의 학생들이 자신의 '닫힌' 세미나에 들어오고 싶어 하는 것을 보고(報告) 받은 후, 개별 작문 프로젝트를 포기하고 수업을 개방하기

---

405) 자세한 내용은 다음 논문 참조. Patricia A. Cain(1988). Teaching Feminist Legal Theory at Texas: Listening to Difference and Exploring Connections. 38 *J. Legal Educ*. 165.

로 결정하였다. 케인 교수가 이러한 결정을 내리자마자 수업이 시작하는 그 주(週)에 26명의 학생들이 등록하였다. 그중 대다수가 백인 여성이었고 그중 유색인 여성이 20%를 차지하였으며, 2명의 백인 남성도 수업에 참여하였다. 세미나 수업은 14주 동안 매주 한 번씩 세 시간 동안 진행되었다.

2. 내 용

첫 주의 "여성이란 무엇인가?"라는 주제에 대하여 첫 수업 전에 읽기자료가 과제로 주어졌다.[406] 첫 수업에서 케인 교수는 고정관념화의 개념과 사적인 수준에서 이것이 어떻게 작용하는지를 소개하기 위해 Bradley 재판관이 여성에 대한 개념을 어떻게 형성하였는지를 알 수 있는 실험을 하였다. 먼저, 특정 사물들에 대하여 그것들이 무엇인지를 어떻게 아는지에 대하여 이야기한 후, 사람들은 인간에

---

406) 1. 창세기 1장-15장 (아담과 이브 이야기) 2. 고린도 전서 11장 (남성이 아니라 여성들이 그들이 기도할 때 머리를 가려야만 한다는 사도 바울의 메시지: 남성은 하나님의 이미지며 그의 영광으로서, 여성은 남성의 영광으로서) 3. 플라톤의 <공화국>, 책 5권으로부터 발췌 (사적인 가족을 종식시키려는 제안과 남성과 마찬가지로 자격 있는 여성에게 후견인 자격을 부여하려는 제안) 4. 아리스토텔레스, <동물의 세대에 대하여>(발췌) (남성은 능동적으로 여성은 수동적으로 보는 것에 대한 토의) 5. 흄, <인간 본성의 계약> 중 "순결과 정숙" 6. 루소, <에밀> 중 "결혼" 7. 칸트, "양성의 상호관련성에서의 아름다움과 숭고함의 구별에 관하여" 8. Bradwell v. Illinois, 83 U.S. 130(1873)과 Bradley 재판관의 찬성 의견.

관한 특정한 형태(동성애 남성)에 관한 도식(圖式, schema)을 하고 있음을 제시하였다. 케인 교수는 공백의 색인 카드를 학생들에게 나누어 주면서 그들이 동성애 남성이라고 했을 때 떠오르는 단어나 어구를 무엇이든지 적으라고 한 후, 수업토의를 통해 학생들이 스스로 자신들의 편견을 인식할 수 있게 하였다. 그리고 학생들에게 다음 시간까지 루소나 칸트에 대한 비평을 1장씩 써오게 하였으며, 철학자의 기본 전제나 그의 논리(혹은 둘 다)에 반박하는 비평도 가능하다고 하였다. 두 번째 주에도 "여성이란 무엇인가"에 대한 주제가 계속되었다. 추가된 읽기과제는 시몬느 보봐르(Simone de Beauvoir)의 『제2의 성』에서 발췌한 것과 벨훅(bellhook)의 "흑인과 여성주의"이다. 학생들은 지난 시간에 과제로 내어준 과제물을 수업 시간에 발표하였다. 케인 교수는 발표 중간에 첫 주의 과제를 읽으면서 학생들이 어떻게 느꼈는지를 설명하는 단어를 하나 적으라고 하였다. 남은 수업시간 동안 학생들은 그들의 감정에 대하여 이야기하면서 다른 학생의 이야기를 경청하는 훈련을 하였다.

세 번째 주에는 "여성주의란 무엇인가"에 대한 주제를 다루었다. 읽기과제는 현대 여성주의자들의 작품에서 발췌한 것뿐만 아니라 여성주의의 제1물결에 대한 역사자료들을 포함하였다. 케인 교수는 지난 수업의 역동성을 설명한 후 자유주의부터 급진주의에 이르기까지 여성주의의 다양한 분류들을 연구하였으며, 수업에 참여한 사람들 모두가 동의하는 여성주의에 대한 정의를 내리고자 하였다. 참여자들은 평등에 대한 논쟁을 하기보다 억압에 초점을 두기 원했다. 학생들 모두 이 세상에 억압이 있음에 동의하였고 여성주의가 모든 형태의 억압 철폐에 기여하는 한, 학생들 스스로를 여성주의자로 불릴 수 있다고 느꼈다. 이 후의 수업들은 평등의 법률 개념에 초점을 두었다. 첫째, 대법원이 결정한 인종과 성 사건에서 평등 개념이 어떻게 진화하고 있는지를 살펴보았다. 오늘날 평등보호이론의 토대가 되는 기본 사건들을 읽은 후, 성차별에 관한 대법원의 입장에 대한 다양한 여성주의 비판을 고려하였다. 차이가 삭제되고 모든 사람이 지배집단(백인남성)의 가치를 채택하는 초기 단계의 동화주의적 기본 모형을 거부하면서, 수업에서는 차이가 유지되고 평등하게 존중되는 다원주의적 모형의 변화를 고려하였다. 앨리스 로씨(Alice Rossi)의 '혼합' 모형 – 백인 남성을 비롯한 모든 사람들이 변화를 만드는 가치의 용광로 – 과 유사한 모형이 지지를 받았다. 수업에서는 성을 근거로 사회적으로 구성된 차이에 초점을 두기 때문에 그 모형은 올젠(Frances Olsen)의 자웅동체 저울을 사용하였다. 그런 다음 수업에서는 마지막 주까지 다양한 평등모형을 대상으로 추정적 부의 권리, 전쟁에서의 배제, 의제 강간, 낙태, 남녀 한쪽 성만을 위한 기관, 적극적 조치, 작업장에서의 임신, 새로운 재생산 기술 문제, 이혼 및 재산 분배, 성에 관한 법률 개념, 성적인 불법행위를 포함하는 특수한 주제들을 다루었다. 또한 여성의 몸과 옷, 이성애 중심 연애 체제, 우리와 우리 친구들이 성, 낙태, 모성애에 대하여 어떻게 느꼈는지에 관하여 이야기하는 작업을 하면서 이와 관련된 글들을 발췌하여 읽었다.

학기가 끝나기 몇 주 전에 케인 교수는 학생들을 4개의 소집단으로 나누고 각 집단에게 수업토의에서 가장 불일치를 일으켰던 대법원 사건들 - Parham v. Hughes,[407] Michael M. v. Superior Court.,[408] MUW v. Hogan,[409] 및 Rostker v. Goldberg[410] - 중에 하나를 할당하였다.[411] 이 사건의 결과들은 마지막 수업에서 다루어졌다. 모든 집

---

407) 441 U. S. 347, 99 S. Ct. 1742, 60 L. Ed.2d 269(1979). 혼인 외 자의 모 및 혼인 중 자의 부의 소구권은 인정하면서도 혼인 외 자의 부의 소구권을 인정하지 않는 조지아 주(州)의 규정이 수정헌법 제14조의 평등조항 및 적정 절차 조항에 위배되는지에 대하여 혼인 외 자의 모는 분명하게 확인가능하나 혼인 외 자의 부는 그렇지 않기에 혼인 외 자의 부와 혼인 외 자의 모는 유사한 상황이 아니므로 동규정은 성에 근거한 차별이 아니다. Kay & West(1996), 356면; Bartlett, Harris, & Rhode(2002), 937면.

408) 450 U.S. 464, 101 S. Ct. 1200, 67 L. Ed.2d 437(1981). 캘리포니아 형법 261.5조가 수정헌법 제14조는 18세 이하의 여성으로서 부(婦)가 아닌 여성과의 성관계를 불법이라 규정한 캘리포니아의 "의제강간" 조항이다. 이 규정이 성을 근거로 구분하고 있음을 이유로 평등조항에 위배된다는 원고의 주장에 대하여, 대법원은 성관계의 결과나 임신의 결과가 남성보다 여성에게 더 위해하다는 점에서 위헌이 아니라고 하였다. 앞의 글.

409) 458 U.S. 718, 102 S.Ct.3331, 73 L.Ed.2d 1090(1982). 주립 간호사 학교에 여학생들만 입학시키는 것이 성에 근거한 차별로서 수정헌법 제14조의 위반이라고 판결한 사건. Kay & West(1996), 137면; Bartlett, Harris, & Rhode(2002), 147면.

410) 453 U.S. 57, 101 St. 2646, 69 L.Ed.2d 478(1981). 대통령이 남성에게만 전쟁 시 군복무명단에 등록하도록 명한 군대징집법(Military Selective Service Act)이 수정헌법 제15조의 위반인가에 대하여 다수견해는 헌법에 위배되지 않는다고 판결. Bartlett, Harris, & Rhode(2002), 795면.

411) 그리고 다음과 같은 지시 사항을 주었다. "당신은 최종항소심이다. 배당된 사건은 당신의 법원에 상소된다. 당신은 어떻게 결정할 것인가? 결정을 위해 다음의 규율이 적용된다: (1) 당신의 법원에 상소된 유일한 사건들은 헌법상 평등조항 및 적법절차 조항의 위반과 관련된 사건들이다. (2) 최종심법원을 창설하는 수정 헌법은 "법원은 국가가 설립된 평등원리를 유지하기에 필요하고 적절한 경우에 국가의 이익에 관한 명령을 발할 광의의 권력을 가진다." (3) 당신은 하나의 만장일치 결정을 내리기 위해 최선을 다해야 한다. 평등원리란 무엇인지, 그

단이 사건 결과에 대해 의견이 일치하였다. 마지막 수업시간에 할당된 사건은 적극적 조치 사건인 Johnson v. Transportation Agency, Santa Clara County[412]이었다. 당시 이 사건은 대법원에 상고되어 있었다. 이 사건과 관련하여 학생들은 (1) 그 사실들을 어떻게 보았는지, 그리고 (2) 적극적 조치에 관하여 어떻게 '느꼈는지'에 대하여 토의하였다.

것이 당신이 맡은 사건에 위배되는지, 당신의 명령(들)이 무엇인지를 그 결정에서 기술해야 한다. (4) 이것은 당신의 첫 번째 사건이다. 따라서 당신은 선례에 구속되지 않는다. 물론 당신은 이 첫 사건이 선례가 될 이후의 추가 사건들을 고려할 것이다."

412) 480 U.S. 616, 107 S. Ct. 1442, 94 L.Ed.2d 615(1987). 기관의 적극적 조치 계획에 따라 여성을 승진시킨 것이 1964년 시민권법 제7장(Title VII of the Civil rights Act of 1964)에 위배되는지에 대하여 지방법원은 위배된다고 하였으나 대법원은 위배되지 않는다고 판결하였다. Kay & West(1996), 888면; Bartlett, Harris, & Rhode(2002), 271면.

Texas, 「가정폭력과 법」[413)]

1. 개 요

새라 뷰얼 교수는 1997년부터 현재까지 텍사스 로스쿨에서 「가정
폭력과 법(Domestic Violence and the Law)」을 가르치고 있다. 이 수
업은 처음에는 12명까지만 수강 가능한 세미나로 개설되었으나 학생
들의 요구로 41명까지 수상할 수 있게 되었다. 매 학기마다 다른 학
과의 대학원생들과 LL.M. 학생들이 이 수업을 듣는다. 학생들 중 적
어도 3분의 1은 남학생들이다. 뷰얼 교수는 매 맞는 여성들이 매를
맞고도 학대자와 함께 사는 것이 피학대음란증, 공동-의존(co-
dependency)의 증거가 되지 못하며, 오히려 터놓고 이야기할 안전한
사람이 없고 쉼터는 꽉 찼으며 일하러갈 때 베이비시터를 구할 만한

---

413) 자세한 내용은 다음 논문 참조. The American Bar Association Commission
on Domestic Violence(2003). *Teach Your Students Well*: *Incorporating
Domestic Violence into Law School Curricula*: *A Law School Report*; Sarah
M. Buel(2003a). Effective Assistance of Counsel for Battered Women
Defendants: A Normative Construct. 26 Harv. Women's L.J. 217; Sarah M.
Buel(2003b). The Pedagogy of Domestic Violence Law: Situating Domestic
Violence Work in Law Schools, Adding the Lenses of Race and Class. 11
Am. U. J. Gender Soc. Pol'y & L. 309.

돈이나 임대료를 낼 돈이 없어서 그렇다는 것을 학생들에게 세미나 내내 상기시킨다. 학생들은 피해자와 가해자에 대한 논의로부터 학대관계의 역동성을 이해해야 하고, 피해자를 비난("왜 그녀는 머물렀는가?")하기보다 오히려 "왜 그 사람이 친밀한 파트너를 때리는가?"와 "왜 그 지역사회는 그처럼 침묵하고 가정폭력에 대하며 부인하고 축소시키는가?"를 문제제기해야 한다. 학대 피해자들이 스토킹이나 구타를 당하고 구타자에 의해 위협을 받는 과정 중에 직업기술·자녀양육비·주거비와 같은 장애물을 직면하면서도 구타자로부터 도망치려고 할 때, 그들의 용감한 행동은 존중되어야 한다. 학대 피해자를 향한 대중(大衆)의 반감은 피해자가 선택할 수 있었음에도 머무르기도 결정했다는 잘못된 가정에 근거한다. 수업에서 로스쿨 학생들은 반드시 '격리 폭력'의 위험을 이해해야 하며 안전계획이 가장 중요한 구성요소가 되어야 한다.

2. 내 용

각 학기의 첫 수업 목표는 문제해결에 집중한다. 뷰얼 교수는 다양한 맥락 내에 있는 가정폭력의 발생을 연구하면서 의뢰인의 목표를 달성하기 위해 법률 구제의 이용을 가르친다. 또한 세미나에서는 2개의 수필(reflection essay)이 요구된다. 하나는 매 학기 두 번째 수업까지 제출해야 하고 나머지는 수업 마지막 날에 제출해야 한다. 끝날 즈음에는 최소한 한 명의 학대 피해자가 수업시간에 초청되어 법제도에서 겪은 그녀의 경험을 이야기한다. 그녀는 변호사가 매 맞는 여성 의뢰인에게 행한 것 중 유익한 것과 비생산적인 것을 이야기한다. 대부분의 수업시간에 매 맞는 피고와 원고의 윤리적 대리문제가 다루어진다. 학생들은 1992년에 아카데미상을 받은 다큐멘터리 비디오 Defending Our Lives를 시청한 후 변호사와 피고로서 역할극을 한다. 학생들은 준비된 서류양식에 보호명령, 자녀양육, 형사 사건에 관한 사법제도의 반응을 기록하면서 가정폭력 사건에 대한 법원참관을 4회 완수해야 한다. 또한 학생들은 시험 대신에 법률연구를 내용으로 하는 25장 분량의 과제물을 반드시 제출해야 한다. 그 주제는 가정폭력 사건을 다루는 변호사와 법원에게 유익을 줄 수 있는 것이어야 한다. 학생들이 수업시간에 제출한 많은 과제물들이 출판되고 있으며, 이것은 가정폭력에 대한 학술 연구를 증진시킨다.

Texas, 「가정폭력 클리닉」[414)

1. 개 요

「가정폭력 클리닉(Domestic Violence Clinic)」은 1997년에 개설되어 뷰얼 교수가 가르치고 있다. 「가정폭력 클리닉」을 수강하기 원하는 학생들은 반드시 지원서에 제시된 6개의 질문에 답을 해야 한다. 이 설문지는 학생이 왜 학대 생존자 대리에 관심을 갖는지, 이전에 피해자로서의 경험이 있는지, 그리고 가족법, 증거법 및 「가정폭력과 법」 수업을 수강했는지 등을 내용으로 한다.

「가정폭력 클리닉」에서 학생들은 지나 렁위츠(Jeana Lungwitz) 변호사의 감독하에 아동보호 서비스, 복지부, 공동주거 행정당국, 형사법원뿐만 아니라 정신건강과 약물중독 쟁점을 수반하는 복잡한 의뢰인 문제와 씨름하면서 다양한 범위의 사건들을 다룬다. 「가정폭력

---

414) 자세한 내용은 다음 논문 참조. Sarah M. Buel(2003a). Effective Assistance of Counsel for Battered Women Defendants: A Normative Construct. 26 *Harv. Women's L.J.* 217; Sarah M. Buel(2003b). The Pedagogy of Domestic Violence Law: Situating Domestic Violence Work in Law Schools, Adding the Lenses of Race and Class. 11 Am. U. J. Gender Soc. Pol'y & L. 309.

클리닉」은 텍사스 사회사업대학교(University of Texas School of Social Work)와 협력하여 클리닉에서 가장 문제가 되는 사건을 보조하기 위해 정규 대학원 학생을 인턴으로 둔다. 또한 「가정폭력 클리닉」은 바바라 하인즈(Barbara Hines) 변호사가 지도하고 있는 「이민 클리닉(Immigration Clinic)」과 협력하여 법률 전문가들과 함께 사건 전략을 짜며 공동 훈련을 실시한다.

2. 내 용

학생들은 1주일에 10시간 내지 20시간 동안 클리닉을 해야 하며 또한 1주일에 4시간씩 상근하여 전화를 받아야 한다. 교실수업에서는 가족법에 관한 실체법과 절차법 외에도 소송 변론 기술을 가르친다. 성공적인 작업결과를 말하든지 혹은 대리행위에서 생기는 어려움을 이야기하고 도움을 청하든지, 매수업마다 시간에 구애받지 않고 학생들은 그들의 사건을 논의한다. 교수진은 강의계획서와 필독 도서목록이 포함된 클리닉 매뉴얼을 제공한다. 학생들은 장단기 안전계획과 각 피해자의 환경에 맞는 "경제적 역량강화(economic empowerment)" 단계를 비롯한 의뢰인 상담 역할극을 한다. 임상학생들이 다양한 인종과 민족을 배경으로 하기 때문에 그들은 상이한 인종이나 문화를 지닌 사람들을 대리할 수 있다. 수업에서는 미시 접근과 거시 접근으로부터 인종에 관한 논의를 할 뿐만 아니라 개개의 사건에서 발생하는 인종 상호간의 역학을 확인하는 데 중점을 둔다.

이를 통해 학생들은 자신들이 겪고 있는 고정관념에 사로잡힌 문제들을 다룰 수 있게 된다. 인종과 문화 쟁점은 의뢰인이 이민 쟁점과 관련하여 문제를 직면하고 있을 때 검토된다.

양육권, 면접교섭, 자녀 양육비, 건강보험도 클리닉에서 다루는 대부분의 사건과 관련된다. 자녀의 안전문제를 다루기 위해 아동양육과 보호를 심리하는 재판관, 아동 보호 서비스 기관 변호사, 피고인 부(모)를 대리하는 변호사가 수업에 초대되어 그들의 견해를 제시한다. 지역 행정당국의 명령에 따르면 3시간 이상 걸리는 가족법 사건에서는 중재를 해야 하기 때문에 클리닉에서는 의뢰인들을 이 요건에서 제외시키기 위해 논증을 심사할 필요가 있다. 여러 가지 여건상 가정폭력에서의 중재는 매 맞는 여성에게 불리하기 때문이다.

또한 형법, 구타자 및 구타자 개입 프로그램에 대한 이해, 학대자(및 기타 이해관계인)를 상대로 하는 불법행위 소송에 관한 문제들이 다루어진다. 학생들이 법원참관을 하기 위한 첫 방문 시에는 의뢰인을 동반하지 않는다. 학생들은 스트레스와 탈진을 다루기 위한 제안을 배운다. 또한 학생들은 소송에 관한 사항을 기록하기 위해 그것을 어떻게 공책에 작성할지도 배운다.

클리닉에서 가장 중점을 두는 작업은 의뢰인을 위한 장기 계획을 수립하는 것이다. 이것을 "경제적 역량강화 계획"이라고 부른다. 로스쿨 학생과 사회사업 인턴은 의뢰인을 도와 의뢰인이 충분한 임금을 주는 일자리를 얻고, 알맞은 주거와 저소득층 의료보험으로부터 혜택을 받으며, 상담이나 자녀 양육, 기타 생필품 등을 보장받게 한다.

이를 위한 작업은 다음의 방식으로 한다. 먼저 접수의 일부로서 클리닉에서 의뢰인을 도울 수 있는지를 알기 위해 의뢰인의 모든 삶에 대하여 질문한다. 가령, 식량 카드가 있는지, 여성과 영육아를 위한 음식 구매권이 있는지, 집을 소유하고 있는지, 청구서를 지불하기 어려운지(텍사스 로스쿨의 「가정폭력 클리닉」에서는 소비자 신용상담을 할 수 있다), 취업에 있어서 꿈이 무엇인지, 무엇이 되고 싶었는지 등을 질문한다. 이러한 정보에 따라 클리닉에서는 직업훈련 프로그램, 직업학교, 전문대학교에 관해 의뢰인의 선호도에 근거하여 논의한다. 그 꿈을 이루기 위한 단계를 기록하는데 그것은 다음과 같다. ① 알맞은 자녀양육비를 마련하기, ② GED[415] 끝내기, ③ 학교에 갈 운송수단 구하기, ④ 학교 교과서를 살 돈을 마련하기, ⑤ 고등학교를 졸업한 후, 이용(理容)학교나 컴퓨터 프로그램 학교에 들어가기 위한 보조금 신청하기, ⑥ 쉼터에서 자조집단에 참석하기, ⑦ 9살 난 아들을 위해 상담하기. 각 단계가 피해자와 그 자녀들의 안전과 일치해야 하기에 이러한 목록은 의뢰인의 안전계획에 의해 필요에 따라 수정된다. 의뢰인은 경제적인 시각을 갖게 되고 생활에 안정을 얻게 된다. 학생들은 의뢰인에게 어떻게 법적·사회적 서비스 제도를 더 효율적으로 이용할 수 있는지를 가르친다. 뿐만 아니라 의뢰인은 빈곤과 위험으로부터 벗어남으로써 삶을 변화시킬 수 있는 방법을 배운다.

---

415) 우리나라의 검정고시처럼 정규교육을 대신하는 시험을 말한다.

UCLA, 「여성과 법」[416)

1. 개 요

  UCLA 수업은 학생들이 주도한 초기의 법여성학 수업의 원형이
다. 이는 1970년 당시의 의식 있는 미국 전역의 로스쿨 여학생들이
"여성과 법에 관한 전미 학술대회"를 개최한 것과 관련이 있다. 여
학생들이 1학년 여름 동안 직장을 구하기 위해 로펌들과 인터뷰를
하였을 때 로펌들은 여학생들의 고용을 회피하였다. 로스쿨 수업의
내용과 방식도 남성 편향적이었다. 이 경험으로부터 여학생들은 로
스쿨의 주요한 임무가 "법을 하는 남성"을 훈련시키는 데 있다는 것
에 문제의식을 갖게 되었다. 이들은 여성의 법적 지위를 연구할 특
별수업을 개설하고자 1970년도 가을 쿼터에 「여성과 법(Women and
the Law)」개설 문제와 여성 조직을 형성할 가능성을 토의하기 시작
하였다. 여학생들 중 세 명이 형법, 노동법, 가족/복지법 영역에 대
한 법학 연구의 일반 개요와 문헌목록을 준비하여, 1971년 겨울 쿼

---

416) 자세한 내용은 다음 논문 참조. Aleta Wallach(1972). Genesis of a
    "Women and the Law" Course: The Dawn of Consciousness at UCLA
    Law School. 24 *J. Legal Educ.* 309.

터 말에 로스쿨 커리큘럼 위원회에 「여성과 법」에 대한 초안을 제출
하였다. 그리하여 1971년 봄 쿼터에 「여성과 법」이라는 제목의 수업
이 UCLA 역사상 처음으로 로스쿨 커리큘럼에 포함되었다.

2. 내 용

여학생들은 이 수업의 목표를 다음의 세 가지로 정하였다. 첫째,
「여성과 법」을 통해 현 여성 상황을 분석할 수 있는 구조화된 방식
을 채택함으로써 의식향상에 기여한다. 둘째, 법학도서관에 있는 여
성들에 관한 법률 문헌의 부족을 인식하고 향후에 지속적으로 도움
이 될 여성자료모음집을 바탕으로 여성연구아 소송에 유용한 자료와
준비서면·고소장·원고 등을 수집한다. 셋째, 여성에 대한 공정한
입학기준, 여성교수의 증가, 여성을 위한 시설 개선을 위해 지속적인
조직으로서 로스쿨에 정치적 기지를 건설한다.

15명이 등록한 「여성과 법」세미나는 3학점으로서 세 명의 여학생
들이 연구하고 기획하며 가르쳤다. 수업은 첫 수업 1시간, 노동법 3
시간, 가족/복지법 2시간, 형법 2시간 반, 자기평가 및 내부비평 반
시간으로 총 9시간으로 구성되었다. 구두발표과 작문과제가 요구되
었다. 각각 5명의 학생들이 노동법, 가족/복지법, 형법 세 분야에서
작업하였다. 학생들은 한 수업당 2개 내지 4개의 발표를 하였으며
각 발표 시간은 20분을 초과하지 않도록 하였다. 작문과제에 대한
두 가지 목표를 세웠다. 그 하나는 여성에 대한 영구적인 자료 수집

의 시작으로서 법학도서관에 자료들을 가지고 오는 것이고, 다른 하나는 심층적인 참고를 위해 도서관에 비치될 개인의 글들을 준비하는 것이었다. 사서들은 학생들을 위해 예약된 자료들을 비치하거나 다른 대학 도서관으로부터 책들을 회수하거나 그 책들의 발췌문을 복사하여 주었다. 학생변호사협회(Student Bar Association)는 학생들을 위해 보조금을 지급하여 주었다. 그리하여 출판되지 않은 준비서면과 다른 많은 서류들을 복사할 수 있었다. 이 자료들은 정기서적으로 제본되어 서고에 진열되었다. 한편, 거의 모든 참여자들이 노동법, 가족 / 복지법, 형법에 관한 구두 발표와 이와 관련된 작문과제들을 제출하였다.

Yale, 「예일 TRO 프로젝트」[417]

1. 개 요

「예일 TRO 프로젝트(Yale TRO Project)」는 1984년 당시 로스쿨 학생이었던 에이미 에플러(Amy Eppler)에 의해 설립되어 뉴에이븐 지역에 있는 매 맞는 여성들에게 무료로 법률지원 서비스를 제공하였다. 에이미 에플러의 예일 로스쿨 학생들, 예일 로스쿨의 클리닉 프로그램 책임자, 매 맞는 여성들을 위한 뉴헤이븐 프로젝트(New haven Project for Battered Women), 뉴헤이븐 법률 부조(New Haven Legal Assistance), TRO 의뢰인을 무료로 대리하고 있는 몇 명의 지방 변호사들은 긴밀히 상담을 하면서 기존의 불충분한 지역사회 자원들을 충당하고자 하였다. 이들은 학생들이 매 맞는 여성들의 법률지원에 동참하는 데 동의하고 사회정의를 위한 여성주의 비전을 구체화하였다. 먼저, 실행 가능한 프로젝트와 물리적인 위치를 고려하였다. 매 맞는 여성들을 위한 뉴 헤이븐 프로젝트나 뉴 헤이븐 법률

---

417) 자세한 내용은 다음 논문 참조. Gary Brown, Karin A. Keitel, & Sandra E. Lundy(1987). Starting a TRO Project: Student Representation of Battered Women. 96 *Yale L.J.* 1985.

부조에 개별 학생들이 한 학기 동안 인턴십으로 일하는 것과 프로젝트를 로스쿨 클리닉 프로그램과 연계시키는 것이 상정되었다. 소수의 학생들만으로는 가정폭력 법률 서비스에 대한 지역사회필요를 충족시키기 어려웠고, 클리닉 프로그램과의 연계는 클리닉 프로그램 변호사들의 과중한 업무로 인해 실행될 수 없었다. 결국 예일 로스쿨 여성 연합(Yale Law Women's Association)과 전국 법률가 길드(National Lawyers' Guild) 로스쿨 지부의 공동 감독하에 시범 프로그램을 마련하기로 하였다. 이 프로그램에서는 변호사와 학생이 짝을 이루어 학점이 인정되지 않는 비공식적·임시적 훈련이 시행되었고, 예일 로스쿨 여성연합과 전국 법률가 길드의 예산, 행정, 자원을 공유하였다.

처음에 8명의 학생이 동참하였으나 소집단만으로는 가정폭력 법률 자원 봉사자에 대한 뉴 헤이븐의 필요를 충족하기 어려워 프로젝트를 재구성할 필요가 있었다. 여타 조직과 연계하지 않은 프로그램이 교수진, 로스쿨 행정당국, 학생들의 신뢰를 얻을 것이라고 생각되었다. 학생들은 여성들의 역량을 강화할 수단으로서의 프로젝트 본래의 모습을 유지하면서 학점수여 프로그램으로 만들기 위해 로스쿨 행정당국의 지원을 목표로 하였다. 학생들은 프로젝트를 위한 일련의 훈련시간을 개발하였으며, 프로젝트의 개별 책임자들에게 훈련이나 일정계획과 같은 분리 과제들을 할당하였다. 예일 TRO 프로젝트는 로스쿨 내에서 물리적으로 독립된 공간을 가지기 원했다. 그 곳에서 학생들이 변호사에게 전화를 걸고 의뢰인을 만나고 모임과 훈련이 행해지기를 바랐다. 그렇지만 이렇게 비싼 프로그램을 로스쿨

당국이 재정적으로 승인할 것 같지 않다는 판단하에 분리된 시설에 대한 생각을 포기하고 프로젝트를 재구성하였다. 따라서 학생들은 스케줄에 따라 당일 대기 중인 변호사와 접촉하여 당직 변호사 사무실에서 의뢰인들을 만나고, 모임과 훈련은 저녁 시간에 빈 강의실에서 하였다. 로스쿨의 유일한 재정지원은 변호사들에게 보내는 우편 송달료, 복사료, 가끔 있는 모임에 대한 지원이었다.

2. 내 용

「예일 TRO 프로젝트」는 한 학기당 평균 40명의 의뢰인을 대리하여 왔다. 의뢰인을 위한 접근금지명령을 구하는 성공률은 거의 100%이다. 이 프로젝트는 1987년 당시 37명의 변호사와 35명의 학생들이 관여하였다. 학생들은 일방 심리에서 의뢰인을 대리하는 데 한 학기당 1학점을 받으며 로스쿨 재학 동안 5학점까지 이수할 수 있었다.

TRO 프로젝트가 기존의 필요성에 대한 가장 좋은 대안이라고 결정한 후 TRO 프로젝트 관련 학생들은 가정폭력법에 따라 이용 가능한 구제수단, 매 맞는 여성의 대리에 관한 실체법 규정, 학생의 법률 실무에 관한 규정들을 검토하였다. 또한 변호사와 학생들을 모집하고 훈련시키며 참여자들의 스케줄을 조정할 뿐만 아니라 관련서비스를 제공하면서 직업책임과 직업윤리에 대한 문제를 다루었다.

재판이 열리는 각 기일마다 당직 변호사 두 명과 학생 두 명을 배당하는 일정표를 배포하였다. 이 일정표에는 프로젝트 참여자들과 연계 서비스 기관의 전화번호 및 그 달의 특별 단신이 포함되었다. 일정표는 모든 참여자들에게 우편으로 송달되었다. 특별한 사정이 없는 한, 학생과 변호사는 한 달에 두 번씩 배당되며 지정된 날이 가능하지 않는 경우 교체할 사람을 스스로 찾아야 하였다.

학생과 변호사들에게 배포된 96면의 매뉴얼은 프로젝트에 대한 설명, 적용 가능한 법률규정, 접수 설문지, 학생들을 위한 조언과 일람표, 송달 및 경찰과 관련된 절차, 매 맞는 여성에 대한 일반적인 정보를 내용으로 한다. 그 밖에 TRO 과정에 사용되는 서류 견본들이 첨부되었다.

5명의 학생 위원회 위원장들로 구성된 이사회는 위원회의 역할을 중재하고 교수진과 행정당국을 상대하며 새로운 위원장을 선출하는 기능을 한다. 그러나 위원회의 대부분의 결정들은 그 위원회 위원장의 소관이기에 이사회의 역할은 제한적이며 비상설기구이다.

지도교수는 전체 프로젝트의 운영을 감독하고 법적, 윤리적, 혹은 여타 프로젝트와 관련된 문제에 대하여 상담을 한다. 지도교수는 뉴헤이븐의 법률 공동체와의 조정을 위해 각 위원장들과 밀접하게 협력하고 교수진에서의 이해관계를 대표한다.

TRO 프로젝트의 위원회는 훈련 위원회, 모집 위원회, 일정계획 위원회, 이혼 위원회, 경찰 위원회로 구성된다. 학생들은 학기 초에 위원회 하나를 선택하거나 배당된다. 5명 내지 10명의 학생들이 각 위원회의 구성원이 된다. 학생들은 전체 한 학기 동안 위원장과 함께 일하면서 최소한 12시간의 위원회 업무를 수행해야 한다.

· 저자 ·

전해정   · 약 력 ·

이화여자대학교 법학사
이화여자대학교 법학 석사과정
Temple University 여성학 석·박사 연계과정
Temple Law School 법학석사(LL. M.)
이화여자대학교 법학박사

Korean Community Service Center, D. C.
Nationality Service Center, PA.
Women Against Abuse Legal Center, PA.
Equal Justice Fellowship
Sexual Assault Counseling & Education, Temple Univ., PA.

· 주요논저 ·

「CULTURAL DEFENSE」(1999)
「STRUGGLING WITH HOW TO DEVELOP SISTERHOOD」(2005)
「KOREAN LEGAL AID SYSTEM FOR WOMEN: SOME
REFLECTION ON TWENTY YEARS OF EXPERIENCE」(2005)
「GENDER AND LAW IN EAST ASIA」(2008)
「FUTURE OF FEMINIST JURISPRUDENCE COURSE IN KOREA
AND CLINICAL LEGAL EDUCATION: A CASE OF PARADIGM
SHIFT?」(2008)
「CONTEXTUAL REASONING」(2008)

「지구화시대 법학교육에 대한 여성주의적 성찰」(2005)
「양성평등관점에서 본 성희롱 예방의 의미와 관련법제」(2005)
「평등의 철학」(2006)
「법학교육과 법여성학방법론에 대한 소고 :법학교육을 통한
패러다임의 전환」(2006)
「법학교육과 법여성학방법론」(2006)
「로여링을 통한 맥락추론 교육」(2008)
「노스이스턴 로스쿨의 가정폭력 클리닉 프로그램의 법여성학
교육방법론 사례 연구」(2008)

미국 임상법학 교육방법 이론과 실제
- 가정폭력 클리닉을 중심으로 -

- 초판 인쇄   2008년 8월 16일
- 초판 발행   2008년 8월 16일

- 지 은 이   전해정
- 펴 낸 이   채종준
- 펴 낸 곳   한국학술정보㈜
             경기도 파주시 교하읍 문발리 513-5
             파주출판문화정보산업단지
             전화   031) 908-3181(대표) · 팩스   031) 908-3189
             홈페이지   http://www.kstudy.com
             e-mail(출판사업부)   publish@kstudy.com
- 등   록   제일산-115호(2000. 6. 19)
- 가   격   21,000원

ISBN   978-89-534-9894-5 93360 (Paper Book)
       978-89-534-9895-2 98360 (e-Book)